多元宗教社會的政治傾向

台灣的宗教差異

張榮彰、劉從葦◎著

巨流圖書公司印行

第一章　導論

在每一宗教之旁，都可以找到一種與其本質相應的政見。人類心靈將會以統一的原則，來規劃政治社會與上帝之城；而且人還會致力於——如果容我說的話，使世俗與天堂調和。

（Alexis de. Tocqueville, 1969/1835: 287）

長期以來，國內的政治學界並不關心宗教，認為它是一個和政治學研究無關的領域。果真如此？政治和宗教之間毫無聯繫？從宗教而來的效應不會顯現在政治範疇？關於宗教對政治學的影響效應，本研究提出一個議題：宗教信仰是否會影響一般信眾（religious believers）的政治態度、價值與行為？這議題對研究政治學重要嗎？在討論這個議題之前，有三個問題先行釐清，第一是有關政治科學（Political Science）研究的範疇，第二是宗教信仰和政治態度、價值與行為的因果關係（Causality）論述，最後則是有關宗教對人的啟示（Revelation）。因為第一個跟實證主義（Positivism）的立場有關，第二個跟邏輯實證主義（Logical Positivism）的機率論（Probability Theory）有關，最後一個則跟宗教的神論（Conceptions of God）解釋有關，而這三個關聯都會限縮本議題的回答，甚至讓本議題隱而不顯。

從 1950 年代起，實證主義所支撐的行為主義（Behaviorism）和理性選擇理論（Rational Choice Theory）成為政治科學的主流，連帶取得對上述問題優先解釋的支配地位（Marsh & Stoker (Eds.), 2010; Goodin & Klingemann (Eds.), 1996)。[1] 這種源自 Auguste Comte 實證主義的觀點，首要在於接受經驗主義（Empiricism）對科學性質的解釋（Benton & Craib (Eds.), 2011），[2] 亦即相信感官世界的證據才是唯一的知識（Hollis, 1994）。[3] 無形之中，這種本體論（Ontology）與方法論（Methodology）的立場限縮了政治學研究範疇（Donovan & Larkin, 2006），因為他們忽略規範和形上的問題，也同樣能賦予社會科學意義（Webb, 1995）。[4] 因此，當「宗教」這個變項被放到主流的政治科學時，其作用被限縮了，甚至相較於諸多經驗可觀察的變項，比如經濟、教育、省籍、年齡……等因素時，「宗教」這個變項更是顯得不相關，因為它在經驗層次的影響力已經被忽略到無足輕重、或者根本就是一個無用的變項[5]（Smith, 1970, 1974; Mann, 1986; Manor, 1991; Moyser, 1991a; Haynes, 1993; Kettell, 2012）。

---

1 實證理論政治科學的興起就是在抗議傳統政治哲學或規範理論的研究方式，亦即不滿傳統政治理論無所不包又含糊籠統的研究方式。所以實證論者引進科學概念開始對政治學進行改造，企圖塑造一支比擬自然科學的社會科學流派，而這種嚴謹的研究方法也的確使政治學更客觀。

2 Comte 創立的實證主義除了上述原則之外，其他還包括肯定科學知識理論的價值；科學法則可以應用在人類社會生活的研究進而建立社會科學；以及根據社會科學的建立，我們可以找出社會的規律性、控制社會，進而解決社會的問題與衝突（Benton & Craib (Eds.), 2011）。

3 然而對於知識的取得，這種相對於理性主義的經驗主義方式並不那麼絕對，譬如晚近歐陸一些經驗主義的學者也承認，對某些超自然知識必須藉由直覺或推理才能獲得，比如本研究所指稱的宗教神學即是。

4 詮釋學派尤其是現象主義（Phenomenalism）對實證主義的批評，現象論者認為排除規範和形上的問題，純粹事實的社會科學在意義上是有點冒險（Webb, 1995）。

其次，受到邏輯實證主義的影響，政治科學界認為宗教信仰和政治態度、價值與行為兩者之間並無可驗證的因果關係（Richardson & Uebel, 2007）。[6] 因果律論述乃是政治科學、甚至是整個社會科學有效的一個基本門檻，也就是要使兩個嘗試解釋的政治現象之間具有關聯性，如此才能展開及擴充政治科學或者社會科學的知識體系（Hollis, 1994）；如果二者沒有關係，自然喪失討論及研究的必要。雖然根據不同的本體論和方法論立場，不同的學者對因果關係的本質及型態有不同的理解（Brady, 2008），但在實證主義支撐的政治科學之下，政治學界對因果關係的論述主要承襲自邏輯實證主義對 David Hume 的因果關係解釋。這個論述傳統即是 Hume 在考察因果關係的內容與來源之後，他提出了三個因果關係的要件：時空上的緊鄰性、原因的發生在時間上先於結果、必然的連結（necessary connection），其中必然的連結扮演著核心概念（Hume, 2005/1739: 61-65）。關於前面兩個要件沒有什麼爭議，但必然連結卻有一個嚴重的問題出現（Holland, 1986），[7] 所以他提出一個重要結論，那即是：因果關

---

5 在實證理論政治科學興盛的 1950 年到 1990 年代，宗教因素並未成為政治學界解釋政治現象的變項之一，尤其是在解釋第三世界國家的政治與經濟發展問題。在世俗化與現代化的前提下，宗教面臨前所未有的質疑，此時期的宗教因素甚少出現在主流的政治學刊，這種現象一直到 1990 年代以後方得以逐漸改善。因此，以被忽略或無用的變項形容此時期宗教因素在經驗政治的研究並未過度描述。

6 因為主張邏輯實證主義的維也納學派（Vienna Circle），他們拒絕所有形式的形上學及先驗命題，取而代之主張單一理性的科學語言，而納入數學與邏輯語言的建構。他們主張運用形式邏輯去鞏固經驗對世界知識的解釋，這些概念包括「實證原則」（Verificationism，亦即任何不可驗證的陳述都既非真、也非假，而是沒有實在意義）、意義理論（theory of meaning）、以及「物性主義」（physicalism，所有有意義的語言都必須轉變為物性的語言）（Richardson & Uebel, 2007）。

7 Hume 認為我們可以觀察到甲乙兩件事物，還有兩者之間的關係（兩者在空間及時間上相鄰、因在時間上先於果），並且每一次我們都可以觀察到兩者如此結合著。但是他認為我們無法再從這個過程中發現到上述之外的關係，而且不論觀察多少次，我們都無法確定甲乙兩件事物日後不會各自單獨出現，所以兩者之間其實沒有必然的關係（Holland, 1986）。

係只能是或然的，不可能是必然的；因果關係的必然性得不到任何邏輯上的證明（Hume, 2005/1739: 113-118; Holland, 1986)。

對這個問題的解釋，邏輯實證主義有一種主要的觀點影響現今的政治科學界，也就是受到科學解釋（如量子理論）的影響，邏輯實證主義認為歸納推理為一種統計狀態，只能用機率分配來代表，也就是從或然性理論中找尋非完全解決途徑，用不完全確實性代替完全確實性，這就是機率邏輯論（Fetzer (Ed.), 2001）。機率邏輯理論認為使用機率統計的方法，就可以避免從特稱過渡到全稱的困擾，也就是以或然性的假設命題來評價理論的真實性（Fetzer (Ed.), 2001）。進一步分析，此種觀點認為歸納推理的目的，就是在對未來不確定的事物狀態找到一種最高的解釋等級。例如，假設最嚴格的因果陳述機率為 1、最差為 0，那麼所謂的科學陳述機率也就在 0 和 1 之間，換句話說一切的科學命題、理論和定律最後只能是或然的，一切普遍性的概括都不能被證實。

但即使如此，邏輯實證論的機率理論在科學意義上並沒有特別高明。理由很簡單，假設有一個歸納結論為真的機率 97%，另一個為 25%，乍看之下前者比後者高很多，但這裡我們只要找到一個反例就可以把兩者都推翻，如此前者並沒有比後者結論性更真，因而我們也沒有理由認為確認度高的歸納結論可信度會更高。更進一步說，當某類事物的個體為無限時，我們可以觀察到此類個體的某種性質次數再多，它與無限的比率仍然為零。所以，對於具有無限個體的歸納結論，這種推論為真的機率是幾乎零（至少按照邏輯實證主義的形式邏輯要求，這種批評是可以成立的）。

但對這樣缺乏邏輯的必然性，實務上政治科學界並不在意。對於宗教信仰和政治態度、價值與行為兩者之間的因果關係，學界忽略的主要理由乃是找不到兩者之間可驗證的關係。當代的政治科學界，尤其是研究量化的學者，他們既不訴諸先驗原則做為經驗科學事實的來源、更忽略歸納理論缺乏邏輯必然性的問題，也就是不管歸納結論的機率為多少，只要符合（或不符合）機率理論的規範（例如顯著性要求），很容易妄稱為一種全稱性的推論（或否定），因為這種結論永遠只是特稱，不管它的或然性有多大。這樣的科學論述並沒有特別高明，甚至我們可以說量化學者宣稱二者沒有關係的論述是沒有科學意義的。對此，本書這裡更進一步引用 Karl Raimund Popper（1902-1994）的否證主義（Falsificationism）加深反駁的力度。Popper 認為某些觀察陳述為真並不能證實其全稱理論為真；但某些觀察陳述為真時，我們就可以否定一個全稱理論（Gattei, 2009）。所以，邏輯實證論的機率邏輯理論為一個不能證實其全稱為真的推論，而且這裡我們只要找到一個宗教信仰和政治態度、價值與行為兩者之間關聯的證據，就不但可以反駁實證主義政治科學對二者關係全盤否定的全稱推論，也可以避開二者關係邏輯必然性的麻煩，因為本書並不是在尋找一個全稱性的理論（即使如此，機率邏輯的推論也只是反映特稱，二者在科學意義上是一樣的），卻是扎扎實實的在反駁實證主義政治科學對二者關係全盤否定的論著。

最後，雖然就宗教的元素和實踐的過程各宗教之間是大同小異（任繼愈（編），1998），但是一個明顯的差異是他們對神論的解釋截然不同。一神論（Monotheism）、多神論（Polytheism）、甚至泛神論（Panthesim）之間對神性的預設和解讀有極大的不同（項退結（譯），1976；Eliade (Ed. in chief), 1993），很難將他們對神論的解釋等同，那麼從宗教能寓示的價值規則（Weithman, 2002: 2; Elshtain, 2009）和行動邏輯（Badie, 1991）區分，自是不同的宗教對人會有不同的啟示，當然深化政治的功能（Tocqueville, 1969; Fradkin, 2000）就會有不同的影響。然而這樣的差異卻在主流的政治科學中被忽略，因為形上（Metaphysics）的議題已經超出經驗科學研究的範疇，[8] 而這也正是「宗教」這個變項的特質：經驗層次的行為表徵必須尋求形上來源的解釋。被忽略不代表問題就不存在，實證主義的政治科學雖然提供一個較為客觀的研究方式，卻無法觸及宗教能影響政治的超經驗層次（形上議題），以至於對這些不同宗教之間的差異影響無法充分回應。

宗教在內容上不僅大量涉及形上的問題，更深深關注在規範法則所產生的意義建構（Durkheim, 1915; Geertz, 1966; Flood, 2012）。因此，如何連貫一個從形上到形下層次 [9] 的政教問題研究，亦即能夠探本溯源又能印證於經驗資料的研究方法，當為宗教議題值得被研究的重要原因；否則在考量諸多經驗層次的因素之餘，宗教因素難以顯現其重要性和獨特性。雖然自 1990 年代末期以後，隨著國際宗教極端主義問題的發展（Demerath, 2001; Coreno, 2002；巨克毅，2002），以及學界在政治科學立場與研究方法上的變化（例如更重視詮釋學派的觀點）（Goodin & Klingemann (Eds.), 1996; Marsh & Savigny, 2004; Donovan & Larkin, 2006），學者專家慢慢將眼光關注在不同宗教之間所引起的政治現象及差異（Huntington, 1996; Inglehart, 1997; Baumann, 1999; Fradkin, 2000;

8 形上學一語有「物性學之後」，更有「超越物性學、本質的不能經驗到、不變的、以某種意義是精神的」等等意義，為一種研究普遍存有和世界基本性質的領域型態，其通過理性的推理和邏輯，去研究一些無法藉由經驗而得到答案的問題，如存在、客體、時間、空間、因果……等，所以同實驗的經驗科學相比，形上學為一種非經驗性的哲學研究，也是首要哲學。因此，「形而上者謂之道，形而下者謂之器」《易經．繫辭上傳》，相對於實證科學的經驗性研究（形下領域），宗教有關於神的理論及其本質作為的研究（形上領域），不但是形上學討論神性存有的主要部分，更是已經超出經驗科學研究的範疇（綜合自 Mathews & Smith (Eds.), 1921；韋政通（編），1983：299-301；項退結（譯），1976：213-214；Eliade (Ed. in chief), 1993）。

9 亦即當我們在研究信眾經驗層次的政治行為時，當會追問其政治態度及價值如何養成，而其政治態度及價值之養成就做為一個信眾時又會探究如何受其形上層次信仰的影響，此即本研究的立場：信眾形下經驗層次的政治行為，會受其形上層次對神信仰的影響。

Cabezón & Davaney (Eds.), 2004; Berry, 2007; Buruma, 2010），但如何建立一個從形上到形下具有連貫邏輯的研究方法仍然付之闕如。

所以在釐清上述三個關聯之後，我們可以對一開始的疑問提出更多的問號：宗教是否是影響政治態度與價值的一個重要因素？如果是的話，它又如何影響？在政治民主化（Democratization）和宗教世俗化（Secularization）的衝擊下，[10] 這樣的影響是否具有普遍性和必然性？甚至我們可以將焦點鎖定在台灣：比如類似台灣這樣宗教高度多元的社會環境，[11] 宗教是否依然是影響政治態度與價值的一個重要因素？如果是的話，從它的形上觀念如何寓示經驗層次的行為表現？而這種推論具不具有普遍性？為此，本研究企圖以台灣的教派（sects）[12] 為例，試圖說明對某些宗教而言，從其形上的神學觀點、規範所建構的政治態度及價值，能夠影響、甚且改變當代的政治發展，進而說明這種宗教與政治的關係。

---

10 政治民主化會促進信眾的公民意識，而宗教世俗化會降低教派的神聖性、權威性、專屬性……等，如此都會降低教派對世俗的話語權（Shiner, 1967; Haynes, 1997; Berger, 1999; Bader, 2007）。

11 根據美國 Pew 研究中心（Pew Research Center）在 2014 年 4 月提出的一項研究調查報告「全球宗教多樣性指數」（Religion Diversity Index）中指出，台灣在全球 232 個調查國家和地區中宗教多樣性指數高居世界第 2 名（8.2 分），僅次於新加坡的 9 分，為屬於宗教多樣性指數偏高的 12 個國家之一；相反的，歐洲、北美、中東、北非地區卻沒有任何一個國家是屬於高指數的國家，美國是 4.1、英國是 5.1、印度是 4.0、法國是 5.9、阿富汗及伊朗是 0.1、而梵諦岡則為 0 敬陪末座，亦即他們的宗教多元性遠遠不如台灣。本研究是以全球六大宗教為統計基礎，包括佛教、基督教（含天主教等）、印度教、猶太教、伊斯蘭教、民間信仰，再加上其他宗教與無宗教者（Unaffiliated）等 8 個分類，統計 2010 年各國在這 8 個分類中的人數比例，比例愈接近的指數就越高，亦即愈多元。因此，就宗教多樣性而言，台灣是高度多元的。在本調查中，台灣最大的信仰族群是民間信仰，比例為 44.2%；佛教為 21.3%；其他宗教為 16.2%；無宗教者為 12.7%；基督教則為 5.5%（資料參照美國 Pew Research Center，資料網址：http://www.pewforum.org/2014/04/04/religious-diversity-index-scores-by-country/，引用日期 2015 年 5 月 27 日）。

12 有關於教派的定義，通常指從一個既有的宗教組織中分離出來的宗教團體（Olson, 2011: 224）。在本書中泛指研究的對象：一貫道、慈濟基金會、長老教會、和靈糧堂。

本研究嘗試運用質化與量化方法，企圖探究宗教形上的神論解釋對經驗層次行為表徵的影響，以比較出教派的政治態度、價值及差異。當然，本研究並不在預設宗教一定要持有政治立場，或者持有何種政治態度、價值及偏好是正不正確或理不理性，而是在說明宗教所隱含的政治態度與價值會形塑信眾對政治的思考邏輯，最後這種形塑是會影響到政治的發展。

第一節　研究背景

宗教自古以來即是以超越政權的方式，存在於人類社會，教化人心、撫慰人心，補足人世政治社會規則的不足，指導人類社會價值的準則，建立一套從「屬靈的」（Spiritual）到「屬世的」（Secular）的形上規範。為此，宗教典籍雖然不會直接對當代的政治表示看法，但 Gabriel A. Almond 認為宗教做為道德價值的主體，不可避免地具有政治含義（Almond and Powell, 1988: 46），宗教成為當代世界影響政治最強而有力的要素（element）之一（Weithman, 2002: 1）。

一、諸神的世界

宗教沒落了嗎？自從上個世紀以來，預言宗教沒落的學者就不少，如 Anthony Wallace（1966）、Bryan Wilson（1966）、Lary Shiner（1967）、Peter Berger（1967）……，他們普遍指出在世俗化和現代化（Modernization）的前提下，宗教不再具有指導性（Shiner, 1967: 469-486），人們不再用宗教來詮釋自己的生活和世界（Berger, 1967: 107），最後它會慢慢滅絕（Wallace, 1966: 264-265）。

然而半個世紀過去了，宗教真的衰亡了嗎？根據美國 Pew 研究中心[13] 在

2015 年 3 月「世界宗教的未來」（The Future of World Religions: Population Growth Projections, 2010-2050）[14] 之計畫報告指出：在 2010 年，全球有宗教信仰的人口包括基督宗教、[15] 伊斯蘭教、[16] 佛教、[17] 印度教、猶太教、其他宗教 [18]（Other Religions）以及民間信仰 [19]（Folk Religions）的信眾佔世界人口比例的 83.6%，而無宗教信仰者 [20]（Unaffiliated）只佔世界總人口的 16.4%；到了 2050 年，預估有信仰的比例會略微上升為 86.8%，而無宗教信仰者則可能下降到 13.2%。顯然，宗教不但沒有衰亡，而且還略為興盛，所差只是各宗教間的消長而已。如果按照地區劃分，基督宗教在歐洲（74.58%）、拉美（90.0%）、北美（77.4%）及撒哈拉以南非洲地區（62.9%）佔有優勢地位，而伊斯蘭教則在中東北非地區（93.0%）佔有主宰地位；相較之下，亞太地區則較有一個多元性的宗教發展，

13 美國 Pew 研究中心乃是 2004 年成立於美國華盛頓特區的一家獨立性民調機構，主要是提供那些能夠影響美國、乃至世界問題、態度與趨勢的資訊調查。該中心的研究主要有七大項，包括民眾與媒介、新聞學、網絡與美國生活、宗教信仰與公共生活論壇、西班牙研究、全球民意調查以及社會與人口統計，其中的宗教信仰與公共生活論壇提供了許多有關宗教研究豐富且即時的資訊資料，這些資料運用了公共意見調查、統計、內容分析以及其他社會科學的研究方法，可以說是非常具有參考價值。

14 本項調查是對全球信眾的生育率、年輕人口的成長趨勢，及改變宗教信仰的統計數字進行歸納評估，並預測基督教在未來 40 年仍然是全球信眾最多的宗教團體，但伊斯蘭教成長的速度則領先於其他宗教。其主要目的就是在呼籲各國領導人及早因應此種變化，以避免未來可能發生的衝突。以下數據引用日期為 2015 年 6 月 11 日。

15 包括超過一半的天主教徒、37% 的新教徒、12% 的東正教徒以及 1% 的摩門教徒、基督教科學派和耶和華見證人（Jehovah's Witnesses）等。

16 包括 87-90% 的遜尼派、10-13% 的什葉派。

17 包括大乘、小乘和密宗。

18 如巴哈伊教（Baha'i faith）、耆那教（Jainism）、神道教（Shintoism）、道教、天理教、巫術（Wicca，或稱威卡教）、拜火教（Zoroastrianism）、錫克教（Sikhism）等。

19 如非洲傳統信仰、中國民間信仰、美國原民信仰、澳洲土著信仰等。

20 包括無神論者（atheists）、不可知論者（agnostics）以及沒有特別信仰的人。

各自不超過三成，即使最高的印度教也僅為 25.3%，[21] 無任何宗教信仰的甚至有 21.2%。[22] 但不管如何，無論是耶穌、阿拉或其他諸神在全球各地仍佔有一個重要的地位，尤其是拉美和中東北非地區都以超過九成的比例存在，各自信仰一個唯一的真神，當然也就能形成影響各國政治社會發展的動能，構成一個形塑政治社會發展方向的前提條件，最後產生各區明顯不同的政治文化。

二、信念、道德與個人行動的準則

假設宗教信仰並不牽涉對政治社會評價的依據，更不會做為個人行動邏輯的準則，則宗教信仰高度一致的結果並不會產生什麼副作用，比如排斥少數教派、或者將宗教律例做為國家法則（譬如伊斯蘭國家的宗教法庭）。然而如果宗教規範對信眾具有強烈且深度的影響，則這種宗教信仰將脫離純粹的精神領域，而成為一種形塑各國政治社會的框架。這種情況可能也推及各種宗教在各國佔據優勢的國家，比如澳洲（67.3% 的基督宗教人口）、加拿大（69.0% 的基督宗教人口）、法國（63.0% 的基督宗教人口）、德國（68.7% 的基督宗教人口）、英國（64.3% 的基督宗教人口）、美國（78.3% 的基督宗教人口）、科威特（74.1% 的穆斯林人口）、馬來西亞（63.7% 的穆斯林人口）、黎巴嫩（61.3% 的穆斯林人口）……等。[23] 在這些國家中，都有超過一半以上相同的信仰人口，那麼他們都很可能形成相同的輿論趨勢，進而引導國家的政策偏向。

---

21 不過大部分都集中在南亞次大陸，並且帶有濃厚的種族特性，所以雖然印度教徒超過佛教徒，但在世界三大宗教的歸類上卻為基督宗教、伊斯蘭教及佛教。

22 主要是集中在中國，其無任何宗教信仰的人數即佔七億零六十八萬人（2010 年）。

23 資料參考 Pew 研究中心（2015: 234-245）。

以 Pew 研究中心針對全世界的穆斯林及非洲撒哈拉以南的基督教國家調查報告為例，[24] 於此以其中的三題做說明，第一題「要有道德及好的價值相信神是必要的嗎？」[25]、第二題「宗教在你的生活中重要嗎？」[26]、第三題「你贊成還是反對《聖經》／《伊斯蘭教教法》為國法？」[27]。此三題依次由內而外，說明該國信眾對宗教的信仰程度及期望宗教對政治社會依附的程度。第一題表示宗教與道德、價值的關係，第二題表示宗教影響生活的程度，第三題表示宗教與政治的關係期望。當百分比愈高時則表示該國受其宗教的影響程度愈高、宗教依附政治社會的程度也就愈高。

在調查 23 個信仰該宗教人口超過八成的國家中，其中伊斯蘭教國家有 16 國、[28] 基督宗教國家有 7 國。[29] 在題一部分，認為要有道德及好的價值相信神是必要的除了阿爾巴尼亞（45.0%）比較少之外，其他全部超過五成，而伊斯蘭教的摩洛哥、突尼西亞、伊拉克、約旦、巴基斯坦、埃及、孟加拉、印尼及基督宗教的尚比亞、南非甚至都超過八成。顯然，在這些國家中許多信眾都認為宗教是形塑道德及好價值的必要來源。

---

24 本調查報告乃根據 Pew 研究中心在「Tolerance and Tension: Islam and Christianity in Sub-Saharan Africa」（2010）及「The World's Muslims: Religion, Politics, & Society」（2012）兩份調查報告之綜合資料所得。其中所列國家的原則以該宗教超過該國人口八成及回答完整為有效資料的國家。

25 本題有不必要及必要兩種回答。

26 本題有非常重要、有點重要、不太重要、一點也不重要四種選項。

27 本題有贊成與反對兩種選項。

28 包括摩洛哥、突尼西亞、伊拉克、土耳其、約旦、吉布地、塔吉克、塞內加爾、巴基斯坦、埃及、馬利、科索沃、孟加拉、吉爾吉斯、印尼及阿爾巴尼亞。

29 包括尚比亞、剛果民主共和國、盧安達、烏干達、賴比瑞亞、肯亞及南非。

在題二部分，認為宗教在生活中是重要的（非常重要＋有點重要）全部超過一半，而除了阿爾巴尼亞、科索沃、吉爾吉斯之外，其他都達九成以上的比例。由此可見該宗教對該國信眾的影響，不管伊斯蘭教或是基督宗教都有非凡的力量。而在題三部分，認為要將該宗教之規範進一步推升為國法的國家，除了伊斯蘭教的土耳其（12%）、阿爾巴尼亞（12%）、科索沃（20%）、塔吉克（27%）、吉爾吉斯（35%）及基督宗教的盧安達（42%）之外，其他全部超過一半。甚至伊拉克、摩洛哥、吉布地、巴基斯坦、孟加拉都有超過八成以上的比例贊成將宗教法升格為國法。簡單來說，從道德價值、到生活準則、最後形成國家法律，宗教信仰提供各國信眾一個政治行動邏輯循序漸進的基礎。

因此，由上述兩個區域的宗教調查研究顯示，雖然它只是少數區域的調查反映，但由這些反映可知宗教不只是單純的精神領域，它還是大部分信眾道德與價值的來源，這種來源對信眾而言是一種非常重要的生活規範，為一種生活行動的準則，在很多國家甚至希望可以將宗教法變成國法。謂此，宗教賦予信眾的並不只是一種信念的來源，還是一種行動力量的來源，並給予了道德與價值的神聖詮釋。此也正是 Paul J. Weithman 所認為的宗教能提供一種價值的規則來源（Weithman, 2002），或者如 Bertrand Badie 所說宗教對政治的最大影響性，在於宗教能提供政治行動邏輯的道德準則（Badie, 1991）。例如，日本國家神道[30]（State Shinto）對民主排斥的影響，儘管日本的民主政治已實施多年，但至今他們仍認為民主自由、個人主義、和基督教人人平等的思想「汙染」了日本（Holtom, 1963；李明峻（譯），1995），為此而深深地影響日本的民主品質。

---

30 雖然對「神道」是否為宗教的討論仍有爭議，但日本提倡神道，指皇室為天照女神的後裔，萬世一系、負有八紘一宇（指的是天下一家、世界大同的意思）的天降使命，尤其在 1868~1945 年間，所謂「國家神道」的關係即是指日本對於神道的支持、庇護、和提倡。

三、文明的再衝突？

姑且不論各宗教所隱含的價值優劣，上述這種聚合個人對宗教的認知，最後會變成一種集體的行動邏輯，進而形成彼此之間明顯的政治差異。[31] 以 Jeffrey Haynes 在 2010 年的研究指出，這種因宗教差異的因素會導致對政治理解的不同，進而表現出各種不同的政治行為差異（Haynes, 2010）。

於此，Haynes 根據各主要宗教類型國家的自由程度統計出一項資料。他以美國自由之家的資料做關聯分析，雖然「政治權利」（Political Rights）和「公民自由」（Civil Liberties）[32] 兩項指標不足以涵蓋所有的政治面向，但從它們的關聯程度分析可以得知，宗教確實對政治結果產生極為顯著的差異。在 23 個基督教國家的自由程度平均是 1.65，相較之下 39 個伊斯蘭教國家的平均分數高達 5.39，如此顯示了基督教國家比伊斯蘭教國家自由得多。另外一個值得注意的宗教是印度教，雖然印度號稱是亞洲老牌的民主國家，但在印度教的影響下其平均分數只得 3.25，顯見印度教亦深深影響印度民主政治的品質及發展。數據如表 1-1 所示：

31 因為新制度理論認為個人的價值偏好與路徑依賴的結果，最後會形成對社會制度的集體選擇（Lecours, 2005）。

32 資料參照美國自由之家網站 http://www.freedomhouse.org。

表 1-1　宗教與自由關聯

宗教傳統（國家數）	自由之家分數
基督教（23）	1.65
天主教（50）	1.83
混合：基督＋天主教（12）	1.83
東正教（12）	3.25
印度教（2）	3.25
混合：亞洲（12）	3.96
混合：非洲（30）	4.12
佛教（4）	4.63
伊斯蘭教（39）	5.39

* 資料來源轉載自（Haynes (Ed.), 2010: 202）。
** 其中數值愈小自由程度愈高，數值愈大自由程度愈低。

本書於此並不評斷何種宗教內含民主傾向、或何種宗教不內含民主傾向，但從這些不同宗教所形成的政治區塊，我們可以得到特定宗教會形成特定政治偏向的初步印象，尤其是對個人主義和價值自由觀點的影響，如此當然就會形成各宗教在自由程度上的明顯差異（Haynes (Ed.), 2010: 200-202）。同樣的論點，在 Michael Minkenberg 的研究上也可以得到證實。Minkenberg 根據最近的資料和跨時比較，他認為民主的根源為來自基督教文化所形塑的國家，因為基督教的傳統和制度能夠清楚提供自由化民主和民主化過程的限制和機會；而相對的，天主教、東正教和伊斯蘭教卻基於社會神聖的觀點，會傾向限制自由民主發展的出現，特別是公民自由（Minkenberg, 2007）。

如此，這種由宗教信仰差異而支撐的政治區塊差異，表明了各宗教在對道德價值所隱含的思考邏輯與行動準則是不一樣的，進一步他們所投射到對國家社會的概念也是不一樣的。所以，德國哲學家 Carl Schmitt 就認為西方民族國家的興起與基督教密不可分，甚至他認為現代國家的若干論述、概念就是一種神學性的概念（Schmitt, 1934/2005: 367, 38-40）。這種因宗教而對國家社會的概念投射，嚴重的話甚至會變成一種聖戰（Jihad）的觀念，[33] 因為他們被賦予一種宗教責任及神聖使命（Mathews & Smith (Eds.), 1921; Esposito, 2002; Berry, 2007）。因此，Detlef Pollack 及 Daniel Olson 於《宗教在現代社會的角色》一書中認為：宗教在現代社會中的角色，不僅能極高程度影響許多人的行為和思考模式，更能間接地造成世界大部分地方的種族和國家衝突（Pollack & Olson (Eds.), 2008）。

根據 Pew 研究中心的統計，各國發生多數信仰教派打壓少數信仰教派的比例，從 2011 年的 38% 上升到 2012 年的 47%，[34] 而在一些國家甚至惡化為互相迫害，如馬利、利比亞、墨西哥、突尼西亞、敘利亞、黎巴嫩、與阿富汗等。而 Samuel P. Huntington 更擴大解釋為一種宗教文明的對抗，他在《文明的衝突與世界秩序的重建》一書認為：自冷戰結束以後，未來國際關係的主要衝突就是文明的衝突。他更進一步提出目前世界上主要有八種文明：西方基督教文明、中國儒家文明、日本文明、伊斯蘭文明、印度文明、東正教文明、拉丁美洲文明與非洲文明，而未來世界的衝突主要是環繞在基督教與伊斯蘭教或儒家之間

---

33 聖戰在廣義上被界定為「運用最大限度的力量及能力，去對付不被認可的事物」（Esposito, 2002: 117）。其原意為穆斯林反抗不信伊斯蘭教的一種宗教責任，他們將世界分為二部分：伊斯蘭的領域和戰爭的住所（abode of war）。在伊斯蘭的神學理論，當穆斯林受召喚時，他們有責任犧牲自己，將全世界帶往真理的方向（Mathews & Smith (Eds.), 1921: 237）。

34 資料參考 Pew Research Center 網站，引用日期 2014 年 6 月 11 日。

產生（Huntington, 1996），[35] 此也正是國內學者郭承天所說的：「民族問題重疊宗教問題而導致了 20、21 世紀的「七十年戰爭」（從 1945 年至今），而且至今方興未艾。」（郭承天，2014：42）。

四、一個被忽略的變項

儘管宗教與政治之間有著千絲萬縷的關係（Sullivan, 1992; Huntington, 1996; Miles, 1996; Inglehart, 1997; Stepan, 2000; Fradkin, 2000; Minkenberg, 2007; Ungureanu, 2008; Elshtain, 2009），但在 20 世紀末期以前，宗教對政治學的影響並沒有得到相對應的重視（Shiner, 1967; Smith, 1974）。長期以來，研究民主的政治學者並沒有將宗教因素視為重要變項，特別是力求經濟發展、政治轉型的第三世界國家，宗教幾乎是個被忽略的因素（Haynes, 1993: 5）。

從 1950 年代以來，就個別理論而言，「發展理論」（Development Theory）和「依賴理論」（Dependency Theory）便佔據學界主導的位置，宗教只是個殘餘因素（residual factor）而已（Manor, 1991）。而在「現代化理論」（Modernization Theory）的觀點裡，更認為在現代化和世俗化的客觀環境下，世界各國原本的宗教必將消失殆盡（Hedden & Shupe, 1986; Wallace, 1966: 264-265）。因此，在過去全球許多極端的宗教活動往往只是被視為社會重大的亂源，或者無法適應社會劇烈變動的失敗者（Gerlach & Hine, 1979）。

---

35 如果我們考量神論觀點的話，則筆者認為基督宗教和伊斯蘭教的衝突較難以避免，而和儒家衝突的機率微乎其微。理由是基督宗教和伊斯蘭教同屬一神論，包容性和求真性較難以相容，而儒家為屬多神論立場，對不同神論觀點較具包容性；而另外也考量到基督宗教與民主價值的包容性遠較伊斯蘭教高，故儒家文明和基督教文明的衝突遠低於基督教文明和伊斯蘭教文明的衝突。

然而，這種否定宗教性質與作用的失敗論觀點，為後來許多學者反對。他們認為：宗教運動在某些情況下，也可能是一群菁英分子，積極實踐教義信仰的理想主義者（Walis, 1979; Wilson, 1982）。這種情況見諸於亞洲新興工業國家（NICs）的一些宗教團體（趙沛鐸，1995），即使在工業先進國家，如美國的基督新教，亦以有組織、有目的的方式，積極進行對政治的參與，[36] 包括推出總統候選人（如 1988 年的 Pat Robertson、1992 年的 Pat Buchanan）等（Tocqueville, 2007; Campbell (Ed.), 2007; Rozell & Whitney, 2012）。

因此，如何重新賦予宗教研究一個重要的地位及考量，成為我們政治學界必須思考的問題。

五、台灣政治科學的盲點

長久以來，「宗教」因素在台灣民主政治發展的過程中，其所受到的忽略尤甚於歐美中東地區。2004 年的台灣總統大選，藍綠政黨的得票數以 29,518 票、0.22% 的些微差距 [37] 決定雙方的勝負。當學者專家將解釋的原因，尋求省籍、教育程度、族群、統獨立場、國家認同……等變項時（徐火炎，2005；蔡佳泓，2007；鄭夙芬、陳陸輝與劉嘉薇，2008），就是忽略教派對此些微差距的影響。

---

36 例如根據歷史學者 M. E. Bradford（1982）的統計（資料轉引自 Eidsmoe, 1987: 41-43），在 1787 年費城所舉行的制憲會議中，55 位的制憲代表，其中有 28 位是聖公會、8 位是長老會、7 位是公理教會、2 位是路德會、2 位是荷蘭改革宗、2 位是天主教、2 位是衛理公會、還有 3 位是自然神教（deists），顯示基督新教對政治改革的關注。資料參照（陳敦源、郭承天，2001）。

37 資料參考中央選舉委員會選舉資料庫網站 http://db.cec.gov.tw/histMain.jsp?voteSel=20040301A1，引用日期 2013 年 9 月 26 日。

實證論者認為，台灣政教關係的連結並不明顯，而這樣的論述也似乎在量化的研究中找到支持的證據。以 2001 年東亞民主研究計畫台灣部分第一波的調查為例：在權力價值取向方面，[38] 相對於「有宗教信仰的」，有無宗教信仰的平均值其差異並不明顯，如下表所示：

表 1-2　台灣各宗教信眾權力價值取向平均值差異

宗教別	民間信仰	道教	佛教	一貫道	天主教	基督教	無信仰	整體
平均值	3.08	3.02	2.98	3.38	3.08	3.22	3.23	3.08

* N 值＝ 1072，以 0~5 分計算，其中分數愈低表示愈趨向威權價值、愈高則表示愈趨向民主價值；而伊斯蘭教因 N 值只有一個，故此不計。
資料來源：本研究。

有無宗教信仰以及信仰何種宗教，對民主價值的理念取向差別並不大，為 3.38 到 2.98 之間。如果再根據其他學者的研究，宗教信仰同年齡、教育程度、省籍、收入、性別、甚至社會階級、經濟評估、社會滿意度等做比較，則在不同變項的干擾下，所得到的結論也不一樣（Chengtian Kuo, 2004；黃旻華，2006）。然而，如果試著檢驗宗教與民主化程度的關聯，亦即當民主化的程度愈高，則對宗教的開放程度也就愈高，前者以內政部統計 [39] 的宗教團體數為測

38　亦即以平等權、自由權、自主權、制衡權、及多元權等五道題目測試，其中回答為正值取向者給予 1 分、負值取向者給予 0 分，五題計算加總，做為測量政治文化體系成員對威權／民主價值的認知，資料詳見張榮彰《台灣政治文化與民主化程度之研究》一文（張榮彰，2008）。

39　中央政府所轄宗教團體數的統計，為從 1977 年的 16 個增加到 2007 年的 683 個，資料來源參考：內政部統計資訊服務網，網址 http://sowf.moi.gov.tw/stat/year/y04-01.xls，引用日期 2009 年 3 月 21 日。

量，後者使用美國自由之家統計的總體資料，[40] 則二者 Pearson' r 值為 0.88。另外，以 2009 年台灣地區宗教經驗的實證調查為例，當詢問受訪者宗教界對政治的影響力時，不管有無宗教信仰或者宗教派別，普遍都認為宗教界對政治的影響力很大，其數據如下：[41]

表 1-3　宗教界（宗教師／宗教人士）對政治的影響力

	沒有宗教信仰	民間信仰	佛教	道教	一貫道	天主教	基督教	佛道雙修	其他	不知道	Total
非常大	26.1%	22.2%	34.5%	29.3%	19.5%	34.8%	25.8%	36.8%	37.0%	0.0%	27.1%
還算大	43.6%	34.8%	34.8%	36.4%	29.3%	39.1%	41.9%	41.4%	44.4%	25.0%	37.0%
不太有影響力	15.9%	16.6%	16.3%	20.4%	29.3%	13.0%	21.0%	11.5%	14.8%	25.0%	17.1%
沒有影響力	2.7%	2.4%	2.2%	2.2%	7.3%	8.7%	3.2%	1.1%	0.0%	12.5%	2.6%
其他	11.7%	24.1%	12.2%	11.6%	14.6%	4.3%	8.1%	9.2%	3.7%	37.5%	15.7%
Total	100.0%	100.0%	100.0%	100.0%	100.0%	100.0%	100.0%	100.0%	100.0%	100.0%	100.0%
N =	264	658	319	225	41	23	62	87	27	8	1,714

* 您認為宗教界（宗教師／宗教人士）對政治的影響大不大？(1) 非常大 (2) 還算大 (3) 不太有影響力 (4) 沒有影響力、（9996）不知道、（9997）拒答，其中（9996）和（9997）合併為其他。

資料來源：蔡彥仁（2014），台灣地區宗教經驗之比較研究。

40　根據美國自由之家的統計，台灣的自由程級從不自由（1972 年的 11 分）進步到自由（2006 年的 3 分）。在相對開放中，台灣慢慢鬆綁對人民團體的控制，尤其 1987 年的宣佈解嚴，使得宗教團體數慢慢大幅增加，特別在 1990 年代。而如果計算各種寺廟、教堂等數目，更高達 14,841 座（2007 年）、信眾人數總計 1,537,498 人。謂此，二者具有高度的相關性。

41　資料來源：蔡彥仁（2014），台灣地區宗教經驗之比較研究（E97056）【原始數據】，取自中央研究院人文社會科學研究中心調查研究專題中心學術調查研究資料庫。doi:10.6141/TW-SRDA-E97056-1，引用日期 2019 年 6 月 27 日。

根據上表，不管哪一個宗教或者有無信仰，普遍都認為有影響力大於無影響力，其中其他信仰高達 81.4%、佛道雙修 78.2%、天主教 73.9%，而整體受訪者也高達 64.1% 的人認為有影響力。

接著此調查詢問如果明天有選舉您會投給哪個政黨，結果數據如下：[42]

表 1-4　未來選舉的政黨可能選擇

	沒有宗教信仰	民間信仰	佛教	道教	一貫道	天主教	基督教	佛道雙修	其他	不知道	Total
國民黨	13.6%	16.0%	18.2%	15.6%	22.0%	26.1%	19.4%	21.8%	18.5%	12.5%	16.7%
民進黨	8.3%	12.0%	12.5%	11.1%	9.8%	4.3%	9.7%	10.3%	7.4%	12.5%	11.0%
親民黨	0.0%	0.0%	0.0%	0.0%	2.4%	0.0%	0.0%	0.0%	0.0%	0.0%	0.1%
台聯	0.4%	0.0%	0.3%	0.4%	0.0%	0.0%	1.6%	0.0%	0.0%	0.0%	0.2%
新黨	0.4%	0.0%	0.0%	0.0%	0.0%	0.0%	0.0%	0.0%	0.0%	0.0%	0.1%
無黨籍	3.0%	2.4%	3.4%	3.6%	4.9%	0.0%	4.8%	1.1%	3.7%	0.0%	2.9%
其他政黨	1.5%	2.1%	1.6%	0.9%	0.0%	0.0%	1.6%	1.1%	3.7%	0.0%	1.6%
不一定	45.8%	46.2%	44.5%	42.2%	46.3%	52.2%	41.9%	49.4%	37.0%	50.0%	45.3%
其他	26.9%	21.3%	19.5%	26.2%	14.6%	17.3%	21.0%	16.0%	29.6%	25.0%	22.1%
Total	100.0%	100.0%	100.0%	100.0%	100.0%	100.0%	100.0%	100.0%	100.0%	100.0%	100.0%
N =	264	658	319	225	41	23	62	87	27	8	1,714

* 如果明天有選舉，您會投票給哪個政黨？(1) 國民黨 (2) 民進黨 (3) 親民黨 (4) 台灣團結聯盟（台聯）(5) 新黨 (6) 無黨籍 (7) 其他政黨 (8) 不一定 (9) 投廢票 (10) 不去投票（9996）不知道（9997）拒答（9999）訪員漏問或無效回答，其中 (9)、(10)、(9996)、(9997)、(9999) 合併為其他。

資料來源：蔡彥仁（2014），台灣地區宗教經驗之比較研究。

42　Ibid。

雖然本表關於未來選舉的政黨可能選擇，不管是哪一教派或是有無信仰，都大約有 4~5 成的受訪者不願表態，難以看出信仰對政黨選擇的可能影響；但從國民黨和民進黨的選擇差距中，卻發現一項有趣的現象，那即是：一貫道、天主教、基督教、佛道雙修和其他信仰者對兩黨的選擇差距，遠比其他信仰者或是無信仰的兩黨選擇差距為大。例如在天主教的兩黨選擇差距為 21.8%，而沒有信仰的政黨可能選擇差距只有 5.3%，民間信仰甚至只有 4.0%。此是否意味著宗教信仰對受訪者的政黨選擇偏向已產生影響？為此，本書再以本項調查對 2008 年的總統選舉進一步分析，其數據如下：[43]

表 1-5　各宗教對 2008 年總統選舉的投票狀況

	沒有宗教信仰	民間信仰	佛教	道教	一貫道	天主教	基督教	佛道雙修	其他	不知道	Total
謝長廷	18.2%	21.0%	23.5%	25.3%	22.0%	4.3%	14.5%	23.0%	14.8%	12.5%	21.1%
馬英九	40.9%	37.8%	43.6%	34.2%	48.8%	69.6%	50.0%	44.8%	44.4%	12.5%	40.4%
其他候選人	0.8%	0.5%	0.0%	1.8%	0.0%	4.3%	1.6%	0.0%	3.7%	0.0%	0.7%
投廢票	1.5%	2.1%	0.3%	0.9%	2.4%	0.0%	3.2%	0.0%	3.7%	0.0%	1.5%
沒有投票	25.8%	17.5%	17.9%	20.0%	9.8%	8.7%	17.7%	13.8%	18.5%	62.5%	18.9%
其他	12.8%	21.2%	14.7%	17.8%	17.1%	13.0%	13.0%	18.3%	14.8%	12.5%	17.4%
Total	100.0%	100.0%	100.0%	100.0%	100.0%	100.0%	100.0%	100.0%	100.0%	100.0%	100.0%
N =	264	658	319	225	41	23	62	87	27	8	1,714

* 2008 年總統選舉時，您投票給誰？(1) 謝長廷 (2) 馬英九 (3) 其他候選人 (4) 投廢票 (5) 沒有投票、（9996）不知道、（9997）拒答，其中（9996）和（9997）合併為其他。

資料來源：蔡彥仁（2014），台灣地區宗教經驗之比較研究。

43　Ibid。

從上表中可以發現二個現象，其一：無宗教信仰沒有去投票的比例，遠比有宗教信仰的為高，此在無宗教信仰的比例為 25.8%，而在天主教的比例只有 8.7%。其二：對兩黨候選人的投票狀況差距，在此又得到印證，一貫道、天主教、基督教、佛道雙修和其他信仰者對兩黨候選人的選擇差距，遠比其他信仰者或是無信仰的兩黨候選人選擇差距為大。例如天主教高達 65.3%，而道教只有 8.9%。

從台灣地區宗教經驗研究資料庫的數據來看，宗教對信眾的政治偏好和政黨選擇，顯然有一定的影響，這種影響意味著信眾的政治行動邏輯多多少少會受信仰宗教教義的啟示，而演繹出不同的政治行動邏輯。顯然，政治和宗教之間仍具有一定程度的相關性。

然而在量化的實證研究中，台灣「宗教」與「政治」的關係研究依然存有某種盲點，這種盲點使台灣的政教關係研究陷入第三世界開發中國家研究的迷思；連帶的，政治學界亦甚少投入對宗教的研究。以「臺灣社會科學引文索引」（TSSCI）2019 年政治學門收錄名單[44]為例，在 10 本收錄的期刊中，扣除書評、短評、記錄、回顧文、時事分析……等，在統計的 3,294 篇研究主題中只有 29 篇[45]文章討論政教關係，比例為 0.009，相對於其他議題及宗教對政治的影響性可謂相當稀少。

44　資料來源參考科技部人文社會科學研究中心網站，網址 http://www.hss.ntu.edu.tw/model.aspx?no=354，引用日期：2020 年 1 月 30 日。

45　此處所統計必須是該主題為討論政教關係之文章，有些雖偶有涉略，但其主題為其他領域之文章，如《行政暨政策學報》（49 期）的〈先秦儒家支配理論的類型：道德型正當性的試擬〉（葉仁昌，2009）、《政治科學論叢》（40 期）的〈李榮的重玄思想與政治論述──以《老子注》為核心〉（林俊宏，2009）等，其所關注的主題為政治思想，故就此不列入計算；同樣地，《問題與研究季刊》（43 卷 6 期）的〈斷裂的文明衝突：菲南分離運動之個案分析〉（翁俊桔、顧長永，2004），主要為討論國際關係的分離主義；《臺灣民主季刊》（7 卷 3 期）的〈地方派系如何操控寺廟的管理權？──以大甲鎮瀾宮的人事選舉為例〉（何鴻明、王業立，2010）主要討論地方派系，故類似上述文章皆不列入計算。當然，此種政教連結的判準難免有所謂主觀性問題，為此本書以文章主旨及結論、作者的研究專長及興趣、參考書目等指標做為篩選的標準，以求盡量客觀。

甚至有些期刊從未刊登過有關政教議題的文章，如《選舉研究》，而這樣的情況是假定宗教因素根本不是選舉中的一個重要變項，以致於沒有任何學者關注。另外，在已刊登的29篇文章中除了少數的學者之外，如《政治學報》的〈民主的宗教基礎—新制度論的分析〉（郭承天，2001）、《台灣政治學刊》的〈為什麼人們要支持政治伊斯蘭的主張？八個穆斯林國家的經驗檢證〉（黃旻華，2004）……等，能夠導入新的政治學研究方法之外，大部分的研究方法仍停留在傳統論述（Discourse）的說明方式研究政教關係，無形之中更益加深政教關係的研究是一門「落後」的研究領域。各期刊收錄情況如下表所示：

表 1-6 TSSCI（2019）政治學門有關政教議題收錄之比例

期刊名稱	刊行時間	期數	篇數	政教議題	比例
公共行政學報	1997/01-2019/09	56	292	2	0.007
台灣政治學刊	1996/07-2019/06	39	190	1	0.005
行政暨政策學報 *	1999/10-2019/06	39	169	0	0.000
東吳政治學報	1992/03-2018/12	69	318	2	0.006
政治科學論叢	1990/03-2019/09	81	457	8	0.018
政治學報	1971/09-2019/12	68	456	5	0.011
問題與研究季刊 **	2001/01-2019/12	88	463	7	0.015
臺灣民主季刊	2004/03-2019/09	63	334	2	0.006
遠景基金會季刊	2000/01-2019/10	76	352	2	0.006
選舉研究 ***	1994/05-2019/05	49	263	0	0.000
合計		628	3294	29	0.009

* 原名為《行政學報》，自1999年10月改為《行政暨政策學報》，故自該期統計。

** 《問題與研究季刊》從1961年10月開始發行，原為月刊發行，從2001年1月改為季刊，故從2001年起算。

*** 本項統計缺1997年資料。

**** 資料來源統計自各期刊。

為此，我們必須重新思考政教議題在政治科學的地位：除了研究份量必須提升之外，在研究方法上更是必須注入新的研究方式。如此，面對國際政教衝突的日趨嚴重，方能顯出政治科學「進步」的意涵：分析問題、解決問題、甚至預測問題（Lakatos, 1970）。

第二節　研究動機

長久以來，台灣的宗教山林並不是一個完全走精神靈修的出世（或棄世）路線，而是一個涉入台灣政治社會甚深的入世路線。舉凡從西洋而來的基督宗教、到本土的民間信仰，各個宗教發展及競爭的基礎都體現在吸引普羅大眾的傳播上，此基礎不僅表現在各宗教彼此之間的競爭，亦表現在與政治的爭鬥上。

例如在 2010 年的高雄市長選舉，面對實力不對等的藍綠之爭、以及具有競爭性的無黨籍候選人，佛光山的星雲法師表示：「棄保要從有利方向設想，也是一種選舉方法」，[46] 因而引起一時波瀾。這種企圖影響選情、左右信眾投票選擇，甚至改變社會大眾投票抉擇的教派領袖發言屢見不鮮。舉凡在重要的選舉期間，如總統大選、立委選舉均見教派領袖介入，如中台禪寺、一貫道、台灣長老教會⋯⋯，而政治人物向教派領袖朝覲以獲取選票的現象也絡繹不絕。顯然，教派在政治社會價值的衡量中不只是一個形上的準則而已，教派對政治的涉入不但有其形上的指引，並且形成相對應的政治態度與價值，積極涉入政治社會。

46　資料引用《自由時報》2010 年 11 月 19 日政治版報導。亦即星雲法師希望國民黨籍的候選人黃昭順，透過棄保效應，轉而支持無黨籍候選人楊秋興，以求勝過民進黨籍的候選人陳菊。

一、因神起信

根據Pew研究中心在「世界宗教的未來」之計畫報告指出：[47] 在2010年，台灣只有12.7%的人口（約295萬人）不相信任何宗教（Unaffiliated），這個比例預估在2020年為13.7%（約319萬人），2030年為14.8%（約338萬人），2040年為15.9%（約347萬人），到2050年預估會再稍微上升到17.1%（約345萬人）的比例。顯然，一直維持在預估八成以上的信仰人口，不管對任何事而言，它都指出宗教並不是一個可以忽略的因素。

而在這樣高比例的信仰組合裡，以民間信仰的44.2%[48]（1,026萬人）為最高，其次為佛教的21.3%（495萬人）。[49] 顯然，對台灣而言仍是以傳統宗教及佛教佔大多數，而基督宗教僅為5.5%，伊斯蘭教和印度教甚至不超過1%。如

---

47 資料參考Pew研究中心網站，資料網址：http://www.globalreligiousfutures.org/countries/taiwan#/?affiliations_religion_id=9&affiliations_year=2010®ion_name=All%20Countries&restrictions_year=2013，引用日期2015年6月21日。

48 當然，這樣的數據可能引起許多學者的爭議。國內學者瞿海源認為將受訪者歸類為民間信仰者是有主觀的成分在，因為民眾一般不太可能將自己認定是民間信仰者，此在TEDS的調查中也可得到證實（無宗教信仰者的比例遠高於國外的調查，如本項調查就是）。但如果將一些宗教行為列入，比如在家燒香拜祭、全家上寺廟祈求的狀況列入，則這樣的認定對宗教研究是很重要的。

49 當然，不同的調查會因為對宗教定義與受訪者自我認定的不同，而產生極為不同的結果。比如以中研院社會變遷調查工作室在1984年的調查為例，其結果為佛教47%、道教7.2%、民間信仰28.6%、天主教1.8%、基督教3.3%、伊斯蘭教0.1%、其他宗教0.3%、無宗教信仰者11.7%。而到了2002年則為佛教26.7%、道教12.5%、民間信仰26.2%、伊斯蘭教0.1%、天主教1.8%、基督教4.6%、慈惠堂0.2%、無宗教信仰25.4%，其他表列的軒轅教、齋教、鸞堂為0、其他0.9%。從中研院的這二次調查中，佛教差了20.3%，無宗教信仰差了13.7%，理論上二者調查時間只相差18年，在不容易改宗的前提下，二者數據不應差距如此之大。但在定義不嚴謹及受訪者混淆的情況下，產生如此懸殊的數據，而且表列的選項也不符合互斥及周延的理論，比如軒轅教、齋教、鸞堂與民間信仰同時並存。另外在TEDS的調查中，同樣也出現定義不清與選項不周延與不互斥的理論錯誤，比如在2003年的調查中，無信仰的為23.3%、佛教為36.3%、道教19.0%、天主教0.8%、基督教4.2%、伊斯蘭教0.1%、一貫道1.2%、民間信仰14.5%、新時代0.1%、儒教0.2%、摩門教0.1%、薩滿教0，其中摩門教為基督教的一支，而一貫道和道教之間的差異，可能很多受訪者會混淆，最重要的是TEDS本項的調查和中研院的調查只差1年，但佛教差了9.6%、道教差了6.5%、民間信仰差了11.7%。

果按照前述特定宗教會形成特定的價值思考與行動邏輯區分，則台灣這樣的信仰組合明顯有其特定國家社會的概念偏好，但這種偏好可能是多元宗教高度折衷的結果。

雖然台灣宗教高度多元（RDI[50]為 8.2 分），並且在「政府限制指數」[51]（Government Restrictions Index，GRI 為 0.9）和「社會敵對指數」[52]（Social Hostilities Index，SHI 為 0.0）的表現都相當優異，[53]亦即宗教團體受到來自政府的限制與社會的排擠或歧視相當少，但這並不表示台灣的宗教團體為一純粹的精神領域，或是和政治社會無涉的絕緣體。在解嚴以前，姑且不論宗教團體隱性的政治態度與價值，國內學者瞿海源認為：「如果宗教團體在政治立場上和政府一致，或是宗教團體不曾引起政治上的疑慮，大都能享有宗教上的自由。不過，若宗教團體在政治主張上和政府不同，甚至對立，或是黨政方面懷疑宗教團體有政治上的「陰謀」，黨政機器就會採取干預甚至壓迫的手段來加以處理。約略而言，一貫道、新約教會、創價學會、統一教、真耶穌教會、耶和華

50 宗教多樣性指數（Religion Diversity Index）的簡寫，高／低詳見註 11。

51 為用來衡量政府的法律、政策和限制宗教信仰及實踐行動。而所謂的政府限制乃包括了禁止皈依的政治影響、限制說教、或賦予某些宗教團體超過其他人的特權。分數為 0~10，愈低表示政府限制愈少、愈高表示政府限制愈多。

52 為用來衡量個人、組織或社會團體的宗教敵對行為。而所謂社會敵對行動乃包括由宗教因素導致的武裝衝突、恐怖主義、教派暴力、騷擾、恐嚇或虐待。此指數同樣為 0~10，愈低表示社會敵對性愈少、愈高表示社會敵對性愈多。

53 上述兩項指數為 Pew 研究中心根據了 2007~2012 年之間的統計數據所發佈的兩項報告。報告指出在世界大部分地方，宗教自由正在失去立足之地，其顯示 2012 年針對宗教社會敵對的情況會更糟，全世界有 74% 的人都經歷過更高級別的社會敵對，比 2011 年增加 52%。其中，超過世界一半人口的基督徒和穆斯林，已經在眾多國家被汙名化，而基督徒在 110 個國家、穆斯林在 109 個國家和猶太人在 71 個國家都曾被騷擾。另外，印度教徒、佛教徒、民間信仰和其他信仰的信眾，其所受到的騷擾也在一些國家不斷增加。資料參考 Pew 研究中心網站，引用日期 2015 年 6 月 21 日。

見證人會、乃至臺灣基督長老教會等或多或少都曾遭到黨政的迫害。直到解嚴時，政治干預宗教的種種現象才消失。」（瞿海源，2001：249）。此種現象說明台灣的宗教團體絕對不是一個和政治社會無關的宗教組織，不管在顯性的行為或隱性的態度價值上，他們都有他們的立場與行動邏輯去支撐他們對外的行為與展現。

對於這種宗教團體和政治的關聯，國內另一位學者郭承天更直接表明：「在戒嚴時期，除了長老教會之外其他的宗教團體均順從於國民黨的領導；而在解嚴之後，在與國家互動的關係上，佛光山、中台禪寺均站在一個支持的立場，而法鼓山、慈濟、浸信會、地方性的基督教會等，為站在一個開放分立的觀點，至於長老教會則依然站在一個批判性的觀點。」（郭承天，2002）。顯然，各宗教團體並非毫無政治立場，也非憑空而生，而是有可能按照他們對教義的理解去決定他們與國家社會的關係。

一個簡單又有力的例子即是臺灣基督長老教會（以下簡稱長老教會）的宣言。從 1517 年德國宗教改革家 Martin Luther 提出《九十五條論綱》（*The Ninety-Five Theses*）之後，不但引發了宗教大改革，也間接造成歐洲民族國家的興起，例如聖公會（Anglican Church）的建立強化了英國民族國家的意識和君主專制，而歐洲各國也因各自的宗教信仰增強了民眾的民族意識和國家凝聚力（Eidsmoe, 1987; Moyser, 1991b; Bruce, 2012）。這種基督宗教對國家概念的詮釋，也同樣影響後來台灣的長老教會。雖然台灣今日興盛的國族主義（Nationalism）並沒有受到台灣主流宗教的眷顧，未能給予完整的宗教合法性；但長老教會從 1970 年代初期起，就開始有系統的將台灣國族主義宗教化（郭承天，2014：48），並實踐在其文獻宣言中，例如主張「台灣主權獨立」（1991）、「台灣前途應由台灣全體住民決定」（1992）、「對李登輝總統兩國論的肯定與呼籲」（1999）……等。[54] 根據其對教義的詮釋，長老教會就明顯主張一個台灣獨立的意識型態與價值。

另一個有力的例子即是一貫道的宗旨。[55] 從 1945 年一貫道傳入台灣以後（1644 年開創），雖然在神祕隱諱的宗教儀式下，傳入初始屢受國府的猜忌與打壓（瞿海源，1997；林本炫，1990），但這個以大陸各地人士為主所傳入的一貫道（林榮澤，2009），在其宗教的性質與內涵下，積極推動孔孟聖道、讀經講學、弘揚中華文化藝術，嚴然為一股傳統文化價值復興的中介力量，在政治上進而支持三民主義、忠於國民黨的領導、遵行國家的法律、甚至反共抗俄等（Yunfeng Lu, 2005）。故國內學者楊惠南在〈台灣民間宗教的中國意識〉一文中認為：「一貫道為具有統派意識，或者至少為具有中國意識的民間宗教。」（楊惠南，1999）。

從上述二個政治與宗教連結的例子中，由於意識形態的形塑與政治社會化的作用，二教派逐漸形成各自的政治價值、態度、與理念，甚至形成一定的政黨偏好，包括了統獨的立場、兩岸的關係、台灣未來的政經發展建構、甚至文化語言的重構等，各自預設了一個特定的立場，而這樣特定的立場也同樣適用於佛光山、中台禪寺等的解讀（Chengtian Kuo, 2002），尤其在大選中所扮演意見領袖的作用。

本書於此並不預設教派任何的政治偏好或支持是理性或不理性，但認為這種偏好或支持的力度對政治發展是有影響（Tocqueville, 1969; Weber, 1905;

54　以上資料參照長老教會網站，網址：http://www.pct.org.tw/ab_doc.aspx。

55　文章參照一貫道總會網站：《一貫道宗旨》。

Lehmann, 1988; Kimmerling, 1999; Rubinstein, 2001; Laliberté, 2001；郭承天，2001、2002、2005；Minkenberg, 2007）。更重要的是，本書認為教派對教義的任何詮釋都會影響到他們對國家社會的概念，而這些概念慢慢又延伸成為他們的政治態度與價值，最後成為他們的政治立場。換句話說，教派根據其道德與價值的思考邏輯，產生了他們的政治行動準則，最後形成了他們對當代的政治認知與觀點。而這樣的轉換，不僅行之於伊斯蘭教與基督宗教比例甚高的中東與拉美地區（Demerath, 2001; Berry, 2007），也同樣適用於台灣的某些宗教，至少長老教會與一貫道就是，他們因神起信，產生了特定的政治態度與價值。

二、走入崇拜的田野

根據內政部民政司的統計，至 2014 年為止台灣主要的宗教類別有 21 個，[56] 包括了世界性的宗教，或源自大陸、台灣的宗教。面對像台灣如此高度多元的宗教社會，每個宗教又都不具主導的地位，即使最高比例的民間信仰（譬如一些傳統神祇的信仰）也僅有 44.2%，卻又融合了儒、釋、道且細目龐雜[57]（王見川、李世偉，2000）。而較壁壘分明且位居世界主流的佛教、基督宗教、印

56 包括下列四類：1. 世界性宗教：佛教、道教、猶太教、天主教、基督教、伊斯蘭教、東正教。2. 可考證之創教年代達 50 年以上，源自中國大陸或臺灣之宗教：三一教（夏教）、理教、一貫道、先天救教（世界紅卍字會）、天德聖教、軒轅教。3. 可考證之創教年代達 50 年以上，源自世界各地宗教：耶穌基督後期聖徒教會（摩門教）、天理教、巴哈伊教（大同教）、統一教、山達基、真光教團。4. 在台組織發展達一定規模之宗教：天帝教、彌勒大道。而未列為統計類別之宗教，尚有天道、亥子道宗教、玄門真宗……等宗教派別。資料參考內政部民政司網站：http://www.moi.gov.tw/dca/02faith_001.aspx，引用日期：2015 年 6 月 24 日。

57 包含了自然神格（如玉皇大帝）、人鬼神格（如開漳聖王）、傳說神格（如中壇元帥）、動物神格（如虎爺）、植物神格（如榕樹公）、枯骨神格（如有應公）、族群神格（如清水祖師）、清代官廟（如文武廟）等八類，而這些有的原本就是儒、釋、道既有的神祇。

度教、伊斯蘭教等，卻又比例不高，後三者且比例甚少。此跟全球 128 個國家以單一類型為主的宗教存在（超過八成的人口信仰該宗教），簡直無法等量齊觀。如果面對這 128 國的政教研究，單一宗教型態的政教關係相當容易討論且對應清楚；那麼像台灣如此高度多元的宗教社會，又該如何去對應這種宗教與政治態度及價值的行為影響？

另一方面，台灣的宗教團體繁多，根據內政部統計資訊網在 2014 年的資料指出：[58] 在中央登記有案的宗教團體有 1,282 個，而地方登記有案的更有 1,332 個，二者相加即達 2,614 個。那麼，哪一個宗教團體值得我們去研究？[59] 本書研究的目的乃是在於政治與宗教的關聯，而關於宗教團體是否有政治立場、或是隱含有任何的政治偏好，卻不是任何人能主觀宣稱的，更重要的是面對政治與宗教雙重的禁忌，任何直接詢問的敏感問題都可能遭受拒答或隱藏立場。因此，在實證資料不易取得且效度有限 [60] 的前提下，走入宗教崇拜的田野成為本書探究教派政治態度與價值的最適方法。而根據以往政教衝突顯著的個案來說，一貫道和長老教會成為本書研究首選，另一方面二者也代表了宗教的代表性。[61]

58　資料參考內政部統計資訊網，網址：http://statis.moi.gov.tw/micst/stmain.jsp?sys=100，引用日期 2015 年 6 月 24 日。

59　理論上，當母群體非常大，而我們又對整個母群體有興趣時，只好以機率抽樣的樣本來推論母體特徵；可是當母群體不大，又只對部分樣本有興趣時，機率抽樣反而不是最好的選樣方式。如果根據 2003 年的 TEDS 資料指出：回答的宗教團體數目超過 160 個，以機率抽樣，即使抽五個教派做為研究對象，中選樣本大概會是龍虎會、日連正宗正本堂、保安宮、關帝廟、台灣信義會真禮堂等之類熟悉度較不普遍的教派組合，而上述政教衝突較為顯著的個案反而不在其中。

60　因為要探究教派政治態度的形成與變遷，需要跨時資料，而抽樣調查資料最弱的就是不適合做跨時分析，當初沒有問的問題無法回溯。抽樣調查資料多為單一時間點，Panel 並不常見，即使有也頂多做到兩三波，以短時間內的兩三個時間點來討論變遷會較為薄弱。

61　詳細說明請見第三章第一節。

然而面對二個長期遭受政治打壓的教派而言，要進入做為一個政治研究的對象難度很高，尤其是對一貫道[62]而言。雖然本書作者之一早在1997年即開始接觸一貫道，但最初並非基於學術的理由進入，而對於道場的諸多儀式，比如扶鸞、開壇、獻供……等亦抱持懷疑的態度。但不管如何，這種接觸對一貫道的理解有諸多的助益，包括教義、道親、儀式、場域、氛圍等。可惜的是，在對政治議題敏感的前提下，這種參與並未能轉化成學術研究的對象。[63]其後對諸多一貫道的組線[64]試探依然失敗，最重要的理由仍然是他們不願碰觸政治議題，最終進入一貫道的發一崇德。從2010年開始，本書研究即持續進入發一崇德的場域[65]進行參與、觀察、問卷調查、深度訪談……等，但研究的這段期間一開始也曾面臨難題，包括道親的疑慮、講師對研究者訪談不同政治意見之信眾的阻撓、對政治立場的隱匿及防衛心很重……等，以至於整個對一貫道的田野調查直至2014年方能完成，而這是靠對一貫道的持續融入，才能獲得一貫道神職人員的信任、幫助。由此可見，雖然一貫道的禁教早已解除，但時至今日，他們依然保有對政治禁忌的警覺心。

而這種情況相較於長老教會的進入，卻有天攘之別。在地緣關係的前提下，雖某些教友對政治議題保有質疑，但並未構成太大困擾，甚至在神職人員的幫助下，本書對長老教會的研究可說是非常順利，不管在對信眾做問卷、深

62 Ibid。

63 即使本書研究者之一已涉入十幾年，但在道親認為政治議題過於敏感以及研究者和被研究者之間過度熟悉，反而對研究容易往彼此已知立場形成，不利學術客觀的理由，為此不得不放棄。

64 包括寶光組、基礎組、興毅組……等都曾嘗試聯絡，可惜都以不碰觸政治為由拒絕。

65 包括了他們的書院、各個佛堂、道場……等。

度訪談對象的介紹、場域的觀察、禮拜的進行……等，長老教會都抱持一個非常開放的態度並且持續協助。另外在比較的教派上，雖然本書研究曾嘗試與浸信會聯繫遭到拒絕，[66] 但這種開放的態度，也同樣在對靈糧堂（Bread of Life Christian Church, LLC）的研究出現，包括教友的協助問卷、訪談對象的介紹、甚至牧師在假日的禮拜會場上公開協助進行問卷調查。[67] 從上述二個基督教派的反應而言，其實亦展現出基督教與一貫道對政治態度與價值的不同觀點。

另外，為了找尋與一貫道做比較的教派，本書研究也不斷嘗試與多神論的教派聯繫，其中以法輪功為本書欲連繫的首選。但可惜的是，一來法輪功的信眾不多、二來他們沒有固定的組織地點等、三來他們對政治的研究亦抱有某種警戒心、四來外人亦難以進入研究他們的核心組織。所以，雖然本書研究者與法輪功的信眾認識多年，但仍不得其門而入。[68] 最終，在地緣關係下選擇慈濟基金會（以下簡稱慈濟），但這種進入一開始也曾遭遇一些麻煩，最主要的問題是慈濟在對政治中立的前提下，許多信眾不願讓任何有關政治的議題或事物進入佛堂而多加阻礙，最後以學術中立為由獲得進入研究。但不管如何，在熟識人員的協助下，對進入教派的研究是一道去除不信任感的必要條件。

總之，在相關研究資源缺乏的前提下，走入崇拜的田野調查是一種研究政教關係的良好方式，但這種方式卻可能使研究人員面臨最大的困難與挑戰。對

66 遭到拒絕的原因，乃是該教會以青年學生為主，一方面牧師認為學生尚沒有清楚的政治態度與價值，二方面該教會以往都拒絕任何類似的調查與研究，所以牧師以比照前例拒絕。

67 本書對靈糧堂大部分的問卷，即是在他們正式的禮拜上進行，並由牧師逐題解釋，直至教友填寫完畢、統一收回，在此一併表達謝意。

68 為此，本書研究者曾嘗試聯絡了由北到南法輪功數十個練功地點（時間從 2010 年到 2011 年），雖有不同人員、不同接受度，但最後都以上述某一原因而告失敗。

社會經驗不足的研究者而言，可能無法排除困難而遭受到研究失敗或更改研究方法。但不管如何困難，其實教派的各種態度反應、或是整個研究過程的難易程度，也正表明他們對政治態度與價值的某種觀點或立場，而這也正是他們吸引政治研究人員進入的一大亮點。

三、我們可以推論到神的世界嗎？

從台灣各教派的政治展現及對政治的初步理解，顯然他們有很大的不同，這種不同更可以放大到世界來論。從 20 世紀末葉以後，許多學者都認為有很多的國際安全議題都跟宗教有關，其身後都有很濃厚的宗教意識在操控彼此的對立與衝突（Lehmann, 1988; Manor, 1991; Moyser, 1991a; Huntington, 1996; Wessinger, 2000b）。比如烏克蘭與俄羅斯的對抗（天主教與東正教）、亞美尼亞與亞塞拜然的衝突（基督教與伊斯蘭教）、以色列與阿拉伯國家的長期對立（猶太教與伊斯蘭教）、尤其是美國「911」事件之後基督教與伊斯蘭世界的對立有愈演愈烈之勢（Morgan, 2009）。面對世界各地諸神的爭鬥，他們的政治展現是如此的不同，所持的政治態度及價值又是如此的殊異。所以我們可以提出一個合理的懷疑：教派的政治主張是否跟其宗教的組織運作有關？再往上推論，其組織運作的模式及方式是否又跟宗教的倫理規則有關？最後再往上推論，這種倫理規則是否又跟其信仰的神論有關？簡單的說，教派的政治主張是否跟其信仰的神論有關？我們可以將教派的政治展現推論到是因為認知不同的神而導致有不同的行為嗎？

這樣的懷疑是合理的，從上述的說明中可以清楚看出宗教對政治的影響性的確是不同。但為何不同？也許會有許多學者認為，今日的許多宗教衝突是導源於政治、經濟、文化、種族……等因素，宗教衝突只是表面形式，所以不能一味探究宗教的深層因素（Smith, 1970; Mann, 1986; Manor, 1991; Kettell, 2012）。但這樣的解釋卻難以說明上述許多的宗教衝突，一個簡單的回答，即為宗教基要主義（Fundamentalism）復興運動的出現（Lehmann, 1988）。儘管對宗教基要主義的內涵仍有許多爭議，但在對抗世俗化和現代化的前提下，Peter L. Berger 認為他們有三個特點：強烈的宗教情懷、對時代精神（Zeitgeist）的挑戰與反抗、還有回歸傳統的宗教權威（Berger, 1999）。而這樣運動的出現，是主要集中在伊斯蘭教（Berry, 2007）、基督教、和猶太教（Lustick, 1988; Kimmerling, 1999）身上。雖然使用這樣的字眼並不帶有負面的意義，但從 2001 年美國「911」事件之後，2002 年印尼峇里島爆炸案、2003 年印度孟買炸彈爆炸事件、2004 年莫斯科地鐵爆炸、2006 年斯里蘭卡遭受「坦米爾之虎」的自殺攻擊、2013 年美國波士頓馬拉松爆炸案、2014 年中國新疆多起的恐怖攻擊……，還有在伊拉克數不清的自殺攻擊，這種極端的行為往往使基要主義帶有負面意涵（Lehmann, 1988）。然而上述這種極端的行為，卻鮮少出現在佛教、印度教、或者儒道信仰身上。

在現代化與世俗化的壓力下，對佛教、印度教、或者儒道信仰而言，他們並不是不主張回歸傳統的價值約束，但是卻鮮少出現排他性的極端行為，但為何在伊斯蘭教、基督教、或者猶太教的身上容易出現？仔細觀察，不管佛教、印度教、或者儒道信仰都屬於多神論的信仰，而伊斯蘭教、基督教、或者猶太教則都為一神論的主張。對一神論而言，由於信仰的神是唯一的真主、也是唯一的真理，因此他們容易排斥異端，不易接受他人的價值觀念，而容易產生專斷、排他性的行為出現；但對多神論而言，由於信仰的神並不只一位，因此對信眾並不容易產生專斷、排他性的行為，相反的在眾神諸多的前提下，他們必須學著去調和這些價值、融合這些眾神的關係，因此他們較強調社會群體之間和諧的關係（王曉朝，2007）。為此，通過宗教基要主義運動的區辨，我們很容易找到一個推論到諸神世界的理由，這個理由使我們相信，信仰的神論對信眾政治行為是有影響的。[69]

因此，我們可以得到一個初步的結論：面對不同宗教在不同政治體制的表現，從形上的神學觀點到形下的政治認知，「宗教」── 顯然有其一貫的邏輯，其有內在的因素，也有外在的因素，促使教派因應外在環境的變化，進而產生紛殊的政治認知、現象及差異。

四、一個民主政治的終極關懷

對政治學者而言，我們討論宗教議題的最大目的何在？雖然從上述的討論可以得知宗教對政治有很大的影響，但這種「很大的影響」仍不足以促使我們孜孜不倦地埋首在政教關係的範疇裡，一個簡單又極深沉的理由是：宗教對政治，或者說對民主政治的品質具有決定性的作用（Tocqueville, 1969; Fradkin, 2000; Elshtain, 2009），亦即透過對宗教道德核心的概念認知，我們才能對民主政治的根本問題獲得清楚、正確、明智和持續的答案（Kessler, 1977）。

民主發展並不是一個不可逆的現象，不管在發展中或先進的民主國家，都可能因各種因素而被迫中斷民主發展或影響民主品質。對於民主發展中的國家而言，因為外界各種因素而導致的民主回潮多不勝舉（Huntington, 1991），即

---

69 當然，此處並不在表明神論和價值是否多元之間的關係（此必須包含在宗教市場結構和民主化神學討論），而是在說明根據客觀事實資料和神論的連結，一神論比較容易產生宗教基要主義復興運動現象和極端行為；相反的，在多神論方面卻鮮少有這樣的現象和極端攻擊行為出現。因此，根據客觀事實，本書初步推論信仰的神論是會影響到信眾的政治行為。

使在西方先進工業民主國家，亦仍然面臨許多民主發展上的問題與挑戰（Dalton, 2004）。因此，假如民主政治僅止於制度層次而非社會層次的話，那麼這樣的民主並不能真正穩固；相對地，中斷民主發展或民主回潮極有可能。Robert A. Dahl 認為公平、公開且競爭的選舉制度，是民主政治唯一判別的標準（Dahl, 2006），然而這樣的標準卻不能保證落實民主的社會層次。一個顯著又令人難過的例子即是印度，在印度教種姓制度（Caste System）的影響下，印度發生許多違反人權的事實，諸如社會階級的歧視、女性的人權……等（Smith, 1976）。即使在台灣，民主的「社會」意義也因貪腐、官商勾結……等因素而受到許多異議人士的質疑。[70] 為此，我們可以提出一個問題：民主社會的先決條件是什麼？亦即保證落實和穩定民主社會的基礎為何？

在民主、人權、和宗教之間我們可以找到一個共同概念，那即是道德概念（Hammar, 1990; Brubaker, 1992; Minkenberg, 2007）。Alexis de Tocqueville 在觀察美國的民主政治時，即注意到宗教不僅在嘗試回答人類社會的終極關懷，而且在回答的過程中試著提出對個人的約制，以避免制度的侷限性（Tocqueville, 1969）。因為它提供了民主政體一個道德良善的來源（Kessler, 1977; Fradkin, 2000；鄭弘岳，2004），避免人民游走在法律的灰色地帶，以免產生社會的不正義，更重要的是宗教一些道德核心的概念，若具有平等、自由和尊重個體觀念的話，那麼這些概念就能被轉換為對政治權利的觀點，而且能夠獲得對民主問題的根本認識和解決問題的辦法（Bellah, 1967; Tocqueville, 1969; Fradkin, 2000; Kessler, 1977）。[71] 顯然，宗教對民主政治的作用而言，它除了扮演一種價值規則的來源之外（Weithman, 2002: 2; Elshtain, 2009），它還提供一個道德問題的解決模式（Weithman, 2002）。

---

70 例如 2006 年 10 月施明德所發起的百萬人反貪腐運動，在某種程度上反映社會大眾對政黨輪替後台灣民主發展的憂慮。

因此，面對台灣現行民主政治因政治、社會制度不足而引發的社會失序，本書透過政教關係的研究，其最大的目的並不是在瞭解「宗教」，而是「民主政治」。因為透過宗教對民主政體倫理規範的要求，可以瞭解民主道德基礎的根源、約制社會因為制度不足而產生的動能、以及社會因為欠缺民主道德基礎所產生的發展瓶頸，當然也就比較容易瞭解民主品質，確定民主是否鞏固。

第三節 研究目的

從剛剛諸多的例子以及宏觀的角度分析，世界各宗教在對政治的展現以及理解各有其一貫的邏輯。從對宗教的信仰出發，接著遵行一套道德倫理規則，進而融入信眾的生活、成為約制生活的行動準則，最後他們甚至希望將其變為一種國家法律層面的實質規範，而不只是一種道德義務性的宗教教條。因此，「宗教」對「政治」的觀點及影響，不僅有其邏輯上的必然性，而且是環環相扣，形成一個完整的形塑體系。本書以台灣的教派為例，特別選擇眾多學者認為政治色彩鮮明的長老教會與一貫道（林本炫，1990；瞿海源，1990，1997，2001；楊惠南，1999）做為主要研究對象，輔以同類教派[72]靈糧堂與慈濟的對照，希望透過不同的神論解釋、信仰的實踐方式，以理解是否會因為宗教因素而導致特定的政治態度及價值，並且進一步地追問形成這些不同政治屬性的因素。於此，本書的研究目的有三：

71 當然，一個宗教是否具有包容性、其道德訴求是否過於僵化、狹隘，反過來威脅民主及政治的發展，這又是另外一個重要的問題，不過不在本書的討論範圍之內。本書於此特別提出是在表明：一個具有包容性宗教的道德訴求，其對民主政治的發展是具有正功能的；反之，一個狹隘性的宗教道德訴求，反而對民主政治的發展是極為不利的。

72 為研究方便起見，本書將神學論點初步分為三個立場：一神論、多神論和無神論（詳見第二章第一節論述）。同類教派是指在持同樣神學論點的立場下，其所信仰的神為一樣或有很大的重疊部分，如長老教會和靈糧堂同樣信仰上帝，而一貫道又都接受慈濟所信仰的仙佛菩薩，但在教派的儀式和實踐上，他們又都不盡相同，為此歸類為同類教派。

一、檢視教派的政治屬性

檢視特定教派的政治態度及價值如何形成、差異及演變，此一目的主要是討論對某些教派而言是否具有特定的政治屬性、甚至是否具有特定的政黨偏好。然而不同於其他文獻，本書不只在瞭解教派表面的政治認知及行為而已，而是在提出一個更深層的疑問：如果藍綠教派的政治態度及價值確定形成，那麼背後是否有一個更為深層的因素？換句話說，當藍綠屬性的政治態度及價值形成時，教派是否有一個支撐的倫理規則、教權組織？再進一步追問形成這些倫理規則、教權組織的上層因素又是什麼？如此按照由外而內、由顯明而深層的思維邏輯追問，我們會形成四層討論：

（一）下層討論：對當代政治的認知，他們有何不同？

所謂對當代政治的認知，乃包括教派對民主的期待、政府的評價、政黨的態度、兩岸關係、甚至統獨議題……等立場。因此，首先我們必須確定教派是否具有不同的政治屬性，如果沒有，本書就沒有討論的必要；如果有，他們又有何差異？是以，在這一層的目的包含：教派對當代的政治認知為何？如何解釋此種政治認知？教派為何會有不同的政治認知？其差異對信眾、教派、甚至對政治社會有何影響？對民主的發展有何影響及意義？

（二）中層討論：去支撐不同政治屬性的倫理規則是什麼？

往上一層討論，雖然「共同道德性理論」（Common-Morality Theories）會使不同宗教之間的倫理基本規範「求同存異」（Beauchamp & Childress, 1994: 100-109），但不同的教派可能會因為外界環境的變化、或詮釋環境的差異而偏重不同的倫理規則，進而影響教派對當代政治的認知。因此，在這一層的目的是：去分析支撐這些教派政治態度及價值的倫理規則是什麼？有何不同？如何影響？為何教派會形成不同的倫理原則？其是否有改變的可能？

（三）上層討論：是否有一個更深層的神論解釋，去形成教派差異的倫理原則？

尋求最後的差異來源，當這些教派偏重不同的倫理規則時，其是否有一個更深層的因素在影響？亦即當不同的教派有不同的宇宙論假設時，其是否會形成不同的神論解釋，進而會影響教派信仰的實踐方式？因此，在這一層的研究目的包括：這些不同的形上假設及解釋是什麼？有何差異？如何影響各教派的倫理規則？

（四）時間層討論：各教派的政治態度及價值之演變為何？亦即檢視教派的歷史脈絡。

從歷史上檢視，教派對教義的詮釋並不是固定不變的，而教派因應外界政治環境的變化及互動顯然也是有所變化的。因此，在這一層的研究目的為：教派的政治態度及價值是否有所變遷？變化為何？促使教派改變的因素又為何？他們與外界如何互動？此種變遷對政治發展或者民主改革的意義為何？

二、檢視信仰與政治屬性之間的關係

關於台灣藍綠教派形成的討論，在於指出特定信仰與特定政治屬性之間的關係，如此也產生一個疑問：信仰傳統價值的教派必然連結藍色政黨？而信仰外來價值的基督教派必然連結綠色政黨？亦即在討論同一宗教的內部差異及其對教派中、下層觀點與認知不同的影響。為此，本書檢視相同神論之間的比較，藉以分析信仰與政治屬性之間是否有必然關係。其目的在於：相同的神論是否必然得出相同的政治態度及價值？如果不是，其差異為何？其可解釋的因素為何？如何看待此種現象？其對政治學的意義及啟示為何？

三、檢視民主發展對教派的衝擊

民主政治的發展必然提高公民意識，而公民意識的提升又必然衝擊信眾的宗教意識，如此當教派的政治屬性不改變時，必然會影響教派與信眾的關係，尤其是那些抱持與教派政治立場不同的信眾（同一宗教對政治理解的內部差異）；另一方面，在民主開放的進程中，信仰自由必然會促使宗教蓬勃發展，而宗教蓬勃發展的結果就是各教派爭取信眾的壓力提高，如此，包容又多元的教派必然會衝擊帶有政治屬性的教派。因此，此一目的是在於理解：民主政治的發展對信眾與教派的可能影響為何？當信眾的政治立場與教派不同時，其處境為何？產生的衝擊為何？是否會降低教派的政治屬性？而教派因應外界的傳教競爭，是否會改變其政治屬性？又如何因應？

總之，透過上述三個研究目的，本書不僅希望能提出台灣教派在政治發展上的意義、民主的啟示，更希望此種政教關係的討論，能對當代國際的政教衝突問題有所助益。

第四節　章節安排

教派政治態度與價值偏好的形成，並不只是教派因應外界政治環境的變動而形成的一種自然反應機制，其有來自形上的約制、更有這種約制產生的意義建構。一言以蔽之，教派政治邏輯的建構是環環相扣的，忽略來自形上的根基，不但無法清楚區辨各教派政治觀點的先天約制，更無法充分說明差異的源由。因此，如何在研究方法和資料收集上突破以往，將是決定本書研究品質的關鍵因素，而此也是本書研究在編排上不同於其他文獻的重要因素。更重視教派形上的根基、更強調田野調查所獲得的資料，如此將會更深度地瞭解教派的政治態度與價值。

為此，在第二章〈從「神」到「王」：教派政治神學圖像的形成〉將從教派最基礎、最根本的宇宙論觀點談起，理解各教派的神論是如何產生的？其有何不同的意義？經由政教關係的邏輯建構，其依循的路徑為何？其蘊含的政治價值及民主的啟示為何？又如何去形塑信眾的政治態度及價值？教派如何與外界的政治環境互動？在現代公民意識的挑戰下，宗教意識是否會遭受困境？在本章中，本書將檢閱相關學者理論專家的研究文獻，以理解宗教和政治之間的政教關係及其可能的問題。

第三章〈政治神學的研究〉將會對本書所採取的研究方式做一個說明，包括個案選取的理由、為何要進行各種不同神論[73]之間政治態度與價值的比較、本書的架構、所採行的研究方法說明及一些研究過程的問題敘述。當然，在本章中最重要的是研究方法所採行的內容分析、深度訪談、參與觀察、以及問卷調查，同時運用了質化與量化的研究方式。或許有人會認為在政治學的研究途徑上，應該要有一個截然分明的本體論與方法論立場；然而如果就政治學問題的發掘與解釋，當問題的發展走到哪裡、適合的方法就解釋到哪裡，[74]也許是一個很好的回答。

在第四章〈藍綠教派的形成：政治傾向的差異及其變遷〉將會討論長老教會和一貫道政治態度與價值的形成及偏向，本章將以「內容分析法」探究二

73 基於對神學論點的立場主張，相同神論即是指對神學論點持同樣立場，而不同神論即是對神學論點持不同立場。

74 當然，對許多政治學者而言，堅持一個明確的本體論與方法論立場，除了表示一種對事物認知的立場之外，還為一種嚴謹的治學態度，且不可以隨意改變。然而，如果我們再往上去區辨這種質、量二分的哲學立場時，其是否有一個統合的哲學基礎，讓這種二分的界線不那麼對立，又或者讓這種質量的並用同時具有意義，比如本書的運用方式，當值得學界更深刻的反省及探究。

教派的宣言及聲明，理解二教派如何形成其政治偏好？從上層的神論解釋到下層的政治認知之邏輯建構為何？二者有何差異？對台灣當代的政治發展有何影響？二者在時間層的政治態度與價值有何變化？當然，這最終目的在於指出：台灣的教派並不全部超然於政治之外，有些不僅和政治相關，更是被貼上某種政治標籤，而這和台灣政教關係全然分離的傳統印象完全相反。

關於藍綠教派的形成於此會產生一個重要的質問，亦即真的相信外來信仰的教派較偏向綠營？而信奉傳統宗教的教派比較偏向藍營？因此，在第五章中〈神的旨意？論同類教派不同的政治展現〉中，將進行相同神論的政治態度與價值比較。本章將透過便利抽樣（convenience sampling）的問卷方式，調查相同神論是否有相同的政治態度與價值，亦即透過長老教會與靈糧堂的比較、一貫道與慈濟的比較，指出他們雖然有相同的神論，但在因應外界政治環境變化的詮釋上卻產生不同的政治認知，並在深度訪談下探究差異的源由。於此，由於靈糧堂與慈濟並沒有類似一貫道和長老教會類似的總體宣言或文獻，無法做為內容分析之用，故本章捨棄內容分析法。本章最終在證明：教派先天的神論信仰雖然會約制教派的政治態度與價值，但在詮釋的差異基礎上卻會產生不同的政治認知。因此，無須賦予任何教派任何刻板的政治印象，在詮釋環境的緩慢變動下，教派都有改變的可能性。

而在第六章中〈上帝站哪邊？論藍綠教派的異營支持者〉則將會更進一步討論在現代公民意識的衝擊下，這些政治色彩濃厚的教派所面臨的困境。眾所皆知，政治民主化的重要影響之一就是公民意識的提高，而如此將會和教派的「置入性宣教」產生衝突，亦即公民意識和宗教意識的隔閡。或許，對於抱持和教派同樣政治色彩的信眾而言，加入此一教派將會是如魚得水；然而，持不同政治立場的信眾將會面臨許多困境，嚴重的話甚至會迫使這些信眾改投其他教派，他們即是「異營支持者」。是以，在各教派積極傳教的情況下，這些異營支持者的存在是否會迫使教派改變政治氛圍？為此，本章將進行對異營支持者、神職人員與同營支持者深度訪談，並輔以問卷調查。透過理解異營支持者內心的世界、與神職人員及同營支持者的觀點，藉以瞭解公民意識與宗教意識衝突的難題。

最後本書指出，政教關係的議題在台灣絕對不是一個假議題，二者的關係也許不如中東、歐美國家顯明，但從藍綠教派的形成可以看出宗教在台灣政治發展的背後仍是一個重要的變項。因此，在最後一章除了〈結論〉之外，將指出此種政教關係研究的意義、其所得到的理論意涵、在研究方法上的成果、對學界的貢獻、對政治學的反省等。當然，本書所運用的研究方式仍有其若干的限制，包括理論的導引和研究的過程都有其先天的限制，而此都會限縮本書的貢獻。只不過在政治學的創新與發展而言，本書的研究方式提供了研究政教議題的新模式，而個人相信這模式是有助於學界更能客觀及深度地瞭解政教問題，也更能有效的推進政教問題研究方法之進步與創新。

第二章　從「神」到「王」：教派政治神學圖像的形成

宗教，簡單來講就是在「人類存在的意義」上提出一套信仰、文化體系、和世界觀的組合（Geertz, 1966）。這個組合不但涉及對神明的信仰與崇敬（Müller, 1892; Tillich, 1957; Hick, 1973; Olson, 2011），還包括上至對宇宙存在的立場（項退結（譯），1976；Hick, 1973）、下至對人類社會關係網絡、倫理規範的要求（Weithman, 2002; Elshtain, 2009），進而形成對人類存在這一意義上的一部道德準則（Kessler, 1977; Fradkin, 2000）。所以宗教不僅關乎形上的神學解釋，也緊密涉入世俗人類政治社會的意義建構。簡而言之，就是一套信仰者對外界和自身所採取的一種觀點、立場和行動依據。為此，宗教已不全然是一種精神領域的主張，而是一種對人類政治社會終極發展狀態的神聖化組合。

第一節　什麼是「宗教」？

就一般人的觀念而言大凡宗教皆是勸人為善，因此信仰何種宗教、敬拜何種神明理應無甚差異，甚至多神崇拜、多教信仰也無不妥之處。然而，考察世界各大宗教，不但在對神的理解上差異甚大（Sale, 2009），對宇宙形成的假設、對信仰神的實踐程度、甚至由此引發的倫理原則、形塑的政治態度及價值也差異極大（Minkenberg, 2007; Fox, 2008; Flood, 2012）。因此，信奉何種教派、敬拜何種神明，不但會有完全不同的世界觀，甚至連對善的認識及實踐的原則也諸多不同，當然也就可能蘊含不同的政治態度及價值。本節在整理過往的文獻後，首先對「宗教」做一個簡單的釐清及說明，以做為本書討論政治的基礎。

一、如何定義「宗教」？

中文的「宗教」或英文的「religion」，雖然都包含有「對神的信仰」之意，但二者在根本的源頭上卻有不同的含意。現代中文「宗教」一詞雖然借自日本人於德川時代的翻譯，指的是「宗教」此一學術專業領域或學科，但其最早出現卻是在6、7世紀的佛經，[1] 指的是佛家「自覺、覺他」之意[2]（釋慧開，2005）；而英文「religion」一字，Max Müller認為是源自拉丁文「religio」，指的是「對神的崇敬及神聖事物的慎思」（Müller, 1892: 33），其含有「神人結合」與「嚴守誓約」之意，具有強烈「啟示神學」的宗教特質（Hick, 1973: 51-54）。

即便如此溯源，西方對宗教的定義仍然非常分歧（Olson, 2011: 2），正如Müller所說：「世界上有多少宗教，就會有多少宗教的定義。」（Müller, 1892）。以下試舉數例，Edward Burnett Tylor界定為：「對靈性（spiritual）

1 如《法華玄義》卷十：「有師開五宗教」、《華嚴五教章》卷一：「大衍法師等，一時諸德，立四宗教」等。

2 當然，此時中文的「宗教」一詞，指的是佛教「教相判釋」的詮釋用語，與現代意涵的宗教不同（釋慧開，2005）。

存在的信仰。」（Tylor, 1871: 424）；神學家 Antoine Vergote 定義為：「為一種對超自然存在或存有之語言表達、情緒、行動、和符號之整體。」（Vergote, 1996: 16）；而 Durkheim 則在《宗教生活的基本形式》一書中說明為：「對有關神聖事物信仰和實踐的一致化體系。」（Durkheim, 1915: 37）；著名的神學家 Paul Tillich 則定義為：「對人類存在的終極關懷（ultimately concerned）。」（Tillich, 1957: 1）。

面對如此紛殊的定義，本書並不在對宗教做一個清楚的界定及釐清，首要之務為從學界對宗教的共識及理論中，整理出一個提供研究政治的基礎。而從這些資料的檢閱可以得出：宗教並不只是「相信」（belief）一個超自然對象的存在[3]而已，它還包含一個「核心行動」或「作為」（Tillich, 1957），以實踐對神的信仰。

根據大略的估計，全世界大約有 4,200 個宗教（Shouler, 2010），2010 年全球有 83.6% 的人口信仰宗教。[4]這些宗教表現的形式及內涵極為分歧，然而不管宗教的形式及內涵為何，一個宗教之所以為宗教，是因為它包括三個元素[5]（任繼愈（編），1998：2）：（一）教義（dogma）：為宗教的思想觀念及感情體驗，（二）教儀（ritual）：為宗教的崇拜行為及禮儀規範，（三）教團（religious groups）：為宗教的教職制度及社會組織（任繼愈（編），1998；Eliade (Ed. in chief), 1993）。其中，教義為宗教三元素中最基本的，為教儀的內在根據、

3　或者可以稱之「無限存在物」、「精靈實體」、「超世的」……等之類的抽象概念。(Eliade，1993；王曉朝，2007：9)。

4　參照第一章註 23。

5　或者如呂大吉所說的：宗教要素分為兩類，一類是內在因素，包括宗教的觀念或思想、以及宗教的感情或體驗；另一類是外在因素，包括宗教的行為或活動，以及宗教的組織和制度，一個比較完整成形的宗教，便是上述四種因素的綜合（呂大吉，1998）。如此對照，其內在因素便是教義的部分，宗教行為或活動便是教儀的部分，而宗教的組織或制度便是教團的部分。

教團的骨架，沒有教義也就無法產生教儀及教團。據此，教義為宗教中影響最大的元素，而教團卻是在實踐神的信仰中扮演核心行動的最重要元素，它除了提供宗教活動的空間、保障宗教的存在之外，更進一步對社會起積極的作用（Mathews & Smith (Eds.), 1921）。

二、從宇宙大霹靂說起

宗教之所以為宗教，乃在對人類存在的終極命題上提出一套論述，所以對宇宙存在的假設是所有宗教必須碰觸的議題，因為那關乎對神的解釋，而對神的信仰可以說是一切宗教的根本核心（Vergote, 1996；任繼愈（編），1998：2；Shouler, 2010）。因此，宇宙論（Cosmology）[6] 的觀點可以說是決定宗教本質的初始點，它提供我們一套判別及認識不同宗教、不同神性預設及解讀的基準點。

關於宇宙的誕生，「大霹靂理論」（Big Bang Theory）乃為當代科學最強而有力的論點，它說明宇宙誕生的初始條件、以及後續發展的情形。此觀點認為：宇宙原處於一個奇點（singularity）的狀態，為一體積無限小、密度無限大、溫度無限高的狀態，在此奇點之中並不存在任何時間或空間，亦無一切任何物理現象，而大約在 137 億年前產生時空爆炸、[7] 並不斷膨脹，成為至今的宇宙狀態（Pickover, 2011）。

6 Cosmology 源自希臘文的 kosmos（世界、宇宙之意）和 logos（原則之意），為代表對世界總體結構和意義的反思（Olson, 2011: 56）。而雖然今日對宇宙論的討論，已落到物理學、天文學等精確學科的範疇，但宗教仍是最早對宇宙本質、並持續對宇宙初始反思的一門古老研究領域（Clayto, 2012: 67-71）。

7 儘管對大爆炸的觀點，有一次或連續的科學爭議，但無關本書的探究，所以予以忽略討論。

大霹靂的宇宙觀使人相信宇宙確實有個開端，進而產生一切。它雖是一個科學理論，但做為對一個「實在」（reality）起源的理論，無形之中對宗教或哲學起了許多的暗示作用（Harris, 2002: 128）。它對宗教隱含有創世主的概念（Harris, 2002: 129; Clayton, 2012: 71），即使教宗庇護十二世（Pius XII）也宣稱大霹靂理論與天主教的創世理論相符合（Ferris, 1988: 274）。而老子《道德經》四十二章有云：「道生一，一生二，二生三，三生萬物。」隱含有宇宙創生萬物的過程。朱子亦言：「上天之載，無聲無臭，而實造化之樞紐，品彙之根柢也，故曰無極而太極，非太極之外，復有無極也。」[8] 無極實為道，為萬物之根源，無極之外不可能有其它。

為此，大霹靂理論點出一個問題：「誰」促使它發生？暫且不管科學的討論，如果從宗教的討論而言，那個「誰」顯然決定了宗教的神論解釋（一神論、多神論或泛神論），也決定了宗教的性質及價值觀，進而提供了一個約制宗教政治態度與價值的先天基礎。

三、「神」在哪裡？

對於宗教而言，那個「誰」等於是跟「神」位置有關的論述，亦即是每一宗教欲將「神」置放在宇宙觀的何種立場。仔細分析，宇宙論為起源於人類對大自然的威嚇與驚奇而提出的一門研究領域（項退結（譯），1976），其解釋神聖存有的活動及世界為一獨立實體的描述（Olson, 2011: 56），因此必須在形上的概念提出一套對世界及人生本質、起源、價值、意義與目的的終極看法，意即在宇宙觀的終極問題上採取一特定立場（項退結（譯），1976；Hick,

8　語見周敦頤《太極圖說》朱熹解附。

1973）。所以，「神」的位置將對宗教產生巨大影響。依據「誰」和「神」的邏輯關係分類，可將此種立場分成三類：[9]「誰」等於「神」、「誰」不等於「神」、以及「誰」和「神」無關。

（一）「誰」等於「神」：為一神論（Monotheism）的立場

一神論的觀點，主張有一個先驗的和人格化的上帝，從無當中創造世界，支撐它、並且統治它（Olson, 2011: 247）。所以，「神」創造宇宙，是所有存在的來源。以其創造活動使世界從無到有，因此，對世界整體做最後的解釋及評價捨神以外別無他途（項退結（譯），1976；Eliade (Ed. in chief), 1993; Djupe & Olson, 2003）。所以，正如 Edgar S. Brightman 所說：「上帝是一位至高無上的人，祂是至善的化身，亦即存在與價值兩者的來源。」（Brightman, 1932: 57）。

（二）「誰」不等於「神」：為多神論（Polytheism）的立場

既然「神」不等於「誰」，又無法超過「誰」，則「神」必鑲嵌在宇宙的生成變化之中，內在於世界、而於世界同一（Olson, 2011: 170）。對此，多神論視「誰」為一個唯一實體或大自然，為絕對永恆、無限的存有，一個與經驗世界不同的絕對者[10]（項退結（譯），1976）。而既然「神」與世界同一，則世界上所有的實體（reality）均是神的一部分（Olson, 2011: 170），神與人的構成均為同一來源。因此，從其深處的形上本質而言，所有的人、事、物、神均是一體的。所以，人認識自己就等於人認識神。嚴格說來，多神論絕對者的概念，

9 當然還有自然神論、不可知論……等觀點，但對本書而言無關論及研究，故此忽略。

10 譬如佛教的涅槃、一貫道的無極老母之概念。

可以堪稱是無神論的主張，然而「神」鑲嵌在宇宙生成變化的觀念，卻又具備有神論的影子（項退結（譯），1976）。

（三）「誰」和「神」無關：為無神論（Atheism）的立場

無神論就是否認神的存在、或者無法證明絕對神聖的存在[11]（Olson, 2011: 35）。無神論者認為「誰」和「神」無關，因為祂超越了人類的經驗認知，甚且認為「神」的存在會危及人的自身及其道德價值（項退結（譯），1976）。當然，此種立場已危及宗教的基本核心。為此，自宗教的觀點而言可以忽略此種立場。

總之，「神」的位置決定了宗教的宇宙觀，也決定「神」與人的關係，進而決定宗教的性質與價值觀，甚而可能提供不同的政治行動邏輯。因此，上述討論可以說是決定政教關係的初始點，為在拓展政教問題的深度上必須論及的議題。

四、如何實踐信仰？

「神」的位置雖然可能形成不同的宗教特質，但就做為一個宗教而言，實踐的步驟卻是一致的。前述說過，一個宗教主要包含三元素：教義、教儀、和教團，經由這三元素宗教得以完整實踐其信仰。根據理論，本書可將此信仰實踐以下圖方式呈現：

11 不同於不可知論（agnosticism）的懷疑立場，無神論者是徹底的否認神的存在，如德國哲學家 Ludwig Feuerbach（1804-1872）、Karl Marx（1818-1883）等人，他們認為神只是人自己自我異化（self-alienation）的結果而已（Olson, 2011: 36）。

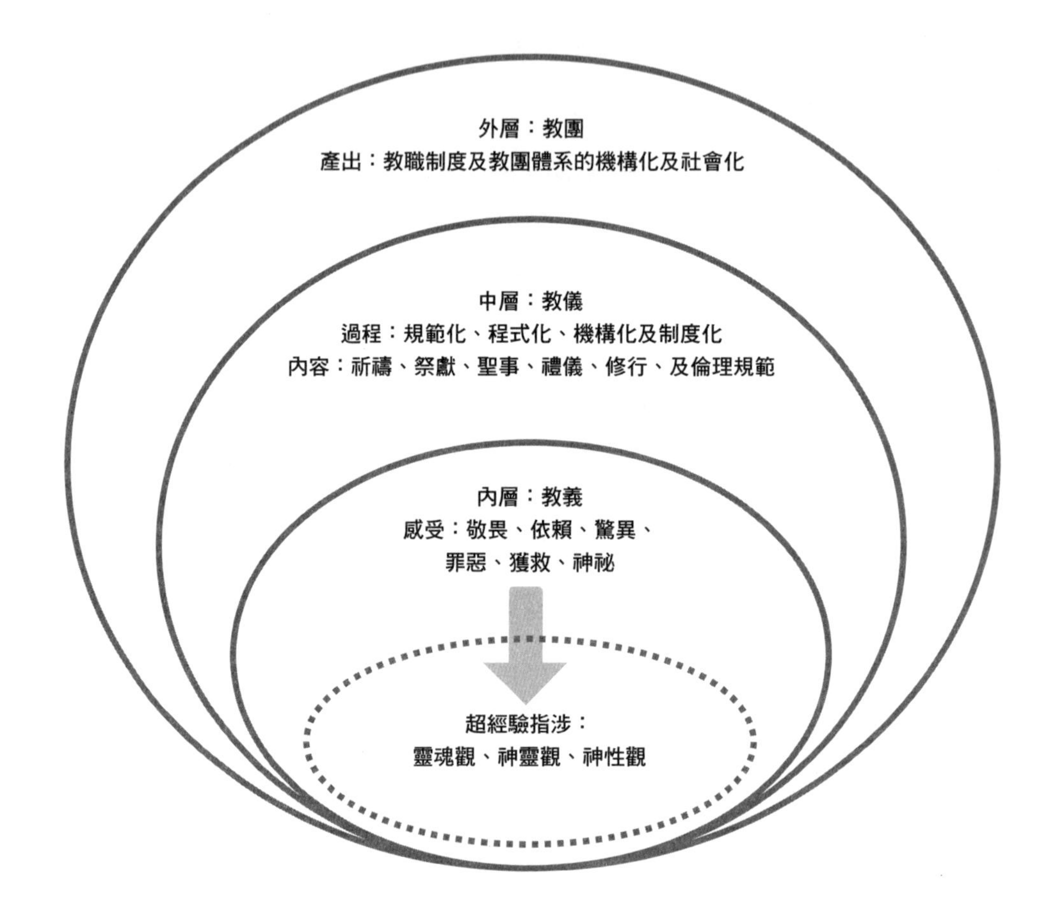

圖 2-1　宗教信仰的實踐過程

＊資料來源為本研究根據任繼愈（編）（1998：2-3）理論所繪。

圖 2-1 分述如下：

（一）**教義**：分為「觀念」和「體驗」兩種（任繼愈（編），1998：2-3）。

1. 觀念的類型：主要是論述有關形上、人類超經驗對象的指涉，包括靈魂觀念、神靈觀念以及神性觀念，而「神」的位置扮演著核心要義。

2. 宗教經驗的類型：主要是人對神的感受，包括了敬畏感、依賴感、驚異感、罪惡感、獲救感、以及神祕感。

（二）**教儀**：為對教義的實踐，所以是一個規範化、程式化、機構化及制度化的結果，包括祈禱、祭獻、聖事、禮儀、修行及倫理規範（任繼愈（編），1998：3）。

（三）**教團**：代表宗教信仰體系的機構化及社會化，包含教職制度及教團體系，如基督教的教會、佛教的僧伽，為宗教和社會之間的中介（任繼愈（編），1998：3）。

綜合言之，內層的教義扮演著宗教的核心要義，主要是對神的信仰，為表現在人和神的關係上，其六種感受大致可分為懲罰與撫慰兩種性質，而這些感受是奠基在宗教對超經驗指涉的論述上，包含了神性觀念。中層的教儀為表現在對內層的規約及制度化，其內容有多種但主要為倫理規範，為信眾和信眾之間的關係規範，進而會投射到信眾對外界的關係規範。外層的教團不僅對內層的教義有詮釋的作用，執行中層的規定及制度，更做為宗教和外界互動的橋樑，具有社會化的作用。

第二節　研究教派的神論與差異

藉由科學理論——大霹靂理論，我們可以很清楚得知宗教對神論觀點是有差異的。雖然它們都以宗教稱呼，宗教信仰的實踐過程也大致相同，但對宇宙論的基本立場不同，導致他們對神論的闡述也就差異極大。對道德倫理規則的演繹不同，當然寓示的個人行動準則也就不一樣。如此聚合集體的行動邏輯，就會形成各宗教之間明顯的差別。所以，Wolfgang Schluchter 認為「神論」的解釋扮演著各教派的核心要義（Schluchter, 1981），從這些不同宗教對神性的解讀，或許可以推論出各教派對政治社會倫理秩序建構的基本框架。因此，本書於此將大略討論長老教會、一貫道、靈糧堂及慈濟的相關狀況及神論解釋，[12] 雖然這種解釋對理解此四個教派的政治偏好並不一定得出必然的邏輯，但對理解他們的政治態度與價值的前提卻是有益的。

簡單分類，長老教會與靈糧堂對宇宙論的基本立場為一神論的觀點；而一貫道雖稱「無極老母」為最高主宰的論述，但仔細深究卻是屬於多神論的主張，這種主張和歸屬於佛教的慈濟有著十分類似的宇宙論立場。所以，兩種類別從一開始就以兩種基本框架在理解外在的政治社會秩序，並以他們認為良善的目標來改變外在的世界。

一、一神論

（一）長老教會

台灣基督長老教會源自兩支，南部的長老教會為 1865 年英人馬雅各醫師

12　限於本書性質（為一政教關係討論文章，而非宗教討論）及篇幅的限制，本書於此只能略述各教派的組織框架、歷史發展及基本信仰，以做為討論各教派政治態度與價值的基本參考資料。

（Dr. James Laidlaw Maxwell）自台灣府（台南）傳入（鄭連明（編），2000：7），北部的長老教會則為1872年的加拿大籍馬偕（George Leslie Mackey）自淡水傳入（鄭連明（編），2000：41），二者於1951年合併成立「台灣基督長老教會總會」（鄭連明（編），2000：306）。時至今日，已成為組織綿密、台灣最大的基督教派。[13]

關於長老教會的信仰傳統是以喀爾文（Calvin）神學為根基，一方面它保持改革宗的若干思想，包括：上帝的主權、以《聖經》為信仰的最高權威、萬民皆祭司、復活的主基督是教會唯一的元首，如此促成長老教會政教分離的原則，並為日後信仰自由奮鬥的依據（黃慶生等（編），2005：48-49）；另一方面，長老教會在其歷史的發展中又衍生出四個信仰精神，包括：一切榮耀歸於上帝、重視《聖經》對現實生活的意義、民主共和以及焚而不燬（黃慶生等（編），2005：49-52），如此表明其《信仰告白》與台灣人民、土地結合在一起的精神（黃慶生等（編），2005：52）。

（二）靈糧堂

靈糧堂為1943年由趙世光牧師於中國上海所創辦的基督教獨立教會，1954年傳入台灣，以「傳承使命、權能宣教、力行《聖經》、邁向榮耀」四大方向，為教會整體異象並展開一連串的海內外植堂運動，時至今日已於全世界建立355處分堂，在全台設有119座分堂，會友人數約60,034人，敬拜人數約30,017人，為台灣目前第二大的基督教派。[14]

13　資料參考長老教會網站。

14　以上資料參照台北靈糧堂全球資訊網，網址 http://www.llc.org.tw/，引用日期2014年2月23日。

靈糧堂的核心價值為建立在「聖潔、更新、平衡、合一、外展、僕人、國度」的價值理念上，[15] 並依據《聖經》建立 15 點信仰立場（黃慶生等（編），2005：181-182）。據此，靈糧堂將其教會定位在「使徒性門徒小組教會」，亦即「就是改變那地的教會，是使那地福音化的教會，也就是讓神的公義在地上彰顯出來的教會」，[16] 由此建立教會的運作策略（黃慶生等（編），2005：183）。

（三）神論

對於基督教而言，上帝是創造宇宙的一切來源，「起初，神創造天地。地是空虛混沌，淵面黑暗；神的靈運行在水面上。」（創世紀 1）為一神論的主張。接著「七日說」天地萬物都造齊了：「神稱光為晝，稱暗為夜，有晚上、有早晨，這是頭一日。……神稱空氣為天，有晚上、有早晨，是第二日。……到第七日，神造物的工已經完畢，就在第七日歇了祂一切的工，安息了。」（創世紀 1：2），此乃耶和華神造天地的過程。所以，對基督教來講神和宇宙是區分開來的，神是一切存有物的根源、就是存有本身，為一切存有的圓滿、是一純粹精神體，是一位格（Persona）的存有。

更進一步，基督教對神的性質理解常被定義為全能、全知、永恆、創造、憤怒（wrathful）、道德和行為的審判者（Olson, 2011: 99）。因此長老教會認為，人藉由審判「神是公義的審判者，……祂要按公義審判世界，按正直判斷萬民。」（詩 7：11；詩 9：8）和救贖「他們也追念神是他們的磐石，至高的神是他們

15 Ibid。

16 Ibid。

的救贖主。」（詩 78：35）的觀念來達到終極的完滿。並且受喀爾文教派重視《聖經》原文及解釋的影響下，「阮信上帝，創造、統治人與萬物的獨一真神」（長老教會，《信仰告白》[17]）。這一種對神的概念不僅為創造和生成萬物的第一來源、更是審判和救贖的最後主宰，其所反映的就是一個冀望達成公義與平等的宇宙秩序，「祂要使人對罪惡中得著釋放，使受壓制的得著自由、平等，……使世界成做祂的國，充滿公義、平安與歡喜。」（長老教會，《信仰告白》）。

而在靈糧堂方面，同樣也是認為神：「我們相信自有永有獨一的真神……是創造萬有，救贖萬民的主。」（太二十八 19；林後十三 14），而這個神默示的《聖經》是他們生活的準則和最高的權威：「我們相信整本《聖經》是神所默示的，完全無誤，是基督徒信仰和生活的最高權威和準則。」（提後三 16；林前二 13）。因此，他們認為要積極實踐神的使命：「我們相信教會存在的目的是裝備眾聖徒，活出基督的見證，傳揚天國的福音，完成主的大使命。」（太五 13~16，二十八 18~20；弗四 11~16；腓二 14~16），以上乃成為他們堅定的信仰立場。

二、多神論

（一）一貫道

一貫道雖可追溯至 17 世紀，但其真正的發展卻是在張天然掌道之後（1930 年以後）的發展，其時培養甚多的傳道人才，而在大陸淪陷之後，這些人才轉

17 《信仰告白》不僅為長老教會的重要文獻（本書內容分析的文本）之一，更是長老教會確立宣教理念及方向的重要依據。

移至台灣、香港。由於台灣民風純樸、禮敬神明，民間篤信三教信仰，是以一貫道的傳入迅速受到台灣社會基層人士的歡迎，加上組線的不同及競爭，一貫道的佛堂迅速遍佈全台及海外，成為擁有數百萬信眾的宗教。

所謂一貫道之「一」是無極之真，先天之妙，至神至明，亦可名之為「理」；「貫」即是貫徹一切之意，由無貫有，由始貫終之無極至理。因此，理貫徹天地萬物，而天地萬物各具此理，故曰「一貫」。簡言之，一貫道就是貫徹萬事萬類之無極真理，亦即是貫通天地古今中外、普救眾生之光明大道（黃慶生等（編），2005：229-330）。

據此，一貫道的教義主要有下列六點：理氣象三天論、[18] 三期末劫、[19] 三曹普渡、[20] 性理心法、[21] 三教合一 [22] 以及行功論 [23]（黃慶生等（編），2005：335-341），簡單說明就是一套包含了從宇宙創生的認知到萬事萬物的行為準則。

18 謂理氣象三天論，亦即為：宇宙間不外理、氣、象三者，理者無形無象，至虛至靈，為天地萬物之根源；氣者係屬太極，氣天也，為無極理天所化；象者則稟理氣而生者也（黃慶生等（編），2005：335-336）。

19 亦即一貫道認為自開天僻地以來，以致天窮地盡，其間為之一元，一元共有十二會，一會有一萬零八百年，每會因氣象變遷而有數期之劫運（黃慶生等（編），2005：337）。

20 亦即大道普渡之性靈極廣，上可以渡河漢星斗，氣天諸仙；中可以渡人間芸芸眾生；下可以渡地府幽冥鬼魂，故謂之為三曹普渡（黃慶生等（編），2005：338）。

21 亦即「關、印、訣」之性理心法，其為天人合一的橋樑，是超生了死之法，藉此法方能斷輪迴，返本還原（黃慶生等（編），2005：339）。

22 一貫道認為儒、釋、道三教原是一理所生，雖分門別戶，言論各有所不同，然而究其實際概屬一理（黃慶生等（編），2005：339）。

23 一貫道之行功分為內功與外功二方面，內功即格致誠正修身之功夫，外功即為行濟人利物之事（黃慶生等（編），2005：341）。

（二）慈濟

慈濟，其前身為1966年於花蓮成立的「佛教克難慈濟功德會」（簡稱慈濟功德會），1980年改為「財團法人台灣省私立佛教慈濟慈善事業基金會」，從此慈濟功德會改稱為慈濟，1994年又變更為「財團法人中華民國佛教慈濟慈善事業基金會」。如今的慈濟組織規模龐大，除了原有的慈善、醫療體系之外，並涉及教育、傳播等體系，會員人數遍布全球48個國家地區、445個點（2012年慈濟年鑑，2013：629）。

慈濟的創辦人釋證嚴法師（俗名王錦雲）早年跟隨印順法師，受其「人間佛教」的觀念影響，欲將佛教精神人間化、生活化，故其慈濟之意即為「慈悲為懷，濟世救人」，以「教富濟貧」為目標，提倡「無緣大慈，同體大悲」之精神，希望會員「以佛心為己心，以師志為己志」，此後來衍生為慈濟的「四大志業，八大法印」的規模。[24] 而對於正式參與慈濟團體的會員，如慈濟委員、慈誠隊員、慈青等，證嚴法師有所謂的十戒要求，除了一般的佛教戒律之外，更多了一項「不參與政治活動、示威遊行」[25] 的戒律。

（三）神論

對一貫道而言，神和宇宙的觀念並不是區分的，而是把神的觀念嵌入到宇宙的變化過程之中。其信仰的核心「無極老母」[26]（又名為明明上帝，全名為：

24 資料參考慈濟全球資訊網，引用日期2014年4月5日。

25 其他九戒包括不殺生、不偷盜、不邪淫、不妄語、不飲酒、不抽菸不吸毒不嚼檳榔、不賭博不投機取巧、孝順父母調和聲色、遵守交通規則。

26 其雖為一貫道祖師張天然《暫定佛規》列為仙佛首要神，但在一貫道的佛堂內，多半書寫全名、或供奉別的神（宋光宇，1983）。主因乃其概念更接近佛教涅槃的概念，非為上帝或阿拉之意義。

明明上帝無量清虛至尊至聖三界十方萬靈真宰）為十方三界之最高主宰，一貫道認為此一概念為超越一切神的至上神，所謂阿拉、上帝、維皇上帝、大日如來、瑤池金母等，皆為無極老母在不同時空的顯化（中華民國一貫道總會，1988：5-6）。

所謂「無極」乃是指天地的根源，取其「母」為化育萬物之故；然而究其根源，此概念乃源自宋儒、周敦頤《太極圖說》：

> 無極而太極，太極動而生陽，動極而靜，靜而生陰，靜極復動，一動一靜，互為其根，分陰分陽，兩儀立焉。……。

一貫道又謂之：

> 天地元始，渾然一團，渾渾噩噩，實無一物，無聲無臭，至虛至神，道祖曰：「無名天地之始，即象「　」，有名萬物之母，即象「—」；道大無名，強名曰「道」。」……大而無外，小而無內，無所不貫，無所不包，彌綸天地，包羅萬象，真空妙有，萬靈之主宰也。

因此，「無極老母」與其視為一「神」的概念，倒不如視之為一與經驗世界不同的「絕對者」，配合邵雍《皇極經世圖》元、會、運、世的觀念，就形成一個成、住、壞、空的宇宙觀（三期末劫）。如是，一貫道對宇宙論的基本假設就迥然不同於長老教會的一神論，而是類似於佛教緣起論的多神論觀點，譬如彌勒祖師、南海古佛、五教聖人……等諸天神佛的信仰。甚者，他們這種絕對者概念，也不同於上帝之於長老教會的意義：祂（無極老母）不是一個審判者、也不是一個救贖者，因為在「萬物統體一理，物物各具一理」（一貫道教義）之中，人人都可以是一個在自身中找回本性、求其放心的佛性體。

而在慈濟方面，雖然證嚴法師提倡的是一個人間佛教的概念，但畢竟是一個佛教，主要的教義還是包含在三法印、[27]四聖諦[28]及十二因緣[29]當中。尤其是十二因緣，佛教認為世間萬法都是依因緣而生、依因緣而存在，包括宇宙的創生在內一切皆是因緣而起，而成為一個成、住、壞、空的有情世界。更進一步的，這種「緣起論」的觀點，無形之中也反駁了創造主宰的觀念。因此，對慈濟而言，所謂的神，包括了仙佛菩薩都是因緣而起、宇宙創生的一部分，人和神也就不那麼對立顯明，人性之中也隱藏著神性，故《六祖壇經》有云：

> 何期自性本自清淨，何期自性本不生滅，何期自性本自具足，何期自性本無動搖，何期自性能生萬法。

三、一神論和多神論的差異

從對宇宙論的基本假設開始，四個教派建立了 Mann 所說的人類世界對意義建構的三種需要：解釋世界概念體系的需要、社會規範的需要以及社會需要在象徵性的層次上必須予以神聖化和強化（Mann, 1986）；或者如 Poggi 的「意識形態／規範性」（ideological/normative）的權力形式（Poggi, 2001）；而這些都是希望在「人類存在」的這一意義上，人們可以得到更高秩序的安穩得當。宗教，正是在這種對宇宙論的根本界定中、在祈求更高秩序與安穩的心理需求下，去發展它的神學和教權基礎。

---

27 即諸行無常印、諸法無我印、涅槃寂靜印，佛教認為凡符合此三原則的便是正法。

28 包括苦諦、集諦、滅諦以及道諦。

29 包括了無明、行、識、名色、六處、觸、受、愛、取、有、生以及老死。

儘管如此，兩類宗教之間仍然表現出很大的不同。根據神的位置以及神與人的關係，二者發展出不同的政治倫理關係和行動邏輯。仔細觀察，兩類的差異主要有下列四點：

（一）神論：一神論 vs. 多神論

長老教會與靈糧堂的「神」等於「誰」，其位置為在宇宙的開端之前，為促使宇宙萬事萬物發生，故為一神論。而一貫道與慈濟則「神」不等於「誰」，其最高主宰為一絕對者概念，基本上為類似自然神論（Deism）對最高主宰的假設，其真正「神」的概念為落在宇宙開端之後，如彌勒祖師、南海古佛、五教聖人、活佛師尊、月慧菩薩……（中華民國一貫道總會，1988），故為一個多神論的觀點。

長老教會與靈糧堂的神論解釋為唯一性，故具有「最高」主宰之意，而一貫道和慈濟的神論者眾，並無任何主宰之意。故此，二者給予信眾的宗教啟示截然不同。前者除了「上帝」之外，並無任何權威來源可替代，因此人除了向上帝負責之外，無須向任何人臣服。反之，後者的神明眾多，任何神明均是權威的來源，信眾均需服膺，若將權威轉至俗世理論上亦不會有太大的問題或太多的阻礙。

（二）神性：外在性 vs. 內在性

對於長老教會與靈糧堂而言，人是神所創造的，人須向神看齊，故此價值判斷的來源為外在的。神性對於信眾而言，為一種外在的覺察、是自身所欠缺的，故須得到神的救贖方能上天堂。而一貫道及慈濟既然認為人和神均是絕對者所創生或緣起，故神所具有的人亦具有。既然如此，人的價值來源就不需外求，自我的覺察即是往菩提之路。

因此，對長老教會與靈糧堂而言，外在的價值要求較容易走向一個制度的要求。而對一貫道及慈濟而言，一個內在的價值要求對制度則不那麼急切，相反的，對人治的期盼更為殷切。此所以解釋兩類教派的神職人員之重要性不一樣的原因，譬如在長老教會「萬民皆祭司」之下，主張除了耶穌基督之外，別無其他中保，每一個信眾本身就是祭司（黃慶生等（編），2005：49）。而一貫道除了有嚴明的職級區分[30]之外，神職人員更扮演有「道德導師」的屬性，此在慈濟也是。例如，一貫道在《仁任萬八年》（2012）說到：

> 我們是師尊師母的弟子，我們聽師調遣，尊師重道。……師尊、師母是普渡收圓三曹大事的大明師，自會圓滿安排，不要我們多操妄想心。

是以，一貫道與慈濟對「人的治理」之賢明追求更為熱切。

（三）神人關係：附屬 vs. 一體

既然神的位置在兩類教派有不同的主張，則神和人的關係自是不同。一神論的長老教會與靈糧堂主張人為神所創造，故人附屬於神；而多神論的一貫道和慈濟認為人和神均為創生的一部分，均從絕對者而來，故神、人是一體的。不同的神人關係，自是產生不同的宇宙秩序認知。人附屬於神，故神具有最高性，是以世間的一切必須體現神的旨意，對於世俗社會而言，永遠有一個上帝之城做為參照的榜樣；而神人一體，神不再具有最高性，是以對宇宙秩序的認知為建立在人對神的詮釋上，彌勒家園和世俗社會並不是那麼對立鮮明。

30 一貫道將所屬人員計分十級，按照職級依序為：祖師、道長、老前人、前人、點傳師、壇主、講師、辦事員、三才（天才、地才、人才）、以及道親（黃慶生等（編），2005：343-344）。

（四）蘊含的人際關係：公正 vs. 和諧

不同的神人關係會有不同的宇宙倫理秩序主張，自是蘊含不同的人際關係。一神論的長老教會與靈糧堂主張人附屬於神、且相信唯一的真神，是以在期望獲得神的救贖之前提下，希望能達成公義與平等的宇宙秩序，以符合正義的觀念：「他要按公義審判世界，按正直判斷萬民。」（詩 9：8）。相反的，主張神人一體的一貫道與慈濟在多神論的框架下，他們必須學會服膺眾多的權威來源及價值，更必須學會如何調和這些眾多的權威及眾神之間的關係，因此在這種大前提下他們更欲追求和諧、圓融的宇宙秩序，以期「挽世界為清平，化人心為良賢，冀世界為大同」（《一貫道宗旨》）。是以，不同的神論也就蘊含不同的人際關係，進而勾勒出教派政治行動不同的基本邏輯。

第三節　政治神學圖像的實踐網絡

對於宗教而言，有關於政治社會秩序的應然規則及期許，只不過是反映他們對神性的解讀及信仰的實踐而已。宗教的政治圖像不同於政黨的政治圖像，更具有神聖性、權威性、和專屬性。而此種性質的基礎乃在於履行 Joseph M. Kitagawa（1965）所說的：「對於人間或社會，皆持有規制其行為和任務規範的諸原則，也就是說具有基於信仰的倫理。」（邱明忠、龔書森（譯），1989：22），亦即實踐其所信仰的教義而已。

一、如何建立實踐網絡？

宗教，如何從宇宙論神學論點的基本假設，發展到教派信眾的政治圖像依循？亦即如何從本體論到方法論派生出教派對當代政治的態度與價值？這種「意識形態／規範性」的權力認知，國內學者釋昭慧認為是從基本原理（如佛教的源起論、基督教的一神論）產生中層原則，中層原則產生基本規範，再由基本規範產生法規制度，最後再產生判例（釋昭慧，2002）。據此觀點可以圖示如下：

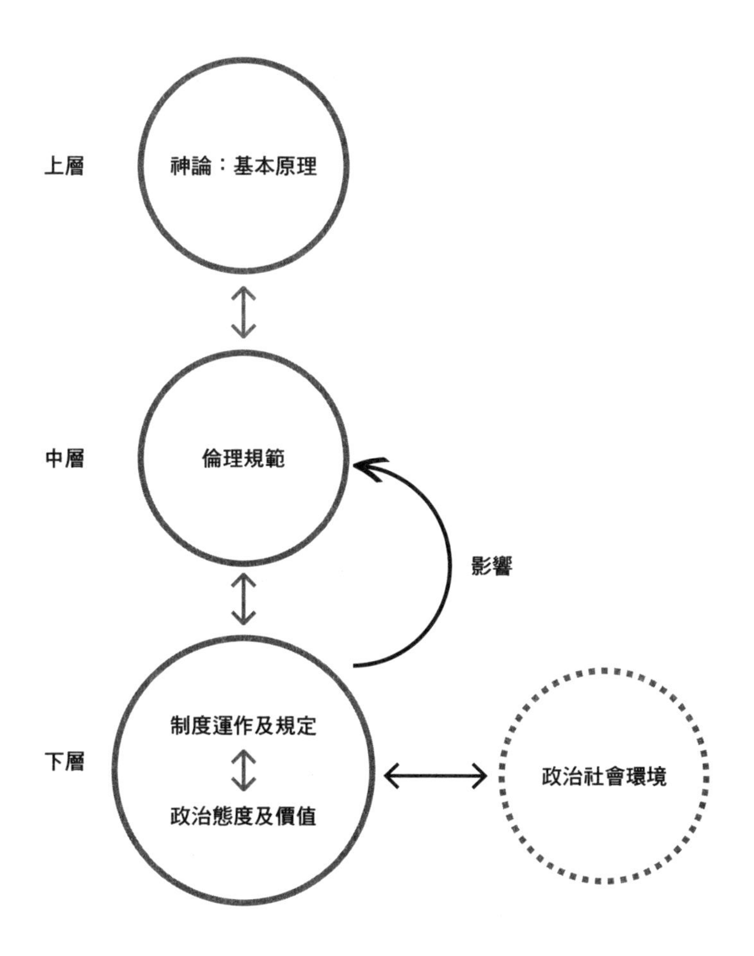

圖 2-2　政治神學圖像的實踐網絡

資料來源：本研究。

仔細論述，內層神論解釋的形上立場，扮演「第一因」（first causes）或「第一原理」（first principles）的來源，亦即教派會將其對世俗社會的所有認知，包括政治、社會、文化、倫理……等所有的解釋，最終歸結到此一形上來源（Brightman, 1932; Geertz, 1966）。因此，各教派神學的觀點將決定各教派的基本原理。此一基本原理將如同教派對神的解釋及認知一樣，為教派的基本核心價值，故甚難以改變，或者說根本不可能改變，否則會危及教派存在的價值。

在圖 2-2 中根據神論解釋產生的第一原理，經過歷史的沉澱及蛻變後會產生各教派的倫理規範，亦即各教派在規範化、程式化、機構化及制度化的過程中，會產生對權力的約定俗成，既然是約定俗成就表明它不是一種絕對的價值。倫理關係，為一種人與人之間最適當的權力關係，之後衍生成一種價值規範，顯然其「最適當」為具有時間性，故具有相對性；而既然上層的基本原理不可能改變，則顯然這種價值規範的改變為來自下層教團的詮釋所致。

倫理規範約定的是人際之間的關係，進而會影響制度的運作及對法規的認知。對於教派而言，所謂一個好的制度或好的法規必須合於教派的倫理規範。因此，如何組織一個良好的制度及規定，為其倫理規範實踐的重要課題。它不但關照到教派的制度及運作，更做為評價外界政治環境的依據，此即是 Weber 所說的宗教信仰和實踐倫理的關聯性（Haynes, 2010: 208）。

最後產生的是教派的政治態度及價值，亦即是教派評價外界政治環境的結果，此即是教派政治神學圖像的最後產出。因為，教派和政治環境的對象是一致的，教派不可能脫離政治環境而單獨面對「群眾」。在面對「群眾」指涉政治的事物中，教派必須有所表態，此即是一種信仰的實踐。

因此，在從神到王的實踐網絡中「神論：基本原理」→「倫理規範」→「制度運作及規定」→「政治態度及價值」，宗教與政治找到一個關係建構的連結基礎。也許宗教不能決定政治的最後結果，但是當宗教能有效地做為反民主的因素時，那麼信仰何種神論就是一種很具有解釋性的差異因素（Haynes, 2010: 209）。

二、神性解讀與詮釋差異

教義不能徒法自行，就做為一個教派的二重結構而言，教權扮演一個關鍵的角色。理論上，人類面臨的外在環境——世界體系是同一的，不管是一神論或是多神論，宇宙就此一個，宗教因應產生的制度規範理應差距不大。然而，不但伊斯蘭世界和基督世界的制度表現差異極大，即使同是基督信仰的天主教和基督新教，在民主化的表現上也迥然不同（Huntington, 1996）。又或者「共同道德性理論」（Common-Morality Theories），可以促使人類存在著普世性的基本倫理規範、甚至讓不同宗教之間「求同存異」（Beauchamp & Childress, 1994: 100-109），但為何會產生信眾不同的權利觀或者極端教派（考量基要主義對國際政治的影響）？

仔細言之，不管是多神論或是一神論，我們都可以在這些大宗教的教義上找到相同的道德原則。譬如平等的觀念，基督教有言：「你原與我平等，是我的同伴，是我知己的朋友！」（詩55：13），佛教亦言：「是諸眾生，無復我相、人相、眾生相、壽者相。」（金剛經，正信稀有分第六）。是以，對宇宙論假設的基本差異，無礙這些大宗教推論出共同的倫理價值。國內學者認為宗教在蘊含民主神學的基礎上，必須有三個步驟：蘊含民主特質的教義（比如自由、平等的觀念）、強調民主特質的優先性及重要性、賦予信眾爭取民主行動的合法性（郭承天，2002）。顯然，各大宗教和政治連結的發展脈絡上，除了對世界體系的基本認識或者神學基礎的差異之外，最主要還是在於著重倫理建構的重要性、優先次序和合法性上認知不同。譬如，美國制憲代表的新教徒、天主教第二屆大公會議的神父，對自由、平等、容忍、寬恕……等倫理價值的主張，可能超過對順從、和諧、一致、犧牲……等倫理價值的主張。為此，宗教可能會走上不同的政治發展脈絡，而產生不同權力基礎的教派及權利觀。

所以，從「神」到「王」的實踐網絡中，教義雖然扮演一個理論形塑的基礎，亦即提供對政治社會秩序擘畫的遠景，但這樣的詮釋卻是來自於教權對「神學→國家」關係建構所產生的詮釋變遷，以及對理想政體規範的追求。

總之，我們不能單單只訴諸某一宗教擁有民主神學或民主教權的本質，而認為此教派是對民主政治必然的擁護者。須知，舉凡幾個大宗教均有數千年的歷史，其教義與教權均有穩定發展與改變的軌跡可循，若說短暫時間的改變與本質變異未免言過其實；甚且，幾個大宗教亦均建立在慈悲、平等、博愛的基礎上去宣揚教義，雖說基督新教對美國民主政治的涵養功勞匪淺，但若推斷基督新教的原有本質為具有民主性質，亦未免失之武斷。

因此，從教權如何因應世界潮流的演變而產生對教義的見解，進而透過「神論：基本原理」→「倫理規範」→「制度運作及規定」→「政治態度及價值」的關係建構，最後影響對政體的關係及見解，為對教派最根本的分析。

三、詮釋背景的影響

上述的討論會產生一個問題：為何倫理建構的重要性、優先性和合法性會有不同的詮釋差異？依基督新教和民主的關係討論，一個很明顯疑問是：為何從美國制憲後的一百五十年，歐洲才產生民主政治？為何從路德教派

（Lutheranism）到喀爾文教派（Calvinism）的宗教改革，不會直接在歐洲產生民主政治？一個很明顯的看法是美洲大陸的時空環境，包括廣闊的地理環境、種族與教派的多樣性、18 世紀初期的宗教復興運動……等，促發了教派領導人士對自由、平等、政教分立……等觀念的改變，從而改變教派的權力基礎認知及權利觀（郭承天，2002）。而這種政教分立的觀點，Tocqueville 認為政教分離在美國有二點益處：其一是避免宗教團體經由政治權力得到財富；其二是避免宗教團體經營政治而只關注道德面向（Tocqueville, 1969）。如此，美國宗教經由神學考量而只強調道德的教導，不僅有益於各基督教派的社會平和，也有助於道德的變遷（Fradkin, 2000）。因此，這種由宗教的精神和自由的精神所引起的諸多原則，在美國能形成民主的組織和建制，而在歐洲卻往失敗的方向前進（Tocqueville, 1969: 308-325）。

當外界政治社會環境的背景變化時，教團為了使宗教能有效的生存下去，並繼續掌握對外界倫理規範的話語權，他們得因應外界政治社會環境的變化而適當調整宗教倫理建構的過程及優先次序。此並不是說教團會捨棄各宗教原先的各種倫理規範，而是說他們在因應外界的環境變化上，他們會特別強調某一特定的倫理規則以適應環境的變化。此也就說明為何天主教在因應民主化的浪潮下，他們要特別強調天主教教義和民主價值融合的原因，否則他們將失去對外界民主政治社會倫理建構的主導權，甚者失去此種主導權更有可能危及宗教的持續。

為此，雖然同樣一個世界體系、也都建立相對應的倫理規範，但在詮釋環境的基本差異上，會讓教派領導人士著重不同道德的重要性、優先性以及合法性，進而改變教派的權力基礎及信眾的權利觀，使教派走向不同特質的政治發展方向（溫和或極端、民主或不民主）。

第四節　信仰對政治偏好的形塑

Durkheim 認為宗教能夠使社會不同的個人、群體或各種社會勢力，凝聚成一個統一的整體，從而有利於社會的發展（Durkheim, 1915），所以信仰能促進認同的關係。Webster 更界定「認同」為基本特徵的相同、個性的一致和持續，而顯然的宗教對此是有幫助的（Katz & Rubinstein, 2003: 157-180）。因此，由教義涵養信眾對政治社會世界的規制、到教權對政治社會詮釋所產生對信眾的影響，均建立起教派對信眾的專屬性、神聖性與權威性。此三種屬性均不是其他任何價值元素所能完全抵銷，尤其對於一個虔誠的信眾。

仔細剖析，宗教除了具有隱含追求真理的信仰之外，更具有對人性論、平等觀與自由觀的詮釋（陳敦源、郭承天，2001），按照新制度理論（New Institutionalism）的觀點分析──個人價值的偏好與路徑依賴的結果，會形成對社會制度的集體選擇（Lecours, 2005）。因此，宗教的價值形塑會影響到信眾對政治的選擇，其不但能喚起信眾強烈的認同意識、透過宗教組織約束信眾行為，從而促成教派成為社會強而有力的次級系統，進而影響政治社會的發展。

一、世俗化的危機？

否定信仰形塑政治偏好的直接觀點即是宗教遭受世俗化的危機，以至於宗教失去增進社會認同的作用，最後失去對政治社會的話語權。所謂世俗化的過程（the process of secularization），亦即：「在政治發展的過程中，一個最基本的結構和意識形態的轉化過程。」（Smith, 1970: 2）。包括 Comte、Spencer、Durkheim、Weber、Marx 及 Freud 等人，都認為宗教將逐漸失去在工業社會的意義及重要性（Norris & Inglehart, 2011: 3）。「世俗化」（secularization）[31] 一詞，為表示一個宗教信仰和行為模式為世界性的思考和行為方式所取代（Olson, 2011: 224-225）。其原因有多種，Steve Bruce 認為包括結構和社會的差異、個人主義、社會化、社會和文化的歧異、自由民主思想、理性、相對主義、文化的防禦及轉型等都是（Haynes, 2010: 147-154）。在以往，為被用來解釋近代工業化以後的宗教發展，其有各種定義，但都隱含有因現代社會科學理性興起所造成的宗教發展困境與式微（Shiner, 1967）。

然而晚近的學者已否定這種看法（Wilson, 1982; Walis, 1979; Steven, 2011）。Rodney Stark 則認為在「世俗化」的過程中，教派會因為逐漸接受主流社會的價值，而失去原先所持的價值與理念，甚至改變其關懷的焦點或運作模式（Stark, 2007），或者產生如 Weber 所說的「從教派到教會」（From Sect to Church）的現象，一方面原先教會的價值理念會失去對政治社會發展的主導力量，另一方面小教派的產生卻又注入宗教發展一股新的生力軍（Weber, 1905）。因此，從世俗化的過程中，教派會因應主流價值的改變而放棄原先的價值與理念；或者世俗化根本改變西方社會對個人自由限制的政治環境（Haynes, 2010: 156），比如說人權觀念的改變。

二、公民宗教（Civil Religion）：一個內化的觀點

相對於「宗教世俗化危機」失去對政治影響的觀點，另外一種觀點即是宗教內化為整體政治社會約制的力量，並且扮演政治社會價值的最高原則（Bellah, 1967; Kessler, 1977）。公民宗教的論述可歸因於宗教的世俗化，在 1960、70 年

31 其概念可追溯至拉丁文 saeculum，原為世界、世紀、年代之意（Olson, 2011: 224）。

代常被用來描述傳統宗教對政治目的一種意圖性的設計（Kessler, 1977）。「公民宗教」此一觀念首見於 Jean-Jacques Rousseau（1712-78）在《社會契約論》（*The Social Contract*）（1750）一書的簡單描述：神的存在使即將到來的生活，良善得以獎勵、邪惡得到處罰、那些宗教不能夠容忍的事得到排除，而其他宗教的意見也不能形成對國家的認識，更重要的事是公民可以自由持有（Bellah, 1967）。總之，他陳述了一組形上政治（meta-political）的價值及來源，並且這組價值和來源特別有益於穩定自由的民主政治，甚至超越憲政和制度安排，提供了政治共同體（political community）意義（Minkenberg, 2007）。

到了 20 世紀中葉，美國社會學家 Robert Bellah 正式提出此一概念。他認為每一個國家都具有某種形式自我理解（self-understanding）的宗教，以做為導正國家自我崇拜時所存在危險的關鍵性原則（Bellah, 1967）。Bellah 更進一步分析 1789 年 George Washington、1960 年 John F. Kennedy 的就職演說，他發現他們均基於《聖經》的教義而肯定美國存在的目的和命運（Bellah, 1967）。[32] 最後，他更界定公民宗教為：基於某種神聖性的觀念、價值、儀式，在公共領域、尤其是對政治制度的運作和評價，提供某種根本、形式或目標功能與作用的概括與稱呼；而這種概念的存在有助於國家的安定，因為它有助於培養人們對國家的基本責任及忠誠（Bellah, 1967）。或者如 Will Herberg 所說的：每一個社會都需要有一種可以彼此分享的宗教信仰，以賦予公民基本的觀念、價值、禮儀和象徵，以使共同的政治生活成為可能（Kessler, 1977）。

---

32 比如 Kennedy 就職演說裡包含神的四點關聯：神性賦予所有人獨立的地位、造物主賦予所有人某些特定不可剝奪的權力、神為判斷我們意圖世界最高的審判和堅定依靠神聖上帝的保護。這些觀念不僅影響當時的美國社會，也影響教會組織，清楚區分教會和國家之間的功能，而使得二者之間不能互相控制（Bellah, 1967）。

總之，公民宗教的概念不但牽涉到個別的宗教組織，也牽涉到政治社會，所以它影響的不僅只是美國人對私領域的看法，也形成他們對公共意見的趨勢（Bellah, 1967），更重要的是公民宗教可以被視為一種宗教與民主相容的類型（Minkenberg, 2007）。

三、政治社會化的媒介

雖然世俗化的危機會帶給宗教某種功能喪失的質疑，但宗教至今仍是政治社會化的重要媒介（Almond, 1988），尤其是對西方和阿拉伯國家而言，宗教組織仍是社會化的主要機構（王曉朝，2007：204）。透過宗教教育的自身體系，幫助個體社會化，將宗教價值、行為規範、倫理道德、甚至將國家民族意識內化到信眾的核心信念。其具有三種性質：

（一）專屬性

儘管「共同道德性理論」可以讓不同宗教之間「求同存異」（Beauchamp & Childress, 1994: 100-109），但對於神論解釋的不同、衍生的倫理優先次序不同，再加上教儀的巨大差距，使得不同宗教之間的社會化過程產生某種專屬性。例如，伊斯蘭教將宗教元素和生活習俗融為一體，猶太教從生活中實踐的遵從意識，這些具有極為明顯的宗教表徵，使得宗教的社會化性質明顯產生專屬性，有別於其他的社會化媒介及教派。

（二）神聖性

不同於其他社會化的媒介，宗教具有某種超越世俗的神聖性，不但會對信眾產生更為深刻的影響，而且會有一種形上力量的規約。這種規約不僅具有強迫性、而且還具有自發性。如此，使得信眾產生「不得不」的作為，否則會遭受來自「神聖力量」的責罰。

（三）權威性

宗教具有對「第一因」或「第一原理」的解釋，不僅在「人類存在」的意義上探索，而且還將這一切推論到一個終極的來源。所有的意義、價值、規範等，均源於此終極來源。為此，其具有權威性，不但解釋人類存在的本質，還限定了人與人之間的關係，可以說是一切萬事萬物解釋的根源，具有不可懷疑性。

因此，教派透過專屬性、神聖性以及權威性的社會化作用，對虔誠信眾產生的深刻影響遠非其他社會化媒介所能比擬。

四、形塑的技巧

對於教派而言，傳達政治態度與價值的形塑，除了來自對教義的詮釋之外，更重要的是透過教儀的過程，以達到專屬性、神聖性與權威性的形塑性質。仔細言之，各種宗教都是按照自己的信條及傳統方式進行各種崇拜活動、運用各種象徵方式，構成一套嚴格規定的程序，以顯示教派的神聖和莊嚴。教派以此培養信眾的宗教感情，堅定信眾的宗教信仰。[33]

33　關於這部分的論述，可以有一些實證資料做為佐證。近年來由於神經心理學（neuropsychology）研究的進步，使得人們逐漸瞭解意識現象的大腦神經相關性，亦即在大腦神經系統的一連串複雜電化學反應的訊息處理之後，會產生我們內在的意識體驗（inner conscious experience），而意識為具有波粒二象性的二元屬性，包括可客觀檢驗的物理屬性和可主觀體驗的心理屬性。因此，意識為一種階層性的實在（hierarchical reality），具有超越轉化的發展歷程（Koch, 2004）。所以根據此理論，神論之所以很重要的原因乃是因為它對人大腦產生間接的影響：靠著宗教領導者的詮釋經由電子及化學物質的傳導，可以鎖定一些社會倫理價值，包括政治倫理價值，而認為這個部分是最崇高、神聖、不可質疑的，成為一種具有鎖定神聖化的功能。

教派運用的方式如圖 2-1 所說的祈禱、祭獻、聖事、禮儀、修行等方式，透過這些方式，教派達到其形塑的目的。其有二層面向：

（一）形式上的面向

教派透過形式的規定及約制，使信眾習慣某種政治態度及價值的蘊含。亦即當上述這些方式較具有民主的方式時，則信眾亦較易養成具有民主的政治態度及價值；反之，信眾則較習於權威的態度及價值。

（二）內容上的面向

當教派將其政治態度及價值觀點融入到上述這些方式時，則信眾在「置入性宣教」的潛移默化下很容易接受，並成為自己的政治態度及價值。除非信眾具有強烈的公民意識或深刻的教義認知，否則此一種「置入性宣教」的方式非常具有效果。

因此，就長期社會化的角度而言，宗教所扮演的功能的確遠非其他社會化的媒介所能比擬。因為它有一個清楚的內涵、長期穩定的價值、堅定的目標，更重要的是它賦予信眾一個積極實踐的動能（Tocqueville, 1969; Kessler, 1977; Fradkin, 2000; Minkenberg, 2007）。

五、教派領袖的作用

教派領袖為教義和教權的最高體現者，除了代表詮釋教義的最高人物、也代表教派權力的最高象徵者。教派領袖擁有道德上崇高的地位，Weber 稱其為具有超凡的品質與人格魅力（charisma）（Weber, 1964）。他具有無與倫比的影響力，而這些影響力在教派形塑信眾政治偏好時起了莫大的作用：

（一）對信眾的影響

對信眾而言，擁有超凡品質與人格魅力的教派領袖，不但具有神祕感、而且也有敬畏感，甚至認為教派領袖具有與神的特殊關係，可以和神溝通。因此，信眾很容易將教派領袖的言行視為真理，而容易受教派領袖的影響。

（二）對宗教組織及制度的影響

外層的教職制度及教團體系是教義及教儀實踐的產出，雖然是教派長期實踐的結果，但教職制度及教團體系的形式及結構，卻是受制於信仰的內容與社會目標，並為之服務（王曉朝，2007：204）。因此，教派領袖擁有信仰的內容與社會目標的最高決定權，形同擁有對宗教組織及制度的發展與演變之最高決定權。例如，教宗若望二十三世在第二屆大公會議對天主教的影響，[34] 而這種影響到最後也會改變信眾對政治態度與價值的看法。

（三）對政治社會的影響

教派領袖擁有道德的制高點，不但是教派的精神領袖，往往也成為外界政治社會的標竿，例如天主教教宗、藏傳佛教領袖達賴喇嘛等，其對選舉政治和公共政策具有強大的影響力（Steven, 2011）。而在政治民主化之後，由於政治體系的範圍擴大，不僅包括傳統那些決策和執行決策的治理者，也包括所有直接與間接影響公共政策的政黨、壓力團體以及選民。如此一來，教派領袖既可

34　二戰後教宗若望二十三世在 1962-65 年召開梵帝岡第二屆大公會議（Second Vatican Council），他認為在民主不可擋的情況下，他強調社會變革的合法性和需要，進而提出：「教會憑其職責和管轄範圍決不能與政府混為一談，亦不與任何政治體系糾纏；……在各自的領域內，政府與教會是各自獨立自主的機構。〈現代 7〉」、「假使政府擅自越權、欺壓國民，……國民可以保衛自身及其他國民的權利，免受政府濫用權力的危害。〈現代 74〉」。為此第二屆大公會議促進及加速許多天主教國家的民主化進程，掀起第三波民主化浪潮的源頭（Huntington, 1996）。

以透過其信眾來直接影響政治體系，教派更可以搖身一變成為壓力團體，而產生對公共政策更大的影響力（Steven, 2011）。觀諸歐洲國家，教派透過其獨特的「教會－國家關係」（Church － State relations）運作機制、以及連結宗教利益和政黨的意識形態本質（Steven, 2011: 2-3），甚至形成宗教政黨而得到確實的政治影響力。例如歐美國家的基督教政黨，如德國的基督民主黨、義大利的基督民主聯盟，尤其在英國宗教和政黨之間更有非常密切的關係（Steven, 2011: 2-5）。因此，宗教透過政黨的形式，以更複雜的方式影響政治社會（Haynes, 2010: 211），而這些關係最後都會間接影響信眾政治偏好的形塑。

所以，從信眾的角度來看，教派領袖的影響力到最後都會成為形塑信眾對政治的認知及評價，而且是一種至高無上的權威力量。

第五節　宗教對民主政治發展的理論意涵

前述已約略說明宗教對政治的作用，那麼宗教對民主政治的發展又有何理論意涵呢？從前面的討論，宗教不只是一個單純的「相信」或靜態的「符號規章」而已，它有一個「核心的行動」或「作為」，扮演對信眾實際約制的動態作用；另一方面，傳統的民主理論對政治體制的關注，已無法真實反映民主的意涵，即使有一個公平、公開、公正的選舉制度也可能面臨民主的窘境。[35]因此，從「公民權」（citizenship）概念發展出來的「民主品質」討論，就深深跟道德因素有

35　例如 O' Donnell 及 Cullell 運用「公民權」的概念，去探究拉美國家民主的發展，他們認為由於拉美國家社會極端不平等、經濟貧富差異不均，以致影響公民權在此區的發展，如此造成有關民主的意涵在拉美僅只是政治體制的考量而已，並且深深影響拉美國家政治議題的設定（O' Donnell, Cullell, Iazzetta (Eds.), 2004）。

關（O' Donnell, Cullell, Iazzetta (Eds.), 2004: 10）。Tomas Hammar 認為公民權在現代以前更接近與宗教的連結，而現代公民權概念的發展基本上可以視為一種宗教世俗化的結果（Hammar, 1990: 49-51）。而 Rogers Brubaker 也認為一個具有公民權文化用語（cultural idioms）的觀點，必定和文化及國家認同的宗教因素相連結（Brubaker, 1992）。如此，從能動者（agency）的角度出發，我們在宗教和民主之間找到相同的概念因素，那就是道德因素，這也就是為什麼眾多的政治學者[36]企圖從道德因素去界定什麼是「好的」民主。

一、民主政治發展的問題

從過往的歷史來看，民主的發展並不是不可逆。在 Samuel P. Huntington 的研究中，民主化的發展可能會因為各種原因而導致民主回潮（Huntington, 1991: ch.1）。O' Donnell、Cullell 及 Iazzetta 等學者在哥斯大黎加（2002）「拉丁美洲民主品質和人類發展」的報告討論中也發現，由於拉美國家極端社會的不平等，連帶影響他們對公民權的觀點，如此限制拉美對民主的思考僅僅只是政治制度而已，進而改變整個區域的政治議題及設定（O' Donnell, Cullell, & Iazzetta (Eds.), 2004: ch.2），如此拉美地區常常欠缺一個發展及穩定民主的動能。

而在 1990 年代整個蘇聯集團瓦解以後，西方先進的工業民主國家，儘管解除了來自外部的共產威脅；但在民主政治的發展過程中，西方先進諸國仍

36 如 Guillermo O' Donnell、Jorge Vargas Cullell、Philippe C. Schmitter、David Beetham、Dietrich Rueschemeyer、Jr. G. Bingham Powell、Marc F. Plattner 等學者，莫不從一個規範的意義尋找對民主問題的深層解決。例如：什麼是「好的」民主、「道德」因素、民主「品質」……等，而這樣的分析，也的確為傳統僅止於制度的分析，找出更多民主發展上的差異及其問題面向，其意義包括了：超越的傳統政治體制的民主意涵、方法論上的創新、以及經驗證據的論述等面向。

然面臨了許多民主發展上的問題與挑戰。在環顧所謂已開發的工業民主國家（OECD）之後，Russell J. Dalton 發現了一個問題：那就是在美國、德國、紐西蘭……等民主國家，儘管歷史淵源不同、問題產生不同，但都普遍發生公民的政治支持（political support）下降，而支持下降的原因主要來自對政治的不信任（political distrust），包括對政治社會（political community）、對政治體制（political regime）以及對政治權威當局（political authorities）的不信任。如此，Dalton 認為這些不信任會改變公民和政府之間的關係，而使政治過程產生一些新的議題、迫使公民監督政府的成本提高、甚至改變憲政結構等（Dalton, 2004: ch.1）。為此，Dalton 點出了在工業先進民主國家所產生的民主問題與挑戰，其間接暗示了在民主已鞏固的國家，民主並不是一個不可逆的發展，而是仍有可能因為政治支持的下降，而改變整個憲政制度的結構，只是作者不肯言明這樣的改變是一種民主回潮的前兆。

因此，對深化民主品質而言：民主體制是民主的根本元素，但不是適當民主概念的充分條件。從能動者（agency）的因素分析，民主和宗教享有相同的概念因素，那就是道德因素，而宗教可以提供道德因素的來源及社會共識（Tocqueville, 1969; Kessler, 1977; Fradkin, 2000; Minkenberg, 2007），如此有助於深化民主品質，而減少民主發展的瓶頸。

二、宗教提供民主政治發展的基礎

在 19 世紀 Alexis de Tocqueville（1805-1859）觀察美國的民主政治時，他即注意到每一個宗教之旁都有一種與之本質對應的政見，用以調和政治社會與上帝之城（Tocqueville, 1969/1835: 287）。為此，Tocqueville 致力於基督宗教和自由民主之間的政治關係研究。他主張宗教的存在為一種政治制度，為民主社會保持自由所必須具有的（Kessler, 1977）。他認為人們只有經由宗教信仰才能對民主政治的根本問題獲得清楚、正確、明智和持續的答案，而這些宗教第一原則的概念包括了公正和道德權利（Kessler, 1977）。簡單來說，就是他認為基督宗教道德核心的概念，為尊重每一個個體的平等自由和尊嚴，並且這種概念可以被轉換為對政治權利的觀點（Kessler, 1977）。所以他發現，虔誠的宗教信仰對美國的民主政治具有無與倫比的正功能，因為它提供一個民主政體道德良善的來源（鄭弘岳，2004），他說道：

> 宗教的首要目標和主要好處之一，就是對於各個基本問題，能夠替人類大眾提出一項明確易於瞭解和永久性的解決方案。……淨化且限制他們的欲望，免其過分的發洩（Tocqueville, 1969）。

從此一段話可以得知，宗教不僅在嘗試回答終極關懷，而且在回答的過程中試著提出對個人的約制，以避免制度的侷限性。更重要的事是 Tocqueville 認定基督信仰為自由民主社會基本原則的來源，而且只有此一宗教才適合維持這些原則（Kessler, 1977）。顯然，在美國政教分離的情況下，政治與宗教之間的必要連結，其意義遠超過二者之間結合的關係（Kessler, 1977）。甚至可以說，宗教雖然不是美國政治體系的一個正式部分，但 Tocqueville 卻認為經由美德（virtue）間接影響政治生活，宗教猶如美國第一個政治制度（Tocqueville, 1969: 305）。總之，宗教對美國民主政治的作用而言，它扮演一種價值規則的來源（Weithman, 2002: 2; Elshtain, 2009）；或者如 Habermas 所說的，宗教提供資本主義或者民主政治一種道德的正當性（Habermas, 1973），或者就是一個道德的問題解決模式（Weithman, 2002）。而這些道德的問題包括自由與平等、宗教容忍、自治、多數觀念、法治以及某些政教分立的基本概念（Weithman, 2002: 2）。

更進一步，Paul J. Weithman 認為宗教在促進民主的決策方面，其扮演的規則主要可分二類說明（Weithman, 2002: 36-66）：

一是宗教對政治產出的影響以及這些產出如何評價自由的民主思想：如宗教是否都平等、宗教是否與自由民主一致……等。

二是宗教對政治輸入的影響：即宗教對政治觀點的影響，如宗教容忍、政教分立關係對政治偏好的形成……等。

最後他提出二點結論（Weithman, 2002: 212-217）：

其一，宗教觀點形成道德觀點以後，進而會形成民主的基礎。

其二，此種道德觀點會成為公共政策辯論的來源，因為宗教會「參與」或「完全參與」政治活動，進而發展成一個公民權的概念。

總之，宗教所蘊含的特質除了提供人類平等、自由的直接概念之外，它更提供了一個塑造人類社會的道德基礎，這個基礎可以做為良善公民的訓練、也可以約制個人私利的無限擴大（Tocqueville, 1969），亦即一種類似公民宗教的概念，而有助於民主政治良性的發展，或者如 Tocqueville 所認為的：成功的民主政治，不可避免的需要有宗教信仰的道德支持（Fradkin, 2000）。

三、宗教意識與公民意識衝突的兩難

雖然宗教可以提供一個民主政治發展的功能，但這種功能並非都是正功能。比如 John Anderson 認為，某些宗教神聖社會的觀點（holistic visions of society），會限制少數權利的公民自由，如伊斯蘭教或東正教（Anderson, 2003）。雖說宗教意識建立信眾對神的信仰及實踐，包含對神論的解釋及感受，從理性上來講，它對宗教的維持與發揮，表現出其固有的保守性、穩定性與適應性。然而對一個宗教而言，不可能一直理性下去，否則會懷疑宗教自身存在的價值。因為，宗教意識含有神祕主義的傾向，其具有宗教感情、情緒和激情等非理性因素，而容易導致專一性、狹隘性和不可傷害性。而這些非理性因素，又受到各宗教基本學說與教義的規範與制約（王曉朝，2007：172-173）。

反之，公民意識是公民對於公民角色及其價值理想的自覺反映，包括公民自身的社會地位、社會權利、社會責任和社會基本規範等（Almond & Verba, 1989）。其需要一個多元的社會脈絡，包含多樣、非獨占性的、非國家控制的資訊來源，而此種價值性是一種民主合法體制的公共良好支持，以及國家制度的友善表現（Ichilov, 1990; Donnell, Cullell, & Iazzetta, 2004），使人成為一個自主的、有理由的和能夠回應的個體（Donnell, Cullell, & Iazzetta, 2004）。

因此，就理性層面而言，宗教意識和公民意識有其不相容的層面，因為一個信眾和一個公民的角色扮演有很大的不同，包括自主性、多元性、資訊的來源、地位、權利與責任的賦予等。然而，就現代的民主社會而言，一個虔誠的信眾也可能為一個優秀的公民，公民角色的扮演可能會衝擊到信眾對教派的忠誠，當他們的政治態度和價值與教派一致時，則這不會有什麼疑慮；但是，當他們的政治偏好與教派不一致時，則他們又該如何回應其宗教意識？或者該如何回應其教派？因此，公民角色的扮演可能促使他們不受教派的控制，而成了異營支持者。

所以，宗教提供民主政治不一定完全是正功能，它也有可能陷入一種兩難的狀態，即是宗教意識與公民意識的衝突。為此，教派對信眾政治態度與價值的形塑，在兩者偏好不一致的情況下可能會受到公民意識的挑戰。這種挑戰甚至可能衝擊到信眾與教派的關係，嚴重的話甚至可能促使教派重新評價外界的政治社會，進而產生重大的影響行為。

第三章　政治神學的研究

政教關係研究如同政治學其他領域的研究一樣，必須遵循政治學的理論建構與研究途徑。傳統政教關係研究多停留在抽象概念對抽象概念的層次上（論證命題），並且其研究方法並不具嚴謹性（論述理論），如此對理論的建構幫助並不大；而在一些具體概念對具體概念的層次研究上，雖然可獲得一些實證資料的驗證（量化研究），但理論的深度並不足（過度重視量化，反而忽略宗教研究的深度與意義）。為此，本書依循三原則研究二者關係：

一、針對抽象概念的對應運用質性研究的方式獲得：譬如針對異營支持者與主流信眾對宗教意識認知的差別，本書即是透過深度訪談的運用去瞭解二者之間對上帝的認知、感受有何不同，藉由受訪者自我的闡述，本書具以獲得受訪者更深度的宗教意識。

二、針對具體概念的對應以量化研究的方式獲取：例如針對本書四個研究教派的政黨偏好，因對政黨的偏好選擇屬於具體可觀察行為，我們可藉由投票行為、政黨滿意度……等實證測量獲得。因此，本書可設計量化研究最常運用的問卷調查即可。

三、**降低概念的層次：**亦即當抽象概念無法獲取時，則設法降低概念的層次。例如，本書以內容分析法去探究信眾對教派神論的理解，因神學觀點屬於形上的範疇，故本書根據理論分解概念，包括撫慰性與懲罰性、積極性與消極性、正面價值與負面價值……等幾組具體概念，最後計算次數百分比獲得意義。

另外，做為一個政治學的研究對象，教派的研究有其雙重敏感性。不同於政黨、國會、政府……等研究對象，教派的研究既涉及政治的禁忌、亦涉及宗教的禁忌，尤其是對於曾經長期遭受政府打壓的教派，有關政教關係的田野調查難免遭受猜忌，如何突破受訪者的心防而在短時間內取得受訪者的真實態度，成為考驗研究者的至大難題。[1]而這些必須探究的問題，包括：對政黨偏好的選擇、對政治體制的評價、與政府組織的關係……，甚至在一些敏感的議題上，比如兩岸關係、統獨議題、國家認同、貪腐問題……等，如何透過政治學研究方法的運用，以獲取有用及確實的研究資料，成為研究者思考再三的問題。

綜合以上，除了在研究架構上進行周延性的設計之外（不同神論之間的比較、相同神論之間的比較以及同一教派內的差異性比較）；並在方法上運用了質化與量化的研究方法，包括問卷調查、內容分析、深度訪談以及參與觀察。此種思考架構如下圖所示：

1 大部分的教派常以「宗教不願意碰觸政治」為理由拒絕研究人員進入場域調查，或者為顯示教派的一致與和諧，拒絕讓少數不同意見的信眾接受訪問，或者常以較為中立的立場回答問題。上述這些情況，往往需要研究人員投入相當多的時間取得被研究對象的信任，方能有較滿意的收穫。

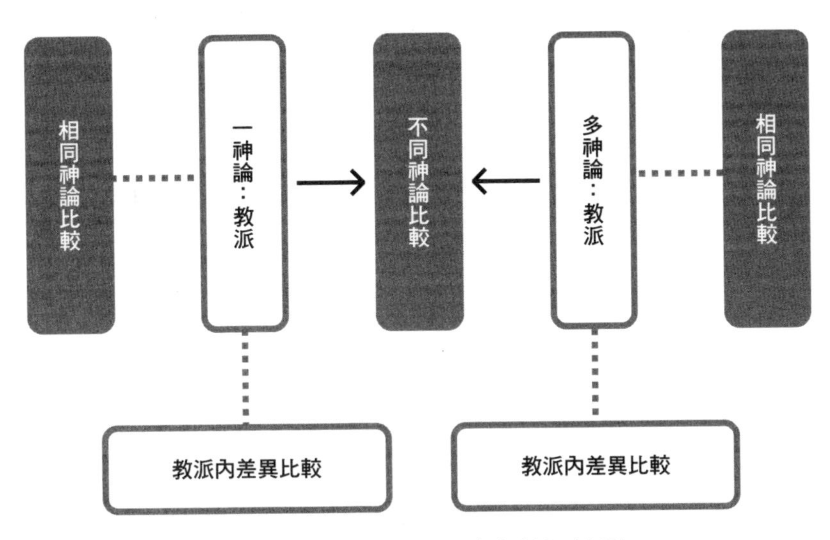

圖 3-1　本書研究神論完整比較圖

資料來源：本研究。

此種完整比較主要可分三個部分具體說明：

一、關於不同神論部分：本部分主要是探究二個完全不同政治偏好教派形成的原因與差異，因此以內容分析法做為整體的分析。選擇內容分析法的原因，除了該教派必須要有可供分析的資料之外，在不介入研究對象的情況下，內容分析法為獲取研究對象真實態度與價值的最適方法。

二、關於相同神論的比較：為了探究相同的神論是否會得出相同的政治態度與價值，本書於此進行相同神論的比較。在選定研究對象之後，首先進行問卷調查以歸納出是否有不同趨勢，其後藉由深度訪談以理解深度的差異及產生原由。

三、**關於教派內的差異比較**：亦即瞭解民主政治發展公民意識對宗教意識的衝擊情況，也就是同一教派不同政治認知的比較。本書首先藉由問卷調查篩選出不同政治屬性的受訪者，並瞭解他們大致不同的趨勢。其次，同樣藉由深度訪談去瞭解不同政治屬性受訪者的內心世界，以便探究出他們差異的深度理由。

當然，除了上述各部分的研究方法之外，還有一個參與觀察貫穿其中，亦即研究者對研究對象的親身參與，包括參與各教派的儀式、禮拜、活動、與信眾的互動、空間場域的觀察等，以便補足上述研究方法的不足。[2] 總之，在研究方法上透過內容分析、問卷調查、深度訪談以及參與觀察的運用，或許是一個很複雜的運用，但對複雜的政教關係而言，也許只是一種不得不遵行的研究途徑。

第一節　研究對象

本研究是以台灣的教派為對象，唯教派所涵蓋的範圍極廣、[3] 組織規模及專業程度亦相差極大（林本炫，1990；黃博仁，2005），故個案的選擇以歧異性

2　參與觀察法並非事事皆參與，而是視研究的性質決定參與的時間及關注的面向（Babbie, 2013）。本書作者以觀察者一如參與者（participant-as-observer）的方式進入研究場域，亦即在表明身分下參與研究教派的宗教活動，如禮拜、小組聚會、慈善活動……。參與期間長老教會和一貫道為從 2010 年 8 月到 2014 年 12 月，靈糧堂和慈濟為 2014 年 1 月到 12 月，最主要是從「自己人的理解（insider's understanding）」方式去瞭解研究對象對研究主題的相關想法和行動，以印證問卷調查、深度訪談和內容分析所得的資料。當然，此種方式在研究者身分公開之下，可能使研究對象保持一定戒心而無法呈現原貌，但在做為佐證資料的方法運用下，此法的運用可說是相得益彰。

3　包含全國性及地方性的教派合計為 1,816 個，資料來源為內政部統計資訊處網站 http://www.moi.gov.tw/stat，引用日期 2011 年 5 月 7 日。

和顯著性為標準（Denzin & Lincoln, 2008）。而一個完整的研究，除了比較不同神論的教派之外，對於相同神論的比較研究，更是能周全說明教派和政治態度之間的關聯。是以，考量台灣以往政教衝突的指標性、以及變項分析的豐富資訊，本研究是以一貫道與長老教會做為主要研究的對象。另外，為了研究相同神論是否得出相同的政治態度及價值，本書另外選取慈濟與靈糧堂做為次要研究對象。此四個教派的基本資訊如下表所示：

表 3-1　研究對象一覽表

研究對象			設立年代	設立宗旨	宗教屬性	信眾人數
多神論	主要	一貫道	1644 年開創（1945 年傳入台灣）	發揚傳統文化	儒、釋、道混合	約 50~100 萬
	次要	慈濟	1966 年開創	顯揚佛法救世利生	佛教	約 6~7 萬**
一神論	主要	長老教會	1865 年傳入	社會關懷	基督教	約 21 萬
	次要	靈糧堂	1943 年（1954 年傳入台灣）	傳承使命、權能宣教、力行《聖經》、邁向榮耀	基督教	約 6 萬

* 資料來源參考各宗教團體網站，信眾人數則為採計各學者專家之估計值。

** 此為委員人數（42,569）加上慈誠人數（24,627）（2012 年慈濟年鑑，2013：630）；若根據會員編號的發予則至四百多萬號，而保持較密切關係的會員則約一～二百萬人。

一、主要研究對象選擇的理由

以一貫道和長老教會做為主要研究對象的理由，有下列六點說明：

（一）密切參與台灣社會的發展過程

長老教會為西方基督宗教參與台灣社會發展具有淵源的指標性教派，其密切程度甚至遠從清朝時期即開始參與台灣的教育、文化、醫療、慈善……等事業，且涉入甚深。因此，與台灣社會的發展及變遷具有相當大的關聯性，並為本土性社團的指標之一。而一貫道則隨台灣光復以後由大陸人士入台開荒，並迅速傳入社會底層各個角落，其雖以儒釋道耶回五道合一的學說做訴求，但實則以發揚中華傳統文化為底蘊，並獲得台灣社會底層很大的迴響。是以，二者同為密切參與了現代台灣社會的發展過程。

（二）具有政教關係衝突的代表性及理論意涵

長老教會長期以來即代表台灣本土精英的融入及培聚之所，為具有相當影響力之舊勢力團體，是以在國府新貴勢力的遷入及衝擊，二者所表示不僅有政教、省籍且具有文化的衝突，[4] 為具有豐富的史料及理論意涵。而一貫道則起初在神祕隱諱的宗教儀式下，雖以中華文化為宣揚重點，但在政治敏感的威權體制下，與長老教會同樣成為國府猜忌的對象，[5] 而備受國府的禁止和取締，二者同為台灣政教衝突的顯著個案。

---

4 譬如長老教會的台語證道、羅馬拼音的台文《聖經》與聖歌、積極涉入政治社會的《信仰告白》等，皆與國府政高於教，及中國文化為主軸的統治政策相違背。

5 一貫道一直到民國 76 年才取得合法地位，據王見川在《台灣的民間宗教與信仰》一書認為，此可能與抗日戰爭時期汪精衛政權的許多高官為一貫道信眾有關。

（三）具有龐大宗教組織的發展規模及運作

一貫道自傳入台灣以來，信眾約有百萬人之眾，僅次於佛教與道教居全台第三位。由於入台初期在沒有獲得合法的地位下，一貫道並沒有整合各組線而是各自發展，至今約略可分十九組線，大型的組線其家庭佛堂都有千堂以上的規模[6]（黃博仁，2005），可謂組織綿密。而長老教會則有二十二個平地中會、五個山地區會、並遍及各個事業及教育文化機構[7]等，組織嚴謹且龐大。二者均有嚴謹的宗教制度及運作，以回應來自政治組織的壓力。

（四）具有宗教發展的代表性

一貫道以五道合一，實則以中國傳統的儒釋道為基礎，而長老教會則為源自西洋的基督宗教，因此二者在對照上不但具有豐富的論述內涵，在時間上更可兼具不同時期切入台灣社會與政治交融、內化的意義，可堪對照研究之用。

（五）具有不同建構神學的基本體系

一貫道和長老教會為不同的神論體系，所以從宇宙論的基本假設到政治圖像的詮釋不同，可以做為相互比較的最佳實例：長老教會為信仰一神論的宇宙觀，在改革宗（Reformed churches）的影響下，其榮耀上帝透過救贖、不依附政權信仰自由、主張自由平等公義的觀念，形成民主共和的教會體制以及對政治社會的積極涉入（Rubinstein, 2001）。一貫道雖號稱五道合一，其信仰的核

---

6 即寶光組、基礎組、興毅組、發一組、天真組、文化組、天祥組、乾一組、金光組、法聖組、慧光組、浩然組、中庸組、安東組、明光組、浦光組、常州組、闡德組、正義輔導委員會，各組佛堂遍及海內外，皆甚具有規模，如興毅組包括海內外就有高達二萬多所的佛堂（黃博仁，2005）。

7 資料參考台灣基督長老教會網站，其規模包括國內知名的醫療院所彰化基督教醫院、馬偕醫院……等，而教育部分包括長榮大學、高中……等，各個社會、文化事業均可見其蹤影，組織可謂龐大。

心「無極老母」卻是多神論的概念及偏屬傳統宗教，由此派生而出的末世論思想、方便修行法門以及結社形態（林本炫，1990），迥然不同於長老教會之實踐方式。為此，本書個案的選擇不以相同教義、不同政治立場做主要比較的準則，譬如同是基督教的靈糧堂和長老教會的比較；而是以不同教義、走向相同政治過程（政教衝突），卻有不同政黨屬性的問題探究，以做為主要比較的基本主軸。

（六）產生不同政教衝突的結果

一貫道和長老教會在歷史上同為台灣二個政教衝突著名的個案，一貫道且曾長期被查禁（1951-1987）；然則一貫道在「敬天地，禮神明，愛國忠事……」的宗旨下卻選擇容忍，認為是一種「官考」、[8] 最後和國民黨和解（林本炫，1990）；而長老教會在「神學本土化」下，堅認台灣主權獨立、和國民黨的衝突日趨激烈（林本炫，1990）。二者雖都是政教衝突的顯著個案，卻有不同的結果產生，足以讓政治學界產生研究的興趣。

為此，從對宇宙論的基本假設、最高主宰的設定、到神學體系的建立、最後派生到「屬世的」基本規範──權力道德體系的完備以及政治圖像的建立，二教派在面對民主政治的發展和意涵上，成為一有趣且鮮明對照的二個個案。

二、次要研究對象選擇的理由

為了進一步理解教義和政治態度及價值之間是否有必然關係，本研究特別

8　所謂「考」即是指各種生活上的不順遂，一貫道信眾認為這些考都是一種歷練，一個虔誠的信眾必須經過各種考驗，才能顯出超人一等的能耐與志節。而考的項目有很多，如「天考」、「魔考」，而「官考」即是指被官府警察壓迫與取締（宋光宇，1983：94）。

選擇二組比較對照之用，以理解特定的神論解釋是否導致特定的政治態度及價值。根據神論解釋和教派運作的相似性，本書以慈濟和靈糧堂做為參照的對象。

（一）具有相同的神論

就慈濟而言，其宗旨雖在濟世救人，但仍遵守一般佛教的規範及信仰，與一貫道同屬多神論的立場，二者在傳統價值的遵守上有頗多類似之處；而靈糧堂則與長老教會同屬基督教宗派之一，為一神論的立場，同樣遵守基督宗教的價值規範。因此，從相同神論的比較，可以理解特定神論是否會導出特定的政治態度及價值。

（二）具有類似的教派運作

慈濟的組織雖然較一貫道具有企業性及中心性，但就其由上而下的運作方式及信眾的志願性參與，二者仍有幾分相似；相對地，靈糧堂和長老教會則同屬基督教會。因此，就信仰的實踐方式而言，二組比較可以印證教派運作對政治態度及價值的影響。

（三）具有對照政教關係的意義及作用

長老教會和一貫道同為政教衝突激烈的個案；相反的，慈濟在不參與政治活動的準則下，與政府的關係可說是異常平順，而靈糧堂則為大陸人士來台開創之教派，二者與政府的關係可說是相當平和，與長老教會和一貫道形成強烈對比。因此，二組比較可以做為對照政教關係的理論意涵。

總之，從相同神論的比較，可以更進一步印證及釐清宗教信仰和政治態度、價值之間的關係。若是有必然性，則同樣的信仰必然導出相同的政治屬性，否則必須重新解釋宗教與政治偏好之間諸多的問題。

第二節　研究架構與方法

根據文獻檢閱及理論研究，研究架構如下圖所示：

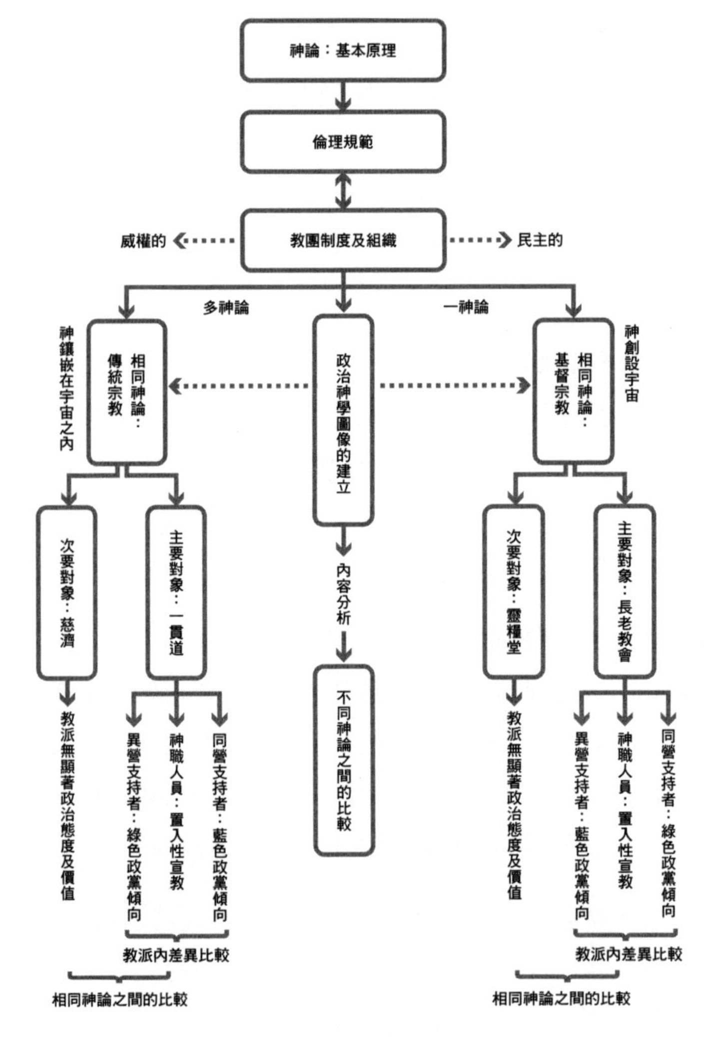

圖 3-2　研究架構圖

資料來源：本研究。

此架構分為三個部分研究：不同神論之間的比較、相同神論之間的比較、以及教派內的差異比較。

一、不同神論之間的比較

此一子架構主要是理解不同神論教派之間對政治態度及價值的總體差異。根據圖 2-2 的實踐網絡，教派由神論的基本原理產生倫理原則，再由倫理原則產生教派的制度規範及運作，最後產生對外界的政治圖像，包括民主價值、對體制的觀點、甚至政黨、兩岸關係的立場等，亦即形成一種落實對神信仰的實踐原則及方式。更進一步，此種觀點、立場會做為評價外界政治社會環境的依據，甚至想極大化教派的影響力；相對的，外界政治社會環境的變化，包括政黨、選舉等重要事件，也會反過來影響教團制度及組織的反思，甚至影響教派對倫理規範的思慮邏輯。因此，探討教派與政黨、選舉、及政治社會體制的互動，亦為本架構重要的一環。此架構如圖 3-3 說明。

於此有三點特別說明：其一，既然二教派的神論解釋不一樣的話，那麼其寓示的政治行動邏輯也就不一樣，因此根據各教派經典文獻，此架構只在做理論的分類，而非優劣的比較。其二，本架構依據理論文獻只在呈現二教派的政治神學實踐網絡的次序，而非在建立一個因果關係模型。其三，因本書旨在討論二教派的政治屬性及政黨偏好，而非關於此的其他公共政策，如扶貧、幫助弱勢、反毒、……等，因其做為一個宗教團體大都是一致的，在文本中被提及的比例也不高，於此本書也就不列入討論。

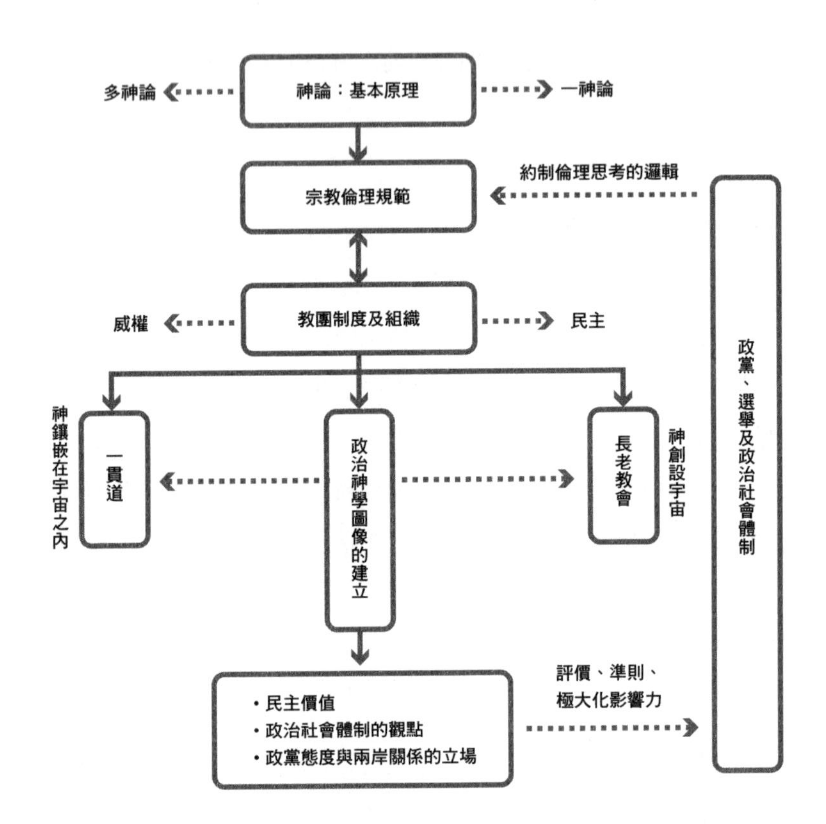

圖 3-3　研究子架構（一）：不同神論之間的比較

資料來源：本研究。

另外，關於教派的政治圖像研究，本書以教派在關鍵時點對外界所發表的聲明、宣言、建議等，做為內容分析的文本，以理解一貫道和長老教會之間的差異。一方面，由於國內缺乏對個別教派長期的實證資料；再者，二教派都有統一的總會存在，可視為各教派的立場與觀點。因此，以內容分析法做為研究本架構的方法，應是目前所能運用的最合適方法。

二、相同神論之間的比較

此一子架構為在探究相同神論是否會得出相同的政治態度及價值，亦即同時比較多神論的一貫道與慈濟、一神論的長老教會與靈糧堂，以理解二組比較之間神論與政治偏好的關係。假設慈濟與一貫道有同樣的政治偏好，而靈糧堂又與長老教會有相同的政治態度與價值，則表示特定神論必然趨向特定政治態度及價值，否則說明教派的政治態度及價值之形成有其自身因素，亦有外界政治環境的影響。為此，本架構首先根據神論區分一神論與多神論兩組，並在選定參照的對象之後開始進行比較，最後經由問卷調查與深度訪談以確定二組比較是否一樣。

原本一個最理想的比較方式為比照長老教會及一貫道的研究方法，亦即對慈濟與靈糧堂同時進行問卷調查、內容分析、以及深度訪談、甚至參與觀察。然而受限於教派的運作方式、以及教派與政治的互動關係，慈濟和靈糧堂與政治的互動程度本就不如一貫道與長老教會，不但無法找到足以代表該教派的宣言可以做為內容分析的對象，教派對政治態度及價值亦無持特定偏向。因此，內容分析方法的運用在此並不具意義。

是以，只能以結構式問卷測量，進行相同神論之間的政治態度及價值的趨勢比較；其次，再針對參照教派某些積極成員進行深度訪談，以理解他們對神論與教義的認知是否與主要研究對象不同。此架構如下圖所示：

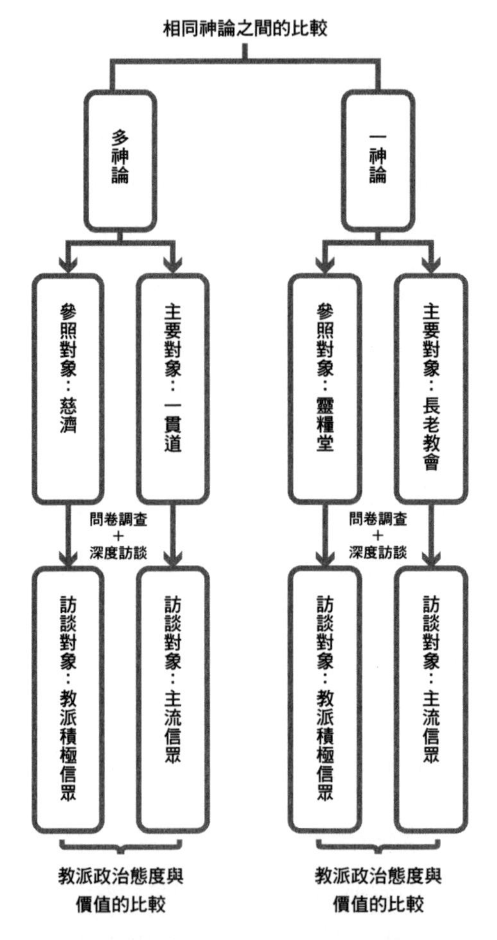

圖 3-4　研究子架構（二）：相同神論之間的比較

資料來源：本研究。

其中參照對象所訪談的信眾為該教派較積極的成員，比如神職人員或核心幹部，甚至改宗的信眾等，而主要對象的訪談則為該教派的主流信眾，包括神職人員以及同營支持者。

三、教派內的差異比較

因應民主化的發展，教派必然遭受公民意識的挑戰。所謂挑戰，並不必然代表信眾對教義的懷疑，而是教團對控制信眾力度的減弱，尤其是教團融入某種特定政治意識形態的「置入性宣教」方式，會導致某些特定信眾的不滿或排斥。其可能有自己的政治態度、立場、或者特定的政黨偏好，如此會產生與教派政治屬性不同的信眾出現，此即是異營支持者，亦即是與教派主流的政治態度及價值持相反立場的信眾。如此，在一個教派之內除了神職人員之外，按照其政治屬性可將其信眾分類為：同營支持者以及異營支持者，前者與教派的政治屬性一致，後者則持相反立場。此架構如下圖說明：

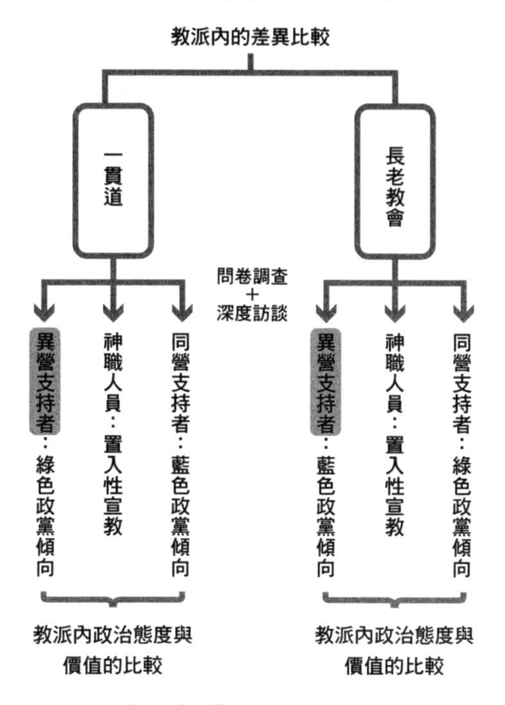

圖 3-5　研究子架構（三）：教派內差異比較

資料來源：本研究。

根據上圖，本研究首先經由問卷調查的方式，篩選出信眾的政治態度分類：同營支持者以及異營支持者，經由此方法確定及接觸研究對象。其次，經由深度訪談及參與觀察的方式，並在加入神職人員的情況下，理解此三種身分之政治態度及價值，最後比較此三種身分的差異及影響。其中，此架構將特別關注異營支持者原來的政治屬性及處境，以瞭解公民意識對宗教意識的衝擊。

綜合上述所運用的研究方法，本書首先運用內容分析法理解一貫道和長老教會在長期的政治觀點及差異，並透過這種分析瞭解二教派與政治社會互動的情形、其所受的約制及其對外界的評價等。其次，透過結構式問卷，篩選出研究對象，確定並接觸被研究者，透過同樣的問卷及深度訪談進行相同神論的比較，以理解相同神論是否有相同的政治態度及價值之趨勢。最後，透過深度訪談與參與觀察，以深入瞭解教派內同營支持者、異營支持者以及神職人員的政治態度及價值，尤其是異營支持者的形成原因、處境及影響，並透過此種取得資料，以理解教派在現代傳教競爭行為下，是否會造成其政治態度及價值的改變。

第三節　研究方法

政教研究的難題在於如何找到問題的癥結及解釋問題的方法，因此當問題的發展走到哪裡、適合的方法就解釋到哪裡為本研究的必然做法。

一、內容分析與文本

關於宗教的政治立場，方法上可以選擇抽樣調查或內容分析。抽樣調查雖然是社會科學普遍使用的方法，但在探究宗教的政治立場上並不是最適當的方法。[9]不論是教派領袖或是牧師、點傳師等，當被詢問例如是否支持國民黨或民進黨，又或是否支持台灣獨立等敏感問題時，應該都會選擇隱藏立場。換言之，當宗教被認為不應該牽扯政治時，宗教人物必然政治正確地回答沒有任何立場。內容分析不是萬靈丹，但當研究對象的答案不一定可信時，採取非介入式方式比較可能發現教派的真正立場。其次，在缺少對於宗教領袖及信眾訪談資料的情況下，以內容分析法來研究長老教會及一貫道長期的政治立場、與政治環境的互動，應該是相當適切的回溯性研究方法。最後，二教派經過長期的制度改革與融合之後，都已有統一的總會存在，在性質上對內、對外均能代表各教派，總會的發言可視為各教派總體的立場與觀點。因此，本書選擇以內容分析法來研究長老教會及一貫道長期的政治立場以及與政治環境的互動過程。

對於各教派政治觀點的演變，除了原初神學經典的建構之外，教派組織儀式結構的變遷、教派領導人與同營支持者的政治態度變化，更是扮演一個關鍵性的角色。因此，在考量教派詮釋環境的差異、時間序列的變化下，對於各教派政治圖像的探究，當以各教派對關鍵時刻所發表的重要談話最具代表性。所謂關鍵時刻指的是各教派在與外界環境互動所產生的轉折點，或具有重大意義、影響及期許的歷史點。此在一貫道而言即為慈語嘉言，包括：老前人慈語 3 篇、前人慈語 6 篇、理事長嘉言 51 篇；[10]而在長老教會方面即為重要文獻 114 篇，[11]包括建言、呼籲、聲明等。除此之外，這些文本反映的是二教派總會對外的整

9 另外，由於國內缺乏對個別教派長期的實證資料、或者籠統概括，無法真正反映教派的政治態度及價值。以 TEDS2008 總統大選的問卷為例：「S6b 請問您的宗教信仰是什麼？ 01. 沒有 02. 佛教 03. 道教 04. 天主教 05. 基督教 06. 回教 07. 一貫道 90. 其他 98. 不知道 95. 拒答。」其中，以基督教涵蓋所有的派別，包括新約教會、真耶穌教會、基督復臨安息日會、長老教會、靈糧堂、神召會、門諾會……等數十個教派，信眾人數總計 400,852 人（2012 年），雖說長老教會信眾超過一半，但仍不表示二者等同，何況其中有無政治立場與觀點的差距亦頗大。

10 資料參照中華民國一貫道總會 http://www.ikuantao.org.tw/modules/articles/，引用日期 2012 年 7 月 28 日。

11 資料參照台灣基督長老教會首頁 http://www.pct.org.tw/，引用日期 2012 年 7 月 28 日。

體觀點，而非某一分支單位，因此具有總體性、指標性與代表性。它們表達的是對教派本身、外界政治環境，一種基於政治神學圖像所亟欲建立的倫理社會秩序。因此，透過這些重要談話的內容分析，一方面除了能理解各教派的政治圖像建構及實踐網絡之外；另一方面更能理解在時間的序列中，各教派的政治觀點以及和台灣民主化的互動過程。

限於一貫道遭到長期查禁且組織龐雜，其慈語嘉言遲至總會成立之後，始有一致的對外宣言，因此句子分析的時期較短，時間從 2006 年至 2012 年。但仔細審其內容，其宣言包括教義的闡述、教派的歷史發展、傳教的過程、對政治倫理秩序的建構、與政治社會互動的觀點……等，其內容涵蓋了一貫道來台開荒至今的過程，足以呈現一貫道長期的神學觀點；另一方面，七年的時間序列資料縱然有所不足，但對於 2000 年之後的短期變化仍提供了具有參考價值的資訊。在長老教會方面，因無被查禁的問題，其陳述時期從 1971 年至 2012 年。

二、問卷調查與調查對象

在考量相關研究條件及個案選擇的理論下，本研究所要調查的對象以具有鄰近性的教派做為比較的基準，以減少因地域因素所造成的調查結果差異。亦即為了避免所謂「北藍南綠」的地域差異，本書所選擇的四個教派都是彰化地區的教派，即彰化市的長老教會彰化中會蘭大衛紀念教會、彰化主恩靈糧堂，以及鹿港的一貫道發一崇德正宇佛堂、慈濟彰化分會崙尾環保教育站。[12] 如此

12 由於長老教會及一貫道政治態度及價值的測量，因有教派總體性的文本以內容分析的方式做為支撐，因此具有全面性的意義；相反的，在慈濟及靈糧堂的測量因只有兩教派轄下單一分支單位的測量，在此樣本數的限制下可以視為一種初步資料。但本書另以深度訪談的方式去補足此種初步資料的限制，以達到兩組教派政治態度與價值的差異比較。

選擇，雖然可能造成放棄相關研究條件更好的教派，[13]但在信眾來源都是同一環境的條件下，如此安排比較當為最好的選擇。

（一）長老教會

長老教會彰化中會蘭大衛紀念教會成立於1965年6月，為紀念彰化基督教醫院的創設者蘭大衛一生在彰化地區的醫療傳道貢獻而設，為福音來台百週年推行P.K.U[14]運動所開設的最後一間教會。在歷經六位牧師的耕耘下，目前信眾人數於2010年的統計[15]計有534人，[16]為一間大型且組織嚴密健全的教會，有公平、公正及公開的遴選制度，而這樣的一個制度不僅為一般教友所稱讚，亦為異營支持者所欣賞。在以往，讀經、講道的使用語言僅為台語文（尤其是羅馬拼音台文），但在2009年3月新增華語團契（使用國語文），故而在週禮拜日方面分成兩班：其中台語班人數為260人、華語班人數為36人（2010年資料）。

（二）一貫道

一貫道正宇佛堂為發一崇德組線下正和佛堂[17]所轄的一個公共佛堂，目前

---

13 比如與一貫道做比較，同樣信仰佛、道融合的法輪功比單一信仰佛教的慈濟為更好的選擇。

14 全名為「福音來台百週年紀念教會倍加運動」，為1954年長老教會高雄中會有感於福音未能遍及全台，乃提出「全台歸主」的傳道方案，同年第十三屆的南部大會一致表決通過，建議全教會應把握時機，傾全力傳道設教，以期教會、信徒數之倍加，做為十年後設教百週年紀念大典的奉獻禮物，期間議定十年間以壹仟萬元為奉獻目標，做為此運動之經費，並以「P.K.U」（Poe Ka Un-tong，羅馬拼音台文）為該運動之簡稱。（參見台灣基督教長老教會網站 http://www.laijohn.com/PCT/PKU/brief/Tin,GUn.htm，倍加運動一文）

15 由蘭大衛紀念教會魏牧師提供。

16 包含陪餐會員295人、未陪餐會員157人、不在會員37人、以及慕道友45人。

17 正和佛堂成立於1978年台中縣烏日鄉，在國內外有23處公共佛堂、83處家庭佛堂、13處伙食團、點傳師7位、講師140位，道親約4萬人，以「團結和諧踏實修辦、修道真誠涵養自性、辦道盡心救渡眾生、儒風化人重視倫常」為辦道特色，詳見正和佛堂首頁，網址：http://www.cd.org.tw/peace/，引用日期2010年10月31日。

有點傳師 1 人、講師 14 人、壇主 50 人、道親比較常出席的約有 150 幾人，現址成立於 2008 年。[18] 不同於台灣長老教會牧師、長老、執事的遴選制度，一貫道的點傳師、講師等各職務都必須在道中浸濡甚久（譬如講師一般約需要 7~8 年以上的修道資歷）、且必須有貢獻及德行之人，為上面主管提拔方能擔任，故較長老教會有更嚴格的上下線直屬關係，而壇主為佛堂出資之人即可擔任，是以較一般道親更為熱衷佛堂事務。

（三）靈糧堂

彰化主恩靈糧堂於 1990 年 3 月設立開堂禮拜，1994 年轉型為細胞小組教會，成立有 8 個小組，1995 年整編為 12 個小組，2009 年成立執事會。[19] 目前有 3 個牧區（耀動、大衛、家庭）、2 個團契（長春、愛的夢想家），聚會人數 467 人（2014 年 2 月 9 日統計）、9 位牧師。[20] 週日崇拜主要為國語班，亦提供台語班，而在 2001 年為顧及外傭的崇拜開始有印尼語班。

（四）慈濟

慈濟彰化分會崙尾環保教育站成立於 2002 年，至今有 12 年歷史，其成員包括委員 30 位、慈誠 23 位、其他社區志工約 20 多位。環保站成立的目的除了推廣社區環保的提倡之外，還包括成立讀書會、每週拜經（主要是《法華經》及《無量義經》）、每日早晨參與證嚴法師的視訊講經。另外，環保站的工作還包括一些勤務的執行，例如交通志工、福田（醫院）志工、教育志工……。[21] 因此，從環保站的運作而言，其完全是在落實慈濟「人間佛教」的實踐。

18　由正宇佛堂黃講師提供。

19　資料參照彰化主恩靈糧堂網站，引用日期 2014 年 2 月 23 日。

20　由彰化主恩靈糧堂黃牧師提供。

21　由慈濟彰化分會崙尾環保教育站粘委員提供。

三、深度訪談與訪談大綱

此種研究方法的運用主要是企圖透過詮釋主義與質性研究的親近性，去展現宗教與政治世界連結的真實面貌，亦即經由深度訪談及參與觀察，去理解信眾、神職人員、尤其是異營支持者在宗教信仰與政治理念的衝突之間，如何去建構他們對政治態度、價值、情感、甚至政黨偏好的意義，透過他們真實的感受、對生活與經驗的陳述，以獲得有意義的理論建構，而不只是可觀察與外在的行為描述而已（Berg, 2007）。

經過第一階段的問卷調查篩選出異營支持者，並輔以滾雪球抽樣（snowball sampling）的方式[22]找出各類訪談的對象。總計分四類：主要研究對象的異營支持者、同營支持者、神職人員以及次要研究對象的信眾。

本書深度訪談的設計以半結構式（The semistandardized interview）為依據，最主要優點是半結構式可以利用較寬廣的研究問題做為訪談的依據及導引，雖然具有訪談表或訪談指引做為訪談的架構，但不若結構式的制式、亦不若非結構式的鬆散，可以視訪談情境隨時增加問題，以使訪談內容更具關聯性及流暢性（Berg, 2007）。訪談大綱分為宗教經驗與自我價值、宗教及政治態度的轉變與因素、與教友（道親）的政治互動與影響三部分，詳細大綱請參見附錄三。

其中異營支持者訪談的主要面向包括：異營支持者對教派的認知；政治理念和宗教信仰衝突對異營支持者產生的影響；異營支持者與教派、同營支持者的關係；最後為政治屬性的差距以及此種差距對教派與政治發展的影響。而同

---

22 最主要的原因是，第一階段的篩選可能因為同營支持者的壓力或拒答，無從探知是否為異營支持者。輔以滾雪球抽樣方式，由異營支持者介紹異營支持者，則較容易找出特定對象。當然，各教派的狀況並不完全一樣，詳情說明見第五章第一節之受訪者背景及相關訪談進程。

營支持者及神職人員的訪談則著重在教義對受訪談者政治屬性的關聯，和對異營支持者的關係討論。最後一類次要研究對象的信眾訪談，則著重在為何相同的神論卻沒有相同的政治屬性分析。

資料分析的部分會參酌參與觀察所得到的意義，包括宗教儀式的進行、宗教場域空間的設置、宗教符號的意義、信眾的互動、研究進行過程當中所得到的回應方式等，據此輔助問卷調查與深度訪談所得到的深度意義。

第四章　藍綠教派的形成：政治傾向的差異及其變遷[1]

阮信，上帝使人有尊嚴、才能，以及鄉土，來有份於祂的創造，負責任和祂相與管理世界。對如此，人有社會、政治及經濟的制度，也有文藝、科學，復有追求真神的心。總是人有罪，誤用這些恩賜，破壞人、萬物、與上帝的關係。所以，人著倚靠耶穌基督的救恩。祂要使人對罪惡中得著釋放，使受壓制的得著自由、平等，在基督成做新創造的人，使世界成做祂的國，充滿公義、平安與歡喜。

（台灣長老教會、台語《信仰告白》節錄）

敬天地，禮神明，愛國忠事，敦敬崇禮，孝父母，重師尊，信朋友，和鄉鄰，改惡向善，講明五倫八德，闡發五教聖人之奧旨，恪遵四維綱常之古禮，洗心滌慮，借假修真，恢復本性之自然，啟發良知良能之至善，已立立人，己達達人，挽世界為清平，化人心為良賢，冀世界為大同。

（《一貫道宗旨》）

教派──做為一個宗教組織，在現代民主政治的主觀期望上或許被認為應超然於政治的活動之外，尤其是政黨政治，教派往往被期許為中立或沒有任何政

1　本章大部分內容已於 2015 年 12 月發表於《台灣民主季刊》第 12 卷第 4 期《長老教會與一貫道政治觀的形成與變遷》一文。

治偏向、政黨偏好的超然組織。然而實際考察世界各國的宗教組織，教派不僅持有特定的意識形態，在政黨的偏好上也有特定的偏向，甚者以宗教政黨的名義直接涉入政治。本書根據文獻討論，按照宗教涉入政治程度的不同，大致可將宗教與政黨的這種關係分為三類：

一是因有相同的價值理念，而支持特定的政治活動或政黨：此並不是偏向某種政治屬性或政黨偏好，而是在某種時間點上因價值的相同而與某種特定的政治活動或政黨結合，如教派因反墮胎、反賭而支持的保守派政黨，此種結合在事件告一段落之後就結束。譬如靈糧堂反對多元成家、一些佛教團體反對設立賭場，而與某些小黨結合行動即是。

二是因教派的宗教意識有極強的政治理念，隱含的政治態度及價值與具有相同偏好的政黨形成一種政治立場結合的關係，為具有長期與穩定的關係，因此形成一種特定的政治偏向與政黨偏好；但因此種教派的政治活動能力不足、欠缺、或者缺乏主觀意願，故無法形成宗教政黨。為此，此種在政治態度與價值上已完全形成某種偏好的教派，可視為具有某種政治屬性或政黨屬性的宗教組織，如美國的新教徒偏向共和黨、猶太教偏向民主黨。[2]

三是教派的宗教意識不僅有極強的政治理念，更具有極強的政治活動能力，他們輕者以政黨的形式存在對國家社會起影響作用，如法國的民主運動黨、德國及北歐國家的基督民主黨等（Steven, 2011: 2-5），他們雖然無法達到執政的目的，但卻可能達到制衡的作用；而重者卻可能以國教的方式存在，直接干預或指導國家社會的政治運作，如穆斯林國家的宗教政黨。

2　資料參考 Pew Research Center，參考日期：2015 年 1 月 21 日。

面對歐美國家宗教政黨行之有年，台灣──往往被認為是一個政教關係全然分離的國家，或者宗教組織和政治活動之間甚少有關聯的地區，頂多是屬於第一類程度的政教關係。為此，本章將以「內容分析法」探討長老教會和一貫道的文本，理解此二教派是否具有政治偏好？其偏好為何？更進一步的，本章將從二教派的形上觀點，直接剖析政治觀點差異的源頭是否有其先天約制？二教派如何建構政治認知的邏輯？有何差異？最後說明二教派的政治偏好及屬性對台灣當代的政治發展有何影響？二者的政治態度與價值在過去有何轉變？最後，本章的目的在於指出：台灣的教派並不全部超然於政治之外，他們有些不僅有很強的政治理念，有些更具備政治活動的能力，雖然還達不到第三類程度的宗教政黨，但絕對是第二類宗教組織中的一個典型。對此，台灣政教關係全然分離的傳統印象應該被拋棄。

第一節　研究方法

本書關注的焦點為各教派的神論解釋如何形塑其政治態度與價值，亦即其形上的宇宙論預設如何落實到形下的政治神學圖像建立，以建立休戚與共的上帝之國與政治社會的調和。因此，內容分析根據圖 3-3 不同神論之間的比較，依序建構其類目。

一、內容分析之編碼架構

本書類目建構的原則有二：一是教派政治圖像實踐網絡的建構過程；二是教派企圖傳達給外界的訊息及重要議題為何。為此，在某種程度上綜合了方向、特性、與價值類目建構的方式，依其政治圖像的實踐網絡架構，從形上的神論解釋、中層的倫理原則、具體化到形下的政黨態度與兩岸關係，本書將其分為六大領域、38 個類目。[3]

領域一神論解釋——為表達神的價值、作用、性質以及與人類社會的調和關係，為根據圖 2-1 信眾對教義的感受、相關文獻資料參考、內容分析文本的大致趨勢而來。領域二倫理原則——為依據 Tom L. Beauchamp 及 James F. Childress 所提出的生命倫理學體系的四個共同道德原則做為分類的依據，此即是他們認為道德原則的最基本分類方式。[4] 領域三為教權組織——包括教內與教外之間的關係分類，為根據教派組織的運作方式而來。領域四民主價值——為依據 Juan J. Linz 及 Alfred Stepan 對民主政體認知的五種權力關係分類。[5] 領域五為政治社會體制——包括教派與政府體制之間的互動與認知分類。領域六為政黨態度與兩岸關係——包括教派與藍綠政黨的互動及兩岸關係、統獨位置等的分類。分類方式如表 4-1 所示：

---

3 編碼的類別有正面就要有相對應的負面，有積極就要有消極，比如神觀對人世的評價、教派對政治社會體制的評價、與政府及政黨的互動關係……等。同一教派會不會同時出現例如對於政府正面和負面的看法是經驗現象，編碼類目要容許這種可能性。但在某些類目，出現負面的可能性不高，且實際編碼也發現並未同時出現兩種互斥的資料，比如 105 神對價值規則的作用、501 教派對政治社會遠景的勾勒……等，在這些類目中教派都呈現出較正面的態度。編碼架構一方面要完整，但一方面又要盡可能簡化以避免在編碼過程中犯錯以及便利結果的解讀，因此將理論上較不重要或出現比例極低的類別刪去。而在僅有正面或積極性的狀況下，偶爾出現的負面或消極性語句會編成無法編碼 (uncodable)，而非併入正面或積極性。

4 分類方式及理論請參考 Beauchamp 和 Childress 合著之《Principles of Biomedical Ethics》（1994）一書。

5 分類理論請參考 Linz 和 Stepan 合箸之《Problems of Democratic Transition and Consolidation: Southern Europe, South America, and Post-Communist Europe》（1996）一書。

表 4-1　教派政治圖像實踐網絡類目建構表

領域一：神論解釋		402	公民自主的觀念
101	神論對人世社會的評價：正面	403	人民自由的觀念
102	神論對人世社會的評價：負面	404	政治多元的觀念
103	神論與人世社會的對應關係：緊密性	405	互相制衡的觀念
104	人對神的價值實現：積極性	領域五：政治社會體制	
105	神對價值規則的作用：積極性	501	教派對政治社會遠景的勾勒：積極性
106	神對人世社會的性質：撫慰性	502	教派對政治社會的關注與互動：積極性
107	神對人世社會的性質：懲罰性	503	教派對政治社會體制的評價：正面
領域二：倫理原則		504	教派對政治社會體制的評價：負面
201	自律自主原則	505	教派對民主體制的期待與肯定：積極性
202	不傷害原則	506	教派與政府的互動關係：正面
203	慈善原則	507	教派與政府的互動關係：負面
204	公義原則	領域六：政黨態度與兩岸關係	
領域三：教權組織		601	教派與藍色政黨的互動關係：正面
301	強調教派的團結、和諧與一致	602	教派與藍色政黨的互動關係：負面
302	尊重個別信眾的自由與行為	603	教派與綠色政黨的互動關係：正面
303	強調教派領導人的作用：積極性	604	教派與綠色政黨的互動關係：負面
304	注重教權組織與信眾的對等關係	605	教派對兩岸關係的發展：正面
305	民主教權的組織行為	606	教派對兩岸關係的發展：負面
306	與其他教派的交流：開放性	607	教派對台灣獨立的主張
307	積極傳教的行為	608	教派對兩岸統一的主張
領域四：民主價值			
401	人人平等的觀念	000	無法編制

資料來源：本研究。

部分類目說明如下：

101、102 為表達神論對人世社會的總體評論；

103 為表達教派對神論的解釋與落實人世社會的契合與發展程度；

104 為表達信眾對神論終極價值的自我實現程度，包括個人的自我修持、訓練。

105 為表達神論對人世社會價值規則運作所扮演的功能；

106 為表達神論對人世社會所帶來美好、撫慰等一切正面性質；107 為負面性質。

201 為表達個體出於自律自主的主觀意志，視自己為一道德上的主體，也願意視他人為一道德上的主體；

202 為表達道德上的一種強制性義務，亦即對他人（物）不應造成任何的傷害，以防止罪惡、促進善行；

203 為表達道德上的一種理想性行為，亦即對他人（物）慈善的表現，而這種良善行為的實踐，因為超過一般人對道德實踐的義務，所以需要行為主體一定程度的犧牲與奉獻；

204 為表達道德上的普遍性、公平性與無私性，亦即每一個行為主體都被公平對待且具有參與決定的權利。

303 包括實質上與精神上領導人物的強調，如教派具有重要職位的神職人員，或者教義所指涉具有實際人格的崇拜對象。

305 為表達教派的領導職務、組織與決策具有公平、公正、公開的制度行為。

501 為表達教派對政治社會未來遠景的描述與期許。

502 為教派對政治、社會所有一切外在事件的關注與互動，包括人類行為的變遷、統計、強調等。

503 指教派對政治、社會組織運作制度具有正面的態度與觀點；相反的，504 為具有負面的態度與觀點。

505 為表達教派對民主政治體制的實施與評價具有極為正面的行為。

506 指教派與中央政府與地方政府之間的互動為具有正面的關係，包括增進彼此的瞭解與良性的互動。相反的，507 為負面的關係。

601 指教派與泛藍政黨（主要是以國民黨為主）之間的互動關係，為具有正面的意義；相反的，602 為具有負面意義。

603 指教派與泛綠政黨（主要是以民進黨為主）之間的互動關係，為具有正面的意義；相反的，604 為具有負面意義。

605 指教派對兩岸之間的互動關係及未來的發展，為具有一個肯定的態度；相反的，606 為具有一個否定的態度。

607 為表達教派對台灣獨立的期待與希望。

608 為表達兩岸統一的期待與希望。

當然，這樣的類目分類方式仍可能不完整或者理論不足；但就做為一個嘗試新的政教關係研究方法，本書已盡量按照現有理論與類目分類原則編纂架構。

二、內容分析之編碼單位

本書的編碼單位以準句子（quasi-sentences）做為編碼單元，以呈現單一的陳述或資訊。其原則有三（詳細說明請參考附錄一）：

（一）以「，。」為依據

如例句「然而，湧至眼前的是四十年分裂所產生的問題。」（長老教會《台德教會協議會公報》，1995）。

（二）以「、、，」為依據

如例句「台灣人應不分族群、宗教、性別、職業，一律平等，」（長老教會《台灣基督長老教會於大選前夕對台灣全體選民的呼籲文》，1994）。

（三）以「主詞＋動詞」為依據

如例句「各國政府均表關懷與祝福之意，」（一貫道《印華之光》，2010）。

如此，共得 10,644 有意義且完整的陳述句，其中一貫道為 6,335 句，長老教會為 4,309 句。總計可以編碼的句子有 10,453 句，比例為 98.21%，無法編碼的句子有 191 句，比例為 1.79%。

三、信度檢驗

由於宗教文件的編碼有一定的難度，加上文本來自基督教與一貫道兩種截然不同的宗教，合格編碼人員的門檻相當高，較為可行的信度檢驗為編碼的穩定度（stability），亦及根據單一編碼人員兩次編碼的一致性，做為檢驗本研究資料的依據。[6] 於此，本研究進行單一編碼人員兩次編碼，時間間隔超過半年以去除編碼的記憶效果（分別為 2012 年 9 月及 2013 年 5 月），並依據以下兩公式分別計算相互同意度與複合信度（composite reliability, CR）：

$$\text{相互同意度 } R=\frac{2M}{N1+N2}$$

M 是兩次編碼結果相同的次數，N1 是第一次編碼的次數，N2 是第二次編碼的次數，故其相互同意度為 $\frac{2\times 8679}{10644+10644}=0.82$ 。

$$\text{複合信度 } CR=\frac{N\text{（平均相互同意度）}}{1+\{(N-1)\times\text{（平均相互同意度）}}$$

N 為編碼人員或單一編碼人員的編碼次數，故其複合信度為，

$\frac{2\times 0.82}{1+\{(2-1)\times 0.82\}}=0.90$ 達到一般建議的 0.9 門檻（Wimmer & Dominick, 1994）。[7]

第二節　政治神學圖像的建構：上帝之國（彌勒家園）與政治社會的調和

做為台灣的教派之一，長老教會與一貫道是否涉入當代政治、或者涉入程度的不同，往往是政教關係學者爭辯的議題。一般的學者認為頂多是將二者歸

6 當然，二次編碼由不同人員編碼會比較好，但在理由如上所述，缺乏合格編碼人員的情況下，單一編碼人員兩次編碼成為本書唯一可行的方法。

7 一般來説，信度達 0.8 以上即可視為高信度，本研究則採用 Wimmer 及 Dominick 的觀點，以 0.9 為一個研究的基本需求。

類於第一類程度的教派，其政治偏向與政黨偏好並不具有長期與穩定的關係；然而在本節中將證明二者不僅有很大程度的關聯，而且具有很強的政治偏好，這種偏好不僅與其先天的約制有極大的邏輯關係，甚且建構極大不同的政治認知與政黨偏好。為此，在本節中將首先證明二者與政治的關聯，接著指出二者的分別及偏向，最後試圖說明二教派政治建構的邏輯及差異。

一、長老教會與一貫道對於現實政治的關注

教派應不應該談論政治或涉入政治事務屬於每個人各有不同期待的規範性議題，以下根據內容分析的結果檢視教派是否談論政治的經驗性事實。長老教會與一貫道的文本在逐句編碼後，分別計算每個領域與類別的百分比。如果宗教不涉入凡人政治，則文本的內容應該只會觸及「神論解釋」、「倫理原則」、「教權組織」三個領域，「民主價值」、「政治社會體制」、「政黨態度與兩岸關係」三個領域的百分比應該為零。結果如下表所示：

表 4-2　教派神學政治圖像建構百分比

		無法編碼（註）	神論解釋	倫理原則	教權組織	民主價值	政治社會	政黨兩岸	Total
一貫道	次數	168	2603	214	2042	44	1028	236	6335
	%	2.65	41.09	3.38	32.23	0.69	16.23	3.73	100
長老教會	次數	23	768	225	506	170	2076	541	4309
	%	0.53	17.82	5.22	11.74	3.95	48.18	12.56	100
Total	次數	191	3371	439	2548	214	3104	777	10644
	%	1.79	31.67	4.12	23.94	2.01	29.16	7.30	100

註解：「無法編碼」包括無意義語句，以及雖然有意義但不屬於編碼架構中的任何類別。
資料來源：本研究。

長老教會與一貫道兩教派在六個領域的百分比如表 4-2 所示，其中清楚呈現教派在調和上帝之國（彌勒家園）和政治社會上，有其積極主動的態度。對於「政治社會體制」的關注，一貫道佔 16.23%，長老教會高達 48.18%；而在「政黨態度與兩岸關係」方面，一貫道雖僅3.73%，但長老教會仍有12.56%。連同「民主價值」三個領域合計，一貫道超過兩成，長老教會更是超過六成，結果顯示教派不僅談論政治，而且相當重視政治現況。

二、教派神學政治社會圖像概略

表 4-2 呈現兩個教派在六大領域的分布有所差異，長老教會與一貫道偏重的類目也並不一致。一貫道有幾個特點：「104 人對神的價值實現：積極性」（19.32%）、「105 神對價值規則的作用：積極性」（10.04%）、「303 強調教派領導人的作用：積極性」（10.54%）、「307 積極傳教的行為」（13.84%）、以及「502 教派對政治社會的關注與互動：積極性」（9.72%），其比例均超過 9%，尤其是「104 人對神的價值實現：積極性」高達 19.32%。此特性著重在神與人的對應關係、以及如何實踐彌勒家園的人間化。

相對的，在「101 神論對人世社會的評價：正面」（0.35%）、「107 神對人世社會的性質：懲罰性」（0.21%）、「204 公義原則」（0.13%）、「302 尊重個別信眾的自由與行為」（0.00%）、「304 注重教權組織與信眾的對等關係」（0.03%）、「305 民主教權的組織行為」（0.30%）、「領域四：民主價值」、「504 教派對政治社會體制的評價：負面」（0.24%）、「505 教派對民主體制的期待與肯定：積極性」（0.25%）、與藍綠政黨的互動、以及教派對台灣獨立與統一的主張，其比例均不超過 0.4%。顯示一貫道在彌勒家園人間化的過程中並不強調信眾個別的作用，且在融入社會體制之後有其特定的價值取向，以維持教派的生存與發展。值得注意的是，雖然在「601 教派與藍色政黨的互動關係：正面」只有 0.11%，但相對於其與「603 教派與綠色政黨的互動關係：正面」的 0.02%，以及長老教會與藍色政黨的零正向互動，顯示出一貫道與藍色政黨的正向關係相對明顯。

另外在長老教會方面，特別偏重「502 教派對政治社會關注與互動：積極性」，高達 29.57%；其次為「104 人對神的價值實現：積極性」佔 6.01%、「504 教派對政治社會體制的評價：負面」佔 8.31%、「505 教派對民主體制的期待與肯定：積極性」佔 4.76%、以及「607 教派對台灣獨立的主張」佔 6.47%。

在落實上帝之國與政治社會的調和上，長老教會有比一貫道更積極的行動基礎以及理論信仰的誘因；但這亦促使長老教會在特定價值偏向的政治態度與觀點上，更堅實、更積極、亦更強烈。相對的，在「107 神對人世社會的性質：懲罰性」、「601 教派與藍色政黨的互動關係：正面」、「605 教派對兩岸關係的發展：正面」、「608 教派對兩岸統一的主張」類別均為 0，顯示長老教會在與藍營和兩岸的發展上持一個對立的立場。

三、政治神學建構邏輯的顯現

從領域一的神論解釋到領域六的政黨態度與兩岸關係，可以找出一條教派的對應邏輯，亦即在某幾個類目上相對較高比例所串成的圖像建構。這個邏輯促使各教派在從形上的世界落實到形下的關注，有一個信仰的基礎、合理化行動的來源、與實踐上帝之國或彌勒家園的準則。而在考量類目建構的主題與方向之後，我們發現不同的教派有不同的邏輯對應，使得長老教會與一貫道各自朝向不同的政治態度、政黨認同、甚至統獨位置。

（一）一貫道神學政治的建構邏輯

根據領域一到領域六的實踐網絡，我們可以將其中比例較高的數值串連成下列的邏輯對應關係。下圖中即把每個領域各組比例最高的呈現在圖中，以理解其中的影響關係。例如圖 4-1 第一個領域框指出一貫道的神觀對人世社會的評價較為負面，但與人世社會仍具有緊密關係，所以他們主張人必須積極實踐神的價值，而這個神對價值規則的作用具有積極性，並且這種神論是一種撫慰性的，其他領域匡亦復如是解釋。

從圖 4-1 中可以顯示：一貫道是一個落實人間社會與形上世界連結程度很高的宗教，其顯示在人必須積極實踐神的價值、以及神對人世社會的價值扮演具有積極作用可以得知（二者比例均非常的高）；並且一貫道從此神論解釋所推論出的宗教倫理原則，具有優先順位的是慈善原則，亦即強調信眾犧牲、奉獻的精神，是一種相對較為付出而不計較自己權利的倫理價值。

更進一步，在教權組織方面一貫道所強調的是教派的和諧、團結與一致，以及教派領導人的作用；相對忽略信眾的個人行為、與民主教權的組織進展，是以在民主價值的成分上比例亦極少。另外，儘管一貫道長期遭到政府的查禁，但在對政治社會體制的評價上以及與政府的互動仍然相對正向，由此衍生而出的政黨位置較為偏向藍營，並且在兩岸的發展上，雖然並未有任何統一的言論出現，但在朝向正向的比例上卻是相對較高的。其圖示如下：

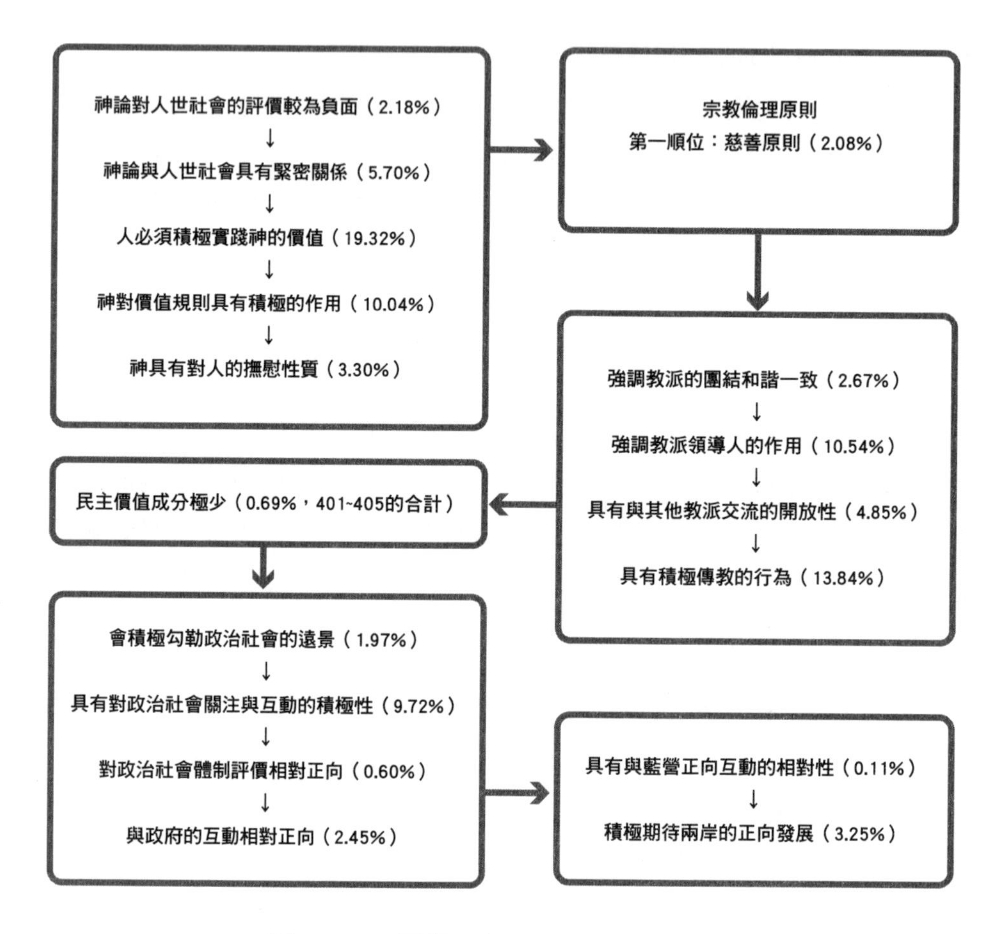

圖 4-1　一貫道神學政治的建構邏輯圖

資料來源：本研究。

（二）長老教會神學政治的建構邏輯

根據同樣的方法，本書可以將長老教會的對應邏輯串連成如圖4-2。從圖4-2可以顯示：在連結形上世界與人間社會方面，長老教會類似於一貫道，亦有很高的程度；但由神論所推論出來的宗教倫理原則，具有優先順位的是公義原則，並且遠遠高於其他三項倫理原則。

在教權組織方面，長老教會顯示出較高程度的民主教權行為，相對的其民主價值成分亦較高，由此衍生出的對民主政治的期待與肯定亦比一貫道的高出甚多。然而在對政治體制方面，其與政府及藍營的互動均較為負向，並且對兩岸的發展朝向一個批評的態度，和甚高比例主張台灣獨立。其圖示如下：

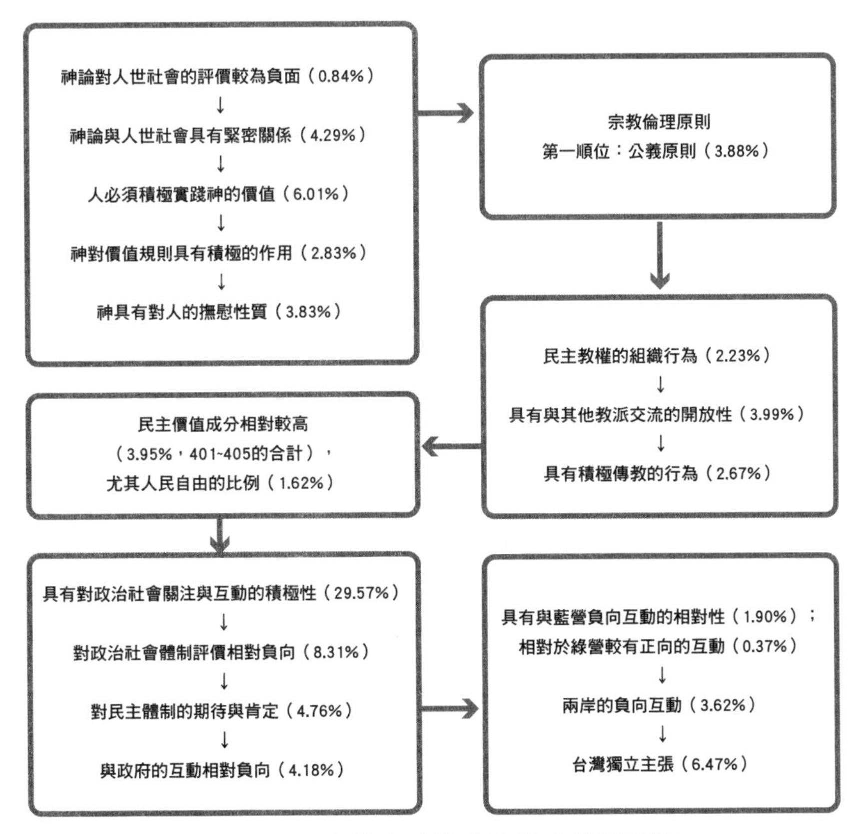

圖 4-2　長老教會神學政治的建構邏輯圖

資料來源：本研究。

四、二教派政治神學建構邏輯的差異

從神論解釋我們可以發現長老教會與一貫道其實有相同的偏向：對人世社會的評價較為負面、人與神有較為緊密的關係、神對價值規則的扮演具有積極的作用、而且是偏向撫慰性的。然而據此推論而出的倫理原則、乃至教權組織、甚至政黨偏向與兩岸關係等卻明顯殊異，其可能解釋乃在兩教派「一神論」與「多神論」的差異，亦即神跟宇宙的關係——神是創設宇宙的主宰？亦或是鑲嵌在宇宙之內？「多神論」的宇宙論預設促使一貫道信眾人人均是「萬物統體一理，物物各具一理」的佛性體，為此他們著重在慈善原則，強調信眾犧牲、奉獻的精神；相反的，「一神論」的宇宙論預設促使長老教會「阮信上帝，創造、統治人與萬物的獨一真神」，並且「神是公義的審判者，……祂要按公義審判世界，按正直判斷萬民。」為此他們著重在公義原則。

是以，由不同優先倫理原則衍生而出的神學政治邏輯自是不同，本書於此可以將圖 4-1、4-2 的建構邏輯簡化如下比較：

表 4-3　政治神學建構邏輯的差異比較

一貫道	多神論→撫慰性的神論→慈善原則→教團偏向的教權→與政治體制的正向互動→偏藍兩岸交流
長老教會	一神論→撫慰性的神論→公義原則→民主偏向的教權→與政治體制的負向互動→偏綠台灣獨立

資料來源：本研究。

從不同優先順位的倫理原則產生截然不同的神學政治邏輯，以致促使二教派衍生出不同的政治觀點與政黨認同。本研究並不在預設「一神論」一定優先推論出公義原則，或者「多神論」優先推論出慈善原則，而是在關注一個嚴肅的問題：同樣一個政治社會環境，二者對人神關係的解釋亦大致類似，卻為何推論出的優先倫理原則不同？所導致的經驗認知卻又如此殊遠？是以，我們將研究目標轉向神學政治在時間序列中的變遷，以理解教派對外在政治環境的詮釋以及轉變。

第三節　優先的倫理原則

根據圖 4-1 與圖 4-2 建構邏輯的比較，長老教會與一貫道的神學政治差異主要有四點：優先的倫理原則、教權的民主成分、與政治體制的互動以及政黨態度與兩岸關係。以下將從這四個方面分別討論教派神學政治在時間序列中的變遷過程，以理解教派對外界政治環境變化的回應與詮釋，本節首先討論教派優先的倫理原則。

領域二的倫理原則包括「自律自主原則」、「不傷害原則」、「慈善原則」、「公義原則」，其中長老教會偏重「公義原則」，一貫道則偏重「慈善原則」。兩教派除了各有偏重的倫理原則外，各自偏重的原則也隨著時間（外在政治環境）改變。計算該原則在每個年度所佔百分比後，兩個教派最重視的倫理原則的變化情形如圖 4-3 所示：

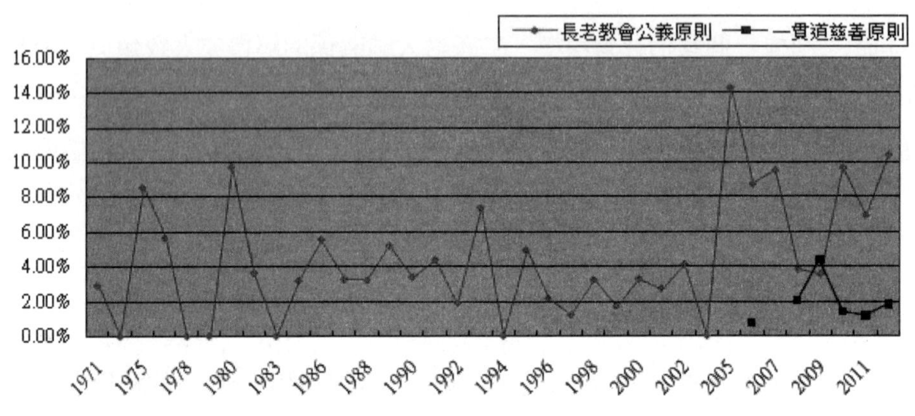

圖 4-3　各教派優先倫理原則在時間序列的變化情形

資料來源：本研究。

長老教會對公義原則重視的程度遠甚於一貫道對慈善原則的重視程度。二教派都有特別強調的時間點，一貫道是 2009 年的 4.36%，長老教會則是 2005 年的 14.29%、1980 年的 9.72%、2010 年的 9.68%、2012 年的 10.42%。

一、一貫道

一貫道所強調的慈善原則乃是在於表現一種道德上的理想性，因為它超過一般人對道德實踐的義務，所以需要的是信眾對實踐彌勒家園的犧牲與奉獻。在《付出》（2009）一文載明：

> 「付出」是世界上最強大的力量。「付出」會讓你終生身心靈健康。「付出」是利他也是利己。一個健康的社會，一定是一個「付出」的社會。……歡喜「付出」，所創造出的好的循環。帶動自己，帶動家庭，帶動道場，帶動社區，帶動人類，邁向圓成彌勒家園。

是以一貫道認為：

「忘己為人，誠敬奉獻。」是所有古來聖賢共同的生命精神特徵之一。（《傳承永續》，2010）。

因此，在《鐘聲與和平》（2011）一文中他們認為：

不論宗教在這歷程中受到什麼樣的歷練與挑戰，仍一本初衷誠敬奉獻。

而如此作為的最大目的即是如《心靈的饗宴》（2011）所說的：

即使「頂」災「頂」劫也誠敬奉獻以期薪傳永續。

在長期受到「官考」的情況下，一貫道為了能薪傳永續而特別希望信眾能犧牲、奉獻，是以慈善的原則成為一貫道反映外界政治環境優先考量的倫理原則；相反的，強調公平、正義的公義原則，並無法在一貫道受到同等的重視（只有0.13%）；否則在早期的查禁中，其與政府的關係就不可能走向和平的立場。

二、長老教會

相對於一貫道和平的倫理立場，長老教會更著重在「公義使邦國高舉，罪惡是人民的羞辱。」（箴言14：34）之公義原則。為此，在《我們的呼籲》（1975）一文中說明：

教會必須成為公義、真理的僕人，教會存在的目的也是為達成傳達上帝愛的信息，因此，教會必須憑著赤誠的愛心進入到社會現實生活，藉服務改變社會的現況。

所以，長老教會在極重視公義原則的倫理優先下，他們面對台灣政治的民主化，是以一個積極介入的態度來進行他們對上帝之國的實踐。

從圖 4-3 中我們可以發現有幾個比例較高的時間出現，分別是 1975 年、1980 年、2005 年、2007 年、以及 2012 年。1975 年乃是針對台灣退出聯合國之後，台灣所面臨的國際外交困境及世界經濟危機，為此長老教會所提出的箴言；不過此時的長老教會並未全然站在一個批判政府的態度。出於教會分裂的因素，他們希望建立一個從教會、到國家社會、乃至全世界的公義社會。然而其後的 1980 年——針對「高雄事件」的批判、2005 年——主要是對台灣國際困境的批判、2007 年——主要是台灣未能加入聯合國的批判，長老教會根據其信仰公義的原則，大力主張台灣獨立（如〈台灣基督長老教會公義與和平宣言〉，2005）、加入聯合國（如〈《台灣有權加入聯合國》宣言〉，2007）等主張，此都與民進黨的主張相符合，也都很期待執政第二任的扁政府做到；但在期望得愈深、失望也就愈大的情況下，他們才有如此宣言出現，目的在使扁政府能履行承諾。因此，在陳水扁第二任的執政期間，長老教會的批判應可視為批判性的支持。2010 年則是面對中國崛起的威脅希望台灣儘早獨立的批判。此時的公義原則是站在批判政府一個不義的基礎上所進行的，而這樣的一個公義原則也愈發積極、愈具體化、亦愈具有批判性，如同在《對台灣新時局的建言》（2011）所敘述的：

> 倡議並建立公義的社會，推動性別平等，保障勞工、農漁民、中小企業、傳統產業及弱勢族群的權益，提高就業率及縮小城鄉和貧富差距，並保障公民社會的健全發展。

而最後提升到執政國民黨的批判：

> 正視台灣歷史中的重大政治及不公義事件，還原歷史真相，回復歷史

公道，推動轉型正義，包括正視弱勢族群長期遭受壓制及邊緣化的事實、監督中國國民黨的不當黨產歸公問題等，以期落實社會正義，永續民主體制。

因此，從倫理原則的優先性來講，長老教會一方面對於不傷害原則（亦即是包容、寬恕的態度，只佔 0.21%）是愈發微弱（1988 年以後更甚少提及）；另一方面在公義原則上卻是愈發的積極及強烈（2005 年以後相對提高許多），導致長老教會走上一個較不平和的倫理立場。

第四節　教權的民主成分

教權組織扮演著教派未來走向的關鍵角色，決定與外界政治環境的互動方式，甚至如何詮釋教義及回應外在環境的刺激。以下從三個與教權組織有關的面向進行時間序列分析：強調教派團結與尊重信眾差異行為、教派領袖與信眾的對等關係、以及民主價值的涵養。

一、強調教派團結與尊重信眾差異行為

強調教派的團結和諧一致和尊重信眾個人的自由與行為，主要是在測量二教派是否會在強調教派的一致性下，犧牲對信眾個人自由與行為差異的尊重。在「尊重個別信眾的自由與行為」方面，二教派所呈現的百分比都極低，一貫道為 0，而長老教會亦只有 0.05%（除了 1983 年出現過之外，其餘均為 0），其數值顯示二教派在強調教派的團結氛圍下，可能會壓迫到信眾個人的行為理念，尤其是關於政治的態度與價值。

在「強調教派團結、和諧與一致」方面，圖 4-4 呈現兩教派各自不同的趨勢：

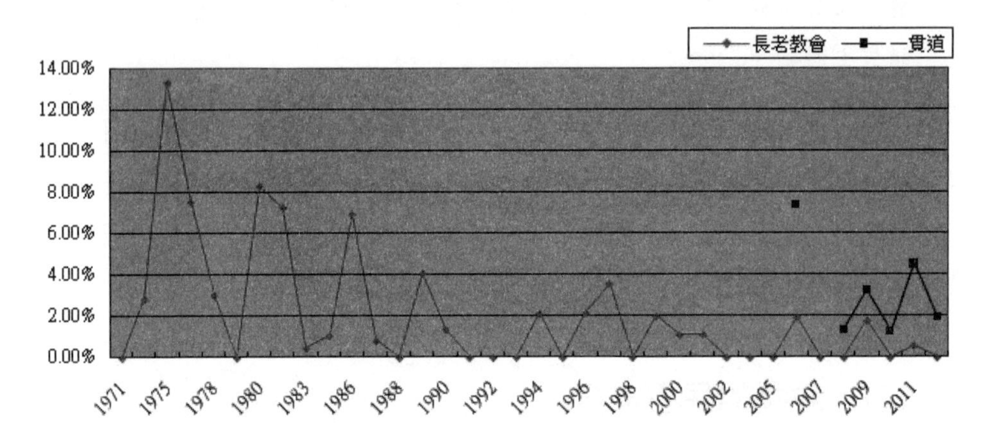

圖 4-4　強調教派團結、和諧與一致在時間序列的變化情形

資料來源：本研究。

一貫道在 2009 年以後有增多的趨勢，長老教會則有減少的趨勢。在早期，由於一貫道受到查禁、以及各組線來往關係並不密切，是以較不強調教派的團結因素；爾後總會成立以後，由於需要積極對外傳教，以及對政治社會關注互動的程度提高，是以一貫道著重教派的團結、和諧與一致。不過值得注意的是，這種強調並不是在表明對權力的競逐或影響力，而是在加強傳教行為的力度，正如《墨爾本》（2009）一文所敘：

> 明師傳道首傳古合同，早已明示，要我們精誠團結，必能通過各種不同的歷練，……。我們相信，只要我們合德同心，敬前愛後，前後一心，不只各組線道務能永續弘展，各國總會的會務也必能蓬勃發展，而且一貫道的傳道宗旨終極目標也必能圓滿成就。

所謂的教派團結即是一種積極落實彌勒家園的實踐過程而已，而不是一種政治的對抗工具。

相反的，在長老教會早期反而是較為強調教派的團結、和諧與一致；然而這樣的行為與一貫道極不相同，此種團結的行為是一種政治對抗的工具。因為在 1970 年代，長老教會政治主流的觀點並沒有取得絕對的優勢，正如《我們的呼籲》（1975）一文中所說的：

> 近幾年來教會的不斷分裂威脅到教會整體的生存，分裂主義的思想深深地滲透教會，嚴重危害教會團結。教會針對內部紊亂的實際問題，必須重視秩序的遵守及法規的維護。我們主張任何破壞教會秩序與團結之行為必須受到嚴厲制裁。造成教會混亂的現象乃由於教會失去了正確的信仰立場。我教會的傳道人與信徒由於信仰立場不堅，對自己教會失去認識，常常受到其他團體擺佈，這種任人擺佈的結果往往是由貪小便宜之心理所造成的。

此處所謂失去正確的信仰立場，即是指不同的政治立場與觀點。為此，當主流的政治立場與觀點慢慢取得絕對的優勢之後，長老教會便不再強調教派的團結、和諧與一致，因為在深綠政治環境的氛圍下，這樣的強調已是多餘。

二、教派領袖與信眾的對等關係

所謂教派領導人的積極作用，指的是對教派神職人員或精神崇拜對象的尊崇，其對一般的信眾具有示範、模仿的作用；相對的，教權與信眾的對等關係即是指在「最高主宰」的面前，信眾無須透過這些教派的示範對象、或領導的作用，而逕自可以實踐「最高主宰」的意志。在此一貫道和長老教會的表現極為不同，一貫道在「強調教派領導人的作用：積極性」上高達10.54%，而「注重教權組織與信眾的對等關係」卻只為0.03%。長老教會的比例雖低但平均，「強調教派領導人的作用：積極性」為0.49%、而「注重教權組織與信眾的對等關係」為0.53%。

一貫道在《感恩》（2008）說道：

一貫道從金公祖師、天然古佛、中華聖母等白陽祖師傳承道脈慧命開始，歷經百年的開闢，一貫道弟子盡心盡力的老實修行，廣結善緣，開拓道務，為祖師師尊師母佈德於人間，再振一貫道之宗風於世界各國。

而在《仁任萬八年》（2012）更為載明：

師尊師母的聖德相當殊勝，我們身為一貫道弟子一定要善體師恩母德的關懷，我們是師尊師母的弟子，我們聽師調遣，尊師重道。……師尊、師母是普渡收圓三曹大事的大明師，自會圓滿安排，不要我們多操妄想心。

為此，一貫道在教權和信眾之間的關係是完全的不對等，沒有任何平權的關係言論出現；更值得注意的是，這種關係的不對等很容易轉成對政治體制及政治權力的順從，此即是一貫道在民主價值及民主教權比例很低的原因之一。

相較於一貫道對神職領袖的尊崇，長老教會甚少在神職人員的尊崇上著墨，其大都涉及耶穌基督的救贖，譬如在《「台灣加入聯合國宣達團」祈禱文》（1995）言道：

你犧牲獨生子耶穌將我們從罪中拯救出來。

或者對傳道師的讚賞，如《為總幹事高俊明牧師被捕發表「台灣基督長老教會總會緊急牧函」》（1980）：

> 高俊明牧師畢生獻身傳道，……深受全體教會及信徒之敬仰與愛戴。……他不但是一位良牧，滿有愛心，常擔代別人的軟弱，願意為羊捨命，也是一位正直、愛國的好公民。

為此，在長老教會部分教權和信眾之間並沒有所謂的倫理指導關係；相對的，有更多教權和信眾之間平權的關係出現，譬如在《台灣基督長老教會普世教會事工之立場與原則》（1999）敘明：

> 每一個信徒都是普世教會運動的主體。……真正的普世運動是一種信徒與信徒間、教會與教會間的交誼與分（koinonia）。

是以，雖然此種對等關係的比例仍低，但仍孕育出長老教會較高程度的民主教權行為。

三、民主價值的涵養

長老教會的「領域四：民主價值」百分比為 3.94%，遠遠高於一貫道的 0.69%。民主價值包括人人平等、公民自主、人民自由、政治多元、互相制衡，兩教派在五項價值的偏重程度變化如圖 4-5 與圖 4-6 所示：

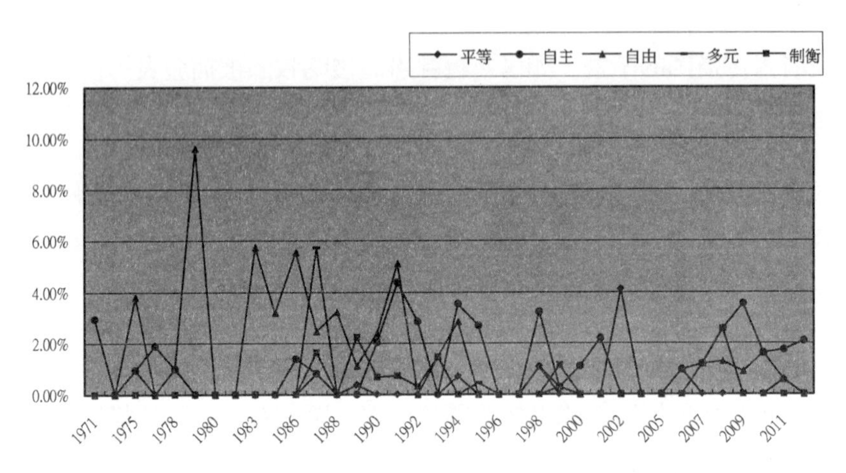

圖 4-5　長老教會民主價值在時間序列的變化情形

資料來源：本研究。

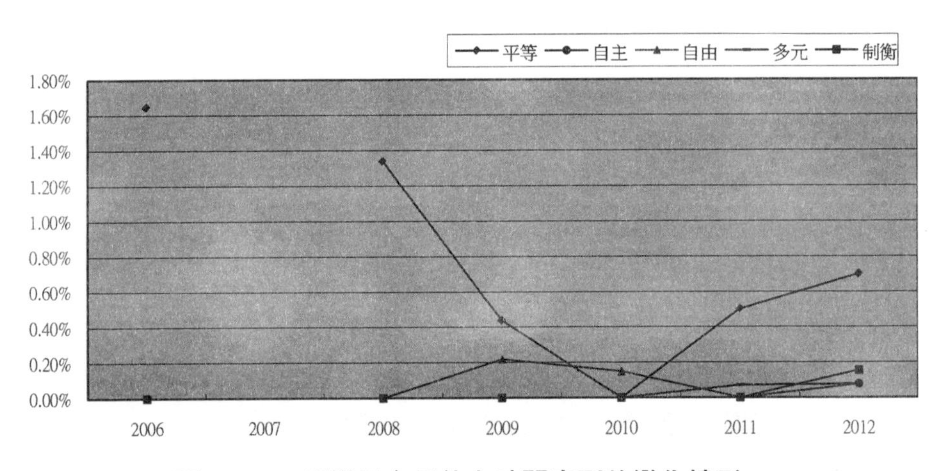

圖 4-6　一貫道民主價值在時間序列的變化情形

資料來源：本研究。

長老教會在民主價值的呈現上遠高於一貫道的表現：一貫道除了人人平等的理念之外，其他值均甚低；一貫道所謂人人平等的理念並不是在政治上的絕對實現，而是在宗教上的意義及蘊含，進而投射到政治。在《平等》（2008）一文中一貫道說到：

> 從人類的發展史來看，這樣的理念是曾出現在有極高宗教情懷，以及有極好民主素養人的心中，……人的成就，不該在性別、種族、膚色、宗教……上看，而是要回歸到人的本身上看，這樣的成就、價值才是不朽的，才是普世的。……我們希望人人都是人所需要的人，人人都成為人所需要的人，不論種族、膚色、性別、宗教、國籍、強弱……，只要開朗的活出生命意義，穩實的活出生命價值，人人都是人世間不可或缺的光與熱。誠如老師慈訓：「牛負千斤已盡力，蟻載一粟也盡心。」在這個盡心盡力的生命本分上，是可以見到真正的平等，這也才是德性真正完整的內含。

因此對於一貫道而言，所謂平等其真實意義為在於人人均是佛性俱足的佛性體之投射而已，而不是在政治意義上的權利平等。

長老教會雖然在比例上有較高的呈現，但明顯偏向自由權（1.62%）及自主權（1.42%）。相較之下，其他權力如多元權（0.21%）、平等權（0.23%）明顯不受到重視，形成一種具有某種偏向的民主價值。而多元權的忽略，也正可以解釋在深綠的政治氛圍下，有不容異營支持者挑戰的環境。

從長老教會民主價值的比例分佈來看，可以歸類出幾個特定時期的民主偏向，比如 1979 年到 1991 年的自由權、1992 年到 2001 年的自主權，而此也正顯示長老教會對外界政治環境的關注與互動有極高的敏銳度，卻也形成特定偏向的民主價值：例如1979年到1991年此一時期，剛好是台灣民主發展的前夕，為此長老教會對於人民自由的權力爭取有極高的使命，而這主要包括言論的自由、信仰的自由、宗教活動的自由，進而希望建立政治上的民主自由。例如在《反對「宗教保護法」請願書》（1983）長老教會認為：

> 《憲法》已賦予信仰宗教之自由，則宗教本可自由設立，……宗教信仰之自由應不受國界及活動之限制。對外國宗教團體傳教之規定不但妨害國民宗教活動之自由交流，並造成在國際上之不良印象。

其後在《致全國人民呼籲文「新人民　新憲法　新國家」》（1991）因關切政府言論迫害而說到：

> 我們反對任何政府濫用司法公信力及行政公權力，為維護一黨之私，非法打壓異議人士及剝奪結社自由，……全面禁絕政治迫害及白色恐怖行為，撤除所有校園情治系統，以維護思想、言論及結社的自由。

為此，長老教會與外界政治環境的互動是有極高的敏銳度；然而限於政治互動的方向，也迫使長老教會發展成特定偏向的民主價值。

第五節　教派與政治體制的互動

雖然一貫道和長老教會都基於形上的假設，而提出一套彌勒家園或上帝之國的遠景規劃，並且也都積極關注外界的政治社會環境變化；然而在這積極交涉的互動過程中，卻形成二個截然不同的政治態度與評價，這主要包括三方面：對政治社會體制的評價、對民主政治的期待與肯定、教派與政府的互動。

一、對政治社會體制的評價

對於政治社會體制的評價，一貫道採取正面評價的比例為 0.60%、負面評價的比例為 0.24%，雖然二者比例均低，但正面評價明顯高於負面評價。而長老教會的正面評價為 0.35%、負面評價則達 8.31%，顯然對現行政治社會體制的評價極為不滿。一貫道的正面評價與長老教會的負面評價，以圖 4-7 呈現其在時間序列的變化情形：

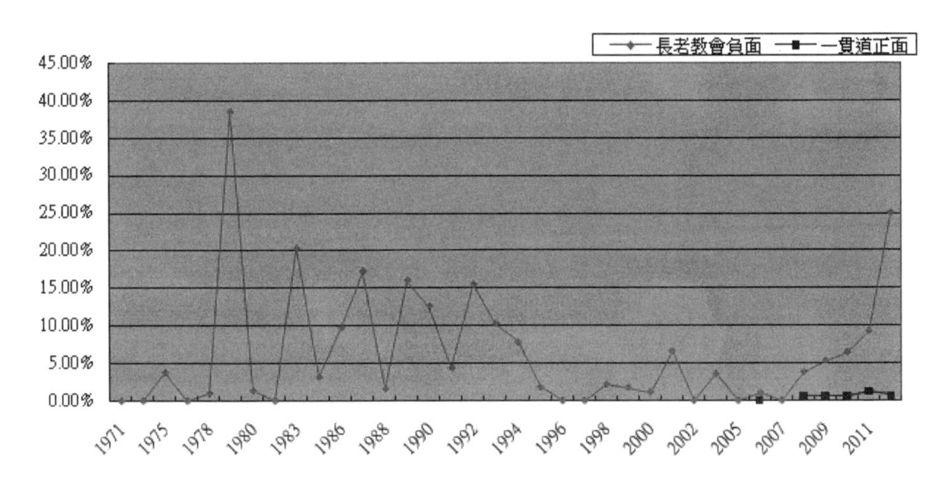

圖 4-7　教派對政治社會體制評價在時間序列的變化情形

資料來源：本研究。

從上圖中可以得知，一貫道一直有相對較高的正面評價出現，尤其在 2011 年以後，在《弘愿一百》（2011）中提及：

> 中華民國在台灣 66 年來的發展成長，自我轉型昇華，穩健的開出舉世稱羡的經濟奇蹟、政治奇蹟、宗教奇蹟、志工奇蹟，為中華民國歷史上開出篇篇傳奇。

是以就整體而言，一貫道對政治體制的發展是持一種樂觀而正面的態度，而即使是負面的評價也以較緩和的語氣形容，例如在《NGO》（2009）一文說明：

> 一個國家或朝代，因為政治體制較專制或自信心不夠，即令是一種屬於世界性非政府組織的傳統宗教，也可能在這個國家或朝代遭到被嚴格限制的命運。……這種來自國家的政治力量限制人民自由組織結社，在我國臺灣要到1987年7月蔣經國總統宣佈解除戒嚴，才真正廣泛地讓非政府組織發揮和諧繁榮社會的功能。

相反的，長老教會的態度則明顯持一種否定的態度，尤其在幾個關鍵的年代，如1979年（38.46%）、1983年（20.35%）、以及2012年以後（迄統計為止已達25.00%），另外從1983年到1994年亦持較高的負面評價。仔細分析，1979年乃在否定《寺廟教堂條例》的實施、1983年反對《宗教保護法》草案、1990年在於否定軍人干政、以及2011年以後對馬政府施政無能造成社會混亂所提出的批評。值得注意的是，在李登輝任職民選總統的1996年至民進黨執政的2000年~2008年的負面評價卻是相對少了許多；而在國民黨的馬英九再次政黨輪替執政之後，這種負面評價又開始往上攀升。

二、對民主政治的期待與肯定

由於教派涵養民主成分的差異，導致長老教會和一貫道在對民主體制的肯定與期待上出現極大的不同。長老教會在「教派對民主體制的期待與肯定」的比例為4.76%，而一貫道只有0.25%，其時間序列的變化情形如下圖：

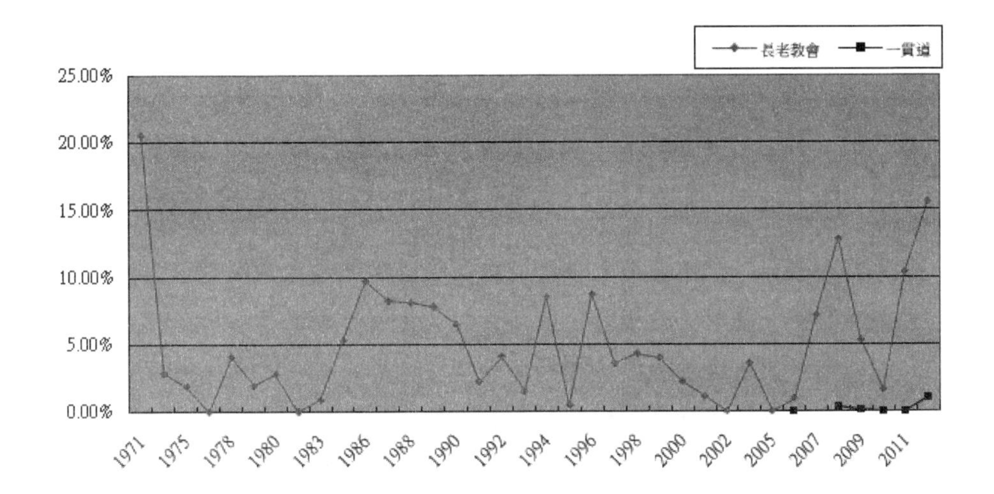

圖 4-8　教派對民主體制的期待與肯定在時間序列的變化情形

資料來源：本研究。

在一貫道的部分相對少了許多，而在其所提的肯定也多半為求社會穩定，例如在《NGO》（2009）說明：

> 近 20 多年來，我國穩健地邁向現代化國家之林前進，除了政府的自我革新之外，各種民間非政府組織的永續貢獻居功厥偉。……我們看到了來自民間、來自非政府組織的動能力量，協助國家政府安穩社會。這是一個進步的國家所須具足的豐沛愛心與力量的民間組織，我們臺灣可以當之無愧。這也證明越是自由民主法治的國家、越是多元開放成熟的社會，越能激發民間的潛能、凝聚民間的力量，共同協助促進國家社會永續正向發展。

因此，真正民主政治意義上的內容，並不是一貫道教派所要追求的目標，而是朝向一種形式上的民主政治。

相對的，長老教會對於民主政治的期待與肯定則多涉及實際上的意義。在《請支持一個強有力的制衡力量》（1989）一文中提到：

> 民主政治最大的特色是政黨政治及政黨輪替執治的政治。哪一個政黨受人民擁戴，便可上台執政；反之，讓人民失望的政黨，必須下台，以示負責。沒有政黨相互制衡的體制，一定會出現一黨獨大或中央集權的專制政權，人民絕對難享受到真正的民治、民有、民享的生活。

而在幾個較高比例的時間中，比如在 1971 年（20.59%）台灣國際局勢的困境，因而要求中央民意代表全面改選；2008 年（12.82%）對第四任民選總統選舉及以台灣名義公投入聯的期待；以及 2012 年（15.63%）對總統及立委選舉過後政治發展的期許，在在涉及民主政治的實際內涵。並且，這樣的關注及期許在長老教會而言，是一直呈現較高度的關切狀態中。

三、教派與政府的互動

雖然一貫道和長老教會均為二個長期與政府衝突顯著的個案，但在民主化之後，二教派卻走上不同的互動方式。在一貫道部分，雖然有 0.99% 比例的負面互動，但其內容幾乎多為查禁之前的互動，而正面的互動仍有 2.45%。而在長老教會的部分，其正面互動只有 0.26%，且多半在主流政治觀點未能取得絕對優勢的 1970 年代；相對的，其負面互動高達 4.18%。顯然，在與政府的互動上二教派產生了明顯的差異，從圖 4-9 中可以得知，一貫道在查禁之後的正面互動是有增加的趨勢；相反的，長老教會與政府的負面互動並未隨著台灣民主化的程度而減少，反而是集中在某幾個時期，如 1978~1983、1988~1993、2008~2011 三個時期。1978~1983 主要是指神職人員涉入台獨事件與政府所產生的衝突、1988~1993 主要是指抗議軍人干政所產生的衝突、而 2008~2011 主要是指抗議馬政府傾中賣台所產生的衝突。然而值得注意的是，在李登輝繼任民選總統（或者提早至 1994 年算起）至民進黨的陳水扁擔任總統期間，此期間的負面互動卻相當少，只有 0.73%。其時間序列如下圖所示：

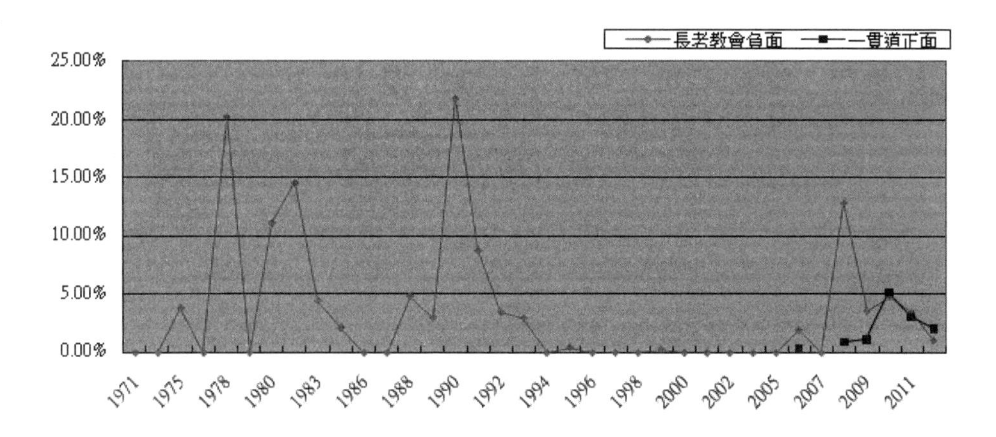

圖 4-9　教派與政府的互動在時間序列的變化情形

資料來源：本研究。

所以顯然的，一貫道因為與政府正面互動的增加，所以參與政府活動、融入政治社會的頻率也就愈積極，如參與建國百年大典等，而這有助於一貫道建立一個較為溫和的政治社會圖像及立場；相反的，長老教會在與政府互動不良的情況下，教義得不到實踐、觀點得不到疏通，也就愈發促使長老教會不信任政府，如此也就容易走向一個較激烈的行為，如參與示威、遊行，這也可說明為何長老教會的政治社會圖像較不溫和的原因。

第六節　教派對政黨及兩岸關係的態度

教派與政黨的互動、對兩岸關係的發展、甚至統獨立場，均是教派落實神學政治具體而微的實踐，因為這關係到上帝之國或彌勒家園的圓滿與否。其中，在統獨立場方面，由於沒有任何教派涉及兩岸統一的言論出現，為此本書將台灣獨立的部分併到兩岸關係來討論。

一、教派與藍綠政黨的互動

由於一貫道曾受到政府長期的查禁，因此在表達政黨認同的態度方面顯得相當謹慎，[8]整個與政黨互動的比例只有 0.13%。其中，在對政黨負面互動的比例上，藍綠陣營均為 0；而在正面的互動上，綠營的比例僅為 0.02%，而藍營佔了 0.11%，一貫道仍難免有其政黨偏向。

而在長老教會部分，與藍營正面互動的比例是 0、負面互動則達 1.90%；與綠營正面互動的比例 0.37%、負面互動是 0.19%。其時間序列變化如下圖：

8　即使在對一貫道所做的問卷調查或深度訪談的過程中，其拒訪的比例相對長老教會而言高出許多（張榮彰、劉從葦，2010）。

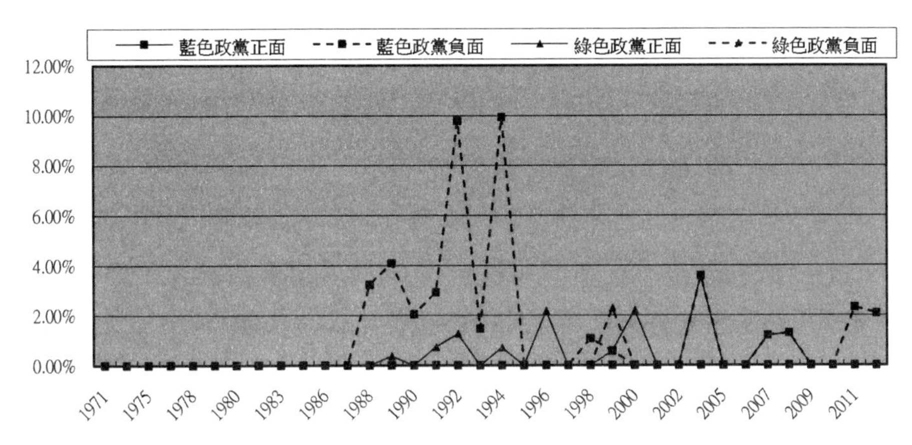

圖 4-10 長老教會與政黨互動在時間序列的變化情形

資料來源：本研究。

從上圖中可以發現：在 1987 年以前長老教會並沒有對藍綠政黨產生任何的互動，最主要的原因乃是民進黨成立於 1986 年、黨禁解除在 1989 年，是以所有正、負面的互動往往以政府體制為之。而在 1988 年以後，長老教會希望能達成一個互相制衡的政黨政治。為此，所有攻擊的力道往往以國民黨為對象，例如在《請支持一個強有力的制衡力量》（1989）中說道：

> 回溯 40 年來，國民黨遷台至今，皆以一黨專政的姿態出現，從二二八喋血殘暴事件及今，人民便在高壓政策的陰影裡討生活，它教育人民懼共、恐共、又要做無法實現的統一夢，現在更淪落到沒有自主國格的「中國台北」，讓外國人瞧不起。……目前我們只能有一個抉擇，我們必須基於信仰，支持一個強有力的制衡力量。我們並不鼓勵將政治理想寄望在任何一個政黨來實現，這是很危險的，但我們鼓勵支持另一在野政黨，有足夠的力量來監督制衡執政黨。

是以在其後對政策的批判，包括對原住民政策的批判（1991、1992）、對黨審會的批判（1992）、對一個中國政策的批判（1992、1994）……等，皆以國民黨為對象。

相對的，長老教會在與民進黨正面的互動也慢慢多了起來（從 1991 年以後），在《嚴正關切「黨審會」擬解散民進黨》（1992）一文表明：

> 台灣唯一的本土反對黨民進黨突破國民黨政權長期的黨禁，成立以來，對台灣的民主化有卓著之貢獻。自 1986 年 9 月民進黨結合民間各種力量，運用各種方式，逼使國民黨政權解除黨禁、報禁、解除戒嚴並結束動員勘亂時期以及萬年國會……等各項措施。如今民進黨為關切台灣兩千萬人民的命運與前途勇於表達台灣獨立之主張，令人敬佩！

然而值得注意的是，在 1999 年唯一一次與民進黨所產生的負面互動，也因為是對民進黨台灣決議文所產生的批判，主要的原因是未能納入長老教會新而獨立的國家主張。

二、教派對兩岸關係及統獨立場的主張

長老教會是一個源自基督宗教改革宗而創立於本土的教派，相對於一貫道源自大陸人士來台開荒、並且以中華文化為底蘊的宗教內涵，長老教會可說是和大陸沒有任何關係。而此點也反映在二者對兩岸關係及統獨立場的觀點上。

在一貫道方面，其對兩岸關係發展的正面期待為 3.25%、負面的觀點為 0.35%，而觀諸負面觀點的因素，多為大陸禁止一貫道傳教有關，並非為政治上的因素。甚且在大陸政經開放的趨勢中，一貫道更欲期盼至大陸開荒，此從其

兩岸關係正面發展比例快速增加即可看出，在2008年仍為0的比例，至2012年7月為止即已增加到7.15%。一貫道在《海納百川》（2010）一文中說到：

> 一貫道在臺灣及世界各國近65年來努力發揚中華文化的成果是值得中國有關當局加以深入研究的，……何況欲期「兩岸關係和平發展」，實不宜再用20世紀1950年代的心態來看待21世紀的現在一貫道，而是要努力團結支持「兩岸關係和平發展」的個人和團體。

儘管如此，限於台灣政治的氛圍，一貫道在兩岸統一方面的言論並未出現。不同於一貫道的立場，在兩岸關係的正面發展上，長老教會為0；而負面的觀點卻高達3.62%，更進一步的主張台灣獨立的觀點更達6.47%。其時間序列呈現如下圖：

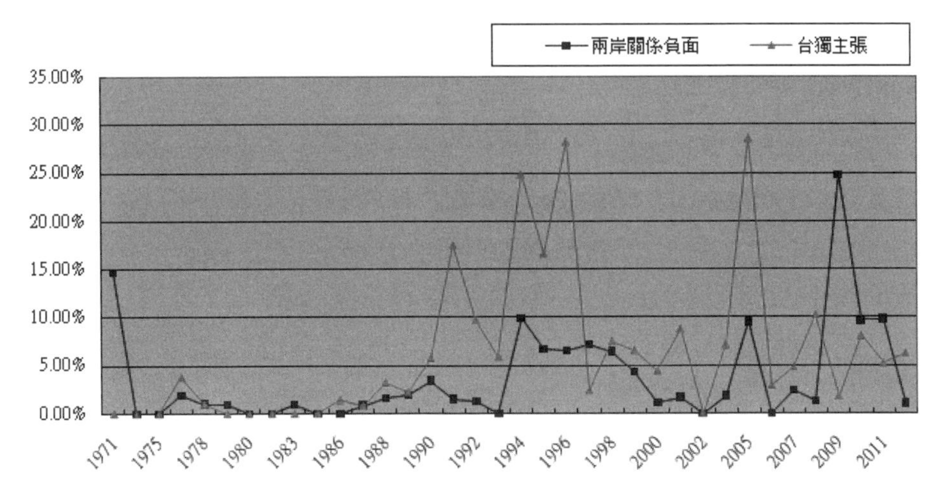

圖4-11 長老教會兩岸關係與台灣獨立觀點在時間序列的變化情形

資料來源：本研究。

從上圖中可以發現，長老教會在兩岸關係負面的觀點與台灣獨立的主張有如影隨形的關係，二者在比例的呈現上有互相對應的效果。如在《2010 台灣基督長老教會台灣國是會議宣言》（2010）所說：

> 台灣正面臨國內外前所未有的危機。中國正透過其軍事霸權，佈署近1,500 枚飛彈對準台灣，並不斷地對台海周邊進行挑釁，以遂行併吞台灣的企圖。中國同時對台灣進行「法律戰、輿論戰、心理戰」的統戰技倆，透過「經貿交流」、「國共論壇」等手段分化台灣人民。……我們確信上帝是歷史的主宰，必帶領台灣人民脫離來自中國的併吞威脅，正如《聖經》所說：「信心是對所盼望的事有把握，尚未成就的事能肯定。」(希伯來書 11：1)，使台灣建立名實相符主權獨立、民主自由的新國家──台灣國。

為此，在從否定兩岸關係到主張台灣獨立，不僅在時間序列中成為長老教會對外宣言的必要元素，更是實踐上帝之國的無上命令。正如長老教會所說的：

> 我們確信太平洋的美麗島台灣是上帝所創造，並恩賜給四族群為鄉土，讓我們在此建立新而獨立的國家。（「新而獨立的台灣」聲明，1995）。

第七節　小結

本章從長老教會與一貫道的神學基礎討論其政治觀點的根本差異，並從其關鍵文件發現兩者在神學、倫理原則、教權組織的偏重程度不同，對於世俗政治的民主價值、政治社會觀點、政黨與兩岸關係都有相當高但不同程度的涉入。

宗教的教義不僅有內生的政治觀點，教派也直接對政治事務表達看法，宗教也就不是獨立於政治之外。

從上層的宇宙論根本主張開始，多神論的一貫道與一神論的長老教會一開始即形成不同的教派性格。雖然同樣強調撫慰性的神論解釋，亦都肯定信眾積極對神的價值實踐，但卻誘發中層不同的政治圖像建構，尤其是不同的優先倫理原則。強調慈善原則的一貫道，著重於信眾的犧牲奉獻，如此使一貫道有一個較平和的倫理立場及教團偏向的教權，導致下層的當代政治觀點容易順從外界的威權政治環境，並且偏向藍色政黨、積極主張兩岸交流。相反的，積極主張公義原則的長老教會強調的是公平正義，為此而形成一個較不平和的倫理立場及民主偏向的教權，導致其下層的當代政治觀點容易與威權政體對抗，並且偏向綠色政黨、積極主張台灣獨立。

檢閱長老教會與一貫道在神學政治圖像的邏輯建構，二者都有很強的信仰自我實踐觀點，信眾會根據其對神的價值實現，積極實踐在人間社會的諸多政治社會規則，打造一個其理想中的信仰家園，從上層的神學假設、到中層的政治社會圖像、再到下層的當代政治觀點，形成一個堅實的體系。為此，一般的政治領導者、政黨、民意代表……等，不能也不容忽略此種教派的積極性及堅實性，並且政治環境也很難改變教派的基本信仰及實踐性；相反的，後者會企圖積極影響前者。因此，對於政教關係的民主治理，政治決策者無法從下層的當代政治觀點立即改變教派，而必須從中層的政治社會圖像轉變做起，尤其是「領域二：倫理原則」。因為當教派對政治環境有較平和的圖像預設時，教派與政治的互動自然會朝向較溫和且正向的交流，而不是激烈的衝突，如此才不容易引起民主政治的失序。

轉變教派優先考量的倫理原則，除了來自教義與宗教菁英的決定之外，很大部分是來自外界政治環境的觸發，比如政治價值的轉變、宗教管理政策的實施、甚至國際政治局勢的影響……等，而這些都會觸發教派優先倫理原則的轉變。例如長老教會對上帝公義的詮釋，本來是站在批判政府不公義的基礎上進行，這樣的態度一開始還算溫和，但隨著長老教會與政府體制互動的愈趨不良，這種態度也就愈趨積極、具體、力度也就愈強，對上帝公義原則的詮釋也就愈加重視及極端，進而也就忽視教義的其他倫理原則。這種對教義詮釋的變化，也同樣見諸於一貫道對犧牲奉獻原則的強調。因此，既然教派的基本信仰及實踐性難以改變，所求易者即為具有決策的政治人物必須營造一個友善、正面、且良性互動的政教關係，如此才能誘發教派的倫理原則走向一個較平和的立場。否則一味從下層抵制教派的當代政治觀點，而不思從中層的倫理原則……等轉變做起，則政教衝突的事件斷難根除。

雖然教義有一定的內容約制宗教菁英的觀念及行動，但詮釋者不同，環境改變，教義也就在有限制的範圍中變動。即使是抽象的倫理原則都會隨著環境的變遷而受到宗教菁英不同程度的重視或忽視，連帶的對於教派政治圖像的影響也在歷史脈絡中不斷變遷，包括教派對政治社會體制、民主體制及政府評價的改變，甚至對於特定政黨、兩岸關係及統獨議題等立場，長老教會與一貫道不僅有立場，且其立場也隨著外生因素而改變。

本章雖然初步發現長老教會與一貫道在神學、政治社會體制及當代政治看法上的差異及其變化，但由於資料可得性以及研究人力與資源的限制，本章仍有以下未能克服的不足之處：

首先，受限於一貫道相關文本的可得性，本研究所勾勒的圖像並不完整，甚至可能因此造成各類別百分比的偏差。

其次，由於同時通曉基督教與一貫道兩種截然不同教義的難度極高，因此本書僅能提供單一編碼人員的穩定度指標，而未能提供兩位以上編碼人員的再製性指標。

第三，長老教會與一貫道的差異雖然相當明顯，但台灣教派眾多，涉入政治與否以及涉入程度的變動趨勢都可能跟上述兩教派不同。尤其是若要證明相同的教義會有不同的詮釋，除了如同本研究所採用的觀察同一教派的時間序列資料外，若能同時比較例如同屬基督教的不同教派，所得結論會更加穩固。為此，本書將在第五章中加入慈濟與靈糧堂的對照比較。然而限於類似資料的欠缺，無法同樣做內容分析；但以深度訪談及問卷資料的補足，當能更加穩固本章研究的論點。

最後，本研究並非主張所有的教派都一直有政治立場。教派的政治觀點是否彰顯與如何彰顯，取決於其上層的神學基礎如何受到當代環境的觸發，以及宗教菁英如何在特定的環境下對於教義進行不同的詮釋。因此，抽離人世的宗教與環繞人群的政治並不必然糾葛，但也難以切割。

第五章　神的旨意？論同類教派不同的政治展現

那基本上，經義是－不會～裡面－當然沒有去－沒有去提到政治的東西啦，經義裡面怎麼會有這樣子？那只是上人～叫－就要我們守的一個戒律啦。

（慈濟　委員訪談逐字稿簡化版[1]節錄）

其實我覺得－為什麼會有黨派的問題？關鍵不是在於神，而是在於人！因為，我覺得這是人的思想嘛；然後他只是～可能－，我只是打個比方，他可能～只是個牧者，或者是－平～是個長老，或者是～呃－哪個同工。可是，說穿了，他也還～只是個人哪！他並不是神，神～搞不好也沒有叫他這樣做啊！可是，自－自己人～的－人的意志嘛。

（靈糧堂　平信徒訪談逐字稿簡化版節錄）

藍綠教派的政治推論，點出教派從其形上的結構必然寓示的政治行動邏輯。這種邏輯提出一個宗教和政治的對應關係，此即是宗教基於先天的教義約制和後天的歷史脈絡詮釋，容易在空間位置上找到一個和其意識形態價值相近的政黨，做為教派實踐宗教倫理的展現及方法。於是教派染上政黨色彩，意味著教

1　本簡化版只保留受訪者的敘述、部分語氣，其他完整語調描述、與研究者互動、背景……等符號說明完全去除。

派在政治的議題上抱持著和政黨同樣或相近的立場，如統獨立場、兩岸關係、甚至重大的政治議題……等，或者更進一步的說教派提供政黨穩定的支持。然而此種現象卻會形成一個很大的疑問，因為教派政治行動邏輯建構的根基為來自形上的基礎，所以會造成教派對政治的認知是完全因為「神的旨意」之印象。然而，難道教派政治態度與價值的形成完全是因為信仰某一特定神論？多神論的信仰一定導致偏向國民黨？一神論的宗教又必然支持民進黨？

本章比較同類教派的政治態度與價值，檢視二者之間是否有必然的關係。當內在的信仰類似、外在的環境一致的時候，是否有不同的結果出現。是以，本研究將透過對長老教會與靈糧堂、一貫道與慈濟二組的比較，以便利抽樣的問卷方式調查二組教派的大致趨勢，並透過深度訪談的方式仔細探究個中的差異。本章除了在指明這二組比較的結果之外，更要理解差異的原因，最後說明這種差異性的意義以及對政治學研究的啟發。

第一節　研究方法

本研究的訪問分為結構式問卷以及深度訪談兩個部分。採用結構式問卷的目的有三：首先是以統計分析的方式探索信眾的行為與態度是否有一定的類型或趨勢。[2] 其次透過問卷篩選出政治態度與所屬教團不同的異營支持者，以區分各類政治立場不同的信眾，做為規劃第二階段深度訪談的對象。最後則是做為比較主要研究對象和次要研究對象的政治態度趨勢有何不同，以理解特定信仰與特定政治態度之間的關係。

2　因為本研究無法採用機率抽樣，因此以下的統計分析不做（也不應該做）對於母體的推論。

一、結構式問卷

首先對各教派進行問卷調查（問卷詳見附錄二），但由於調查時間的落差，[3] 造成長老教會、一貫道與靈糧堂、慈濟的調查時間點不一致，形成前二組為在 2010 年 9 月及 10 月完成，而後二組為在 2014 年 2 月及 4 月完成，如此，跨過 2012 年的總統大選。[4] 當然，此種更動對研究可能造成若干影響，不過本書最主要的研究對象為在長老教會及一貫道，後二組僅為參照比較之用；另外，此二題的設計最主要的目的為在理解信眾的政黨屬性以及是否可能產生變化，此種更動對研究目的的影響不大。因此基於上述，此種影響的效果將會降至最低。

調查研究的另外一個問題是由於沒有各教派信眾的母體清冊，[5] 因此無法採用機率抽樣的調查方式；而如果要在教會活動的現場進行系統抽樣，除了會打擾教會活動外，執行上也無法取得教會的同意。因此，只能採取便利抽樣的調查方式。再者，問卷的內容包含信眾的宗教經驗與自我價值、信眾對政黨政治的經驗以及異營支持者與教會教友的互動關係。對於主要研究對象而言，最主要的目的乃在於篩選出異營支持者，和理解同營支持者對異營支持者的相互關

---

3 由於本研究一開始只針對一貫道和長老教會政治態度與價值偏好的差異與比較，所以二教派先行於 2010 年進行調查與訪談。其後由於理論上的要求、接觸的問題、以及做為比較的教派，慈濟與靈糧堂一直到 2013 年才能確定，因此後二教派遲至 2014 年才完成。

4 是以，在問卷的第九題後二組改為調查 2012 年的總統選舉：「請問您在 2012 年總統選舉時，將票投給哪個政黨的候選人？」而第十題：「在下一次總統選舉中，您比較可能會支持哪一個政黨的候選人？」則成為調查 2016 年的投票意向。

5 基本上，各教派由於信仰上的自由與自主，信眾來來去去，教派本身也不太可能十分確定自己所屬教派的信眾人數，只能提供一個大略數字。另外，限於各教派隱私及對信眾的保護，他們也不會提供信眾的母體清冊。

係及態度。因此，本書透過問卷調查，找出一貫道的民進黨支持者、長老教會的國民黨支持者。其中，一貫道及長老教會為主要研究對象，而靈糧堂及慈濟為參照對象，透過參照對象的問卷，可以理解相同神論之政治態度及價值的異同。

關於問卷的施測過程，在長老教會方面為 2010 年 9 月分二波進行，主要是因為長老教會分台語團契及華語團契，並且時間不同。為顧及語言別可能對政治態度與價值的影響，因此分二次針對不同語言團契進行，並於該團契結束之後進行便利抽樣調查。而在一貫道的部分，則於 2010 年 10 月於該教派進行法會結束之後同樣進行便利抽樣，一次完成。另外，靈糧堂的部分為 2014 年 2 月分二次進行，第一次於小組聚會時進行，份數 14 份，由全體與會人員填卷完成，但由於份數過少，因此進行第二次。第二次則於該教派進行禮拜時，由牧師於禮拜時間內帶領完成，份數 59 份，由參與禮拜信眾便利抽樣完成。至於慈濟的部分則於 2014 年 4 月進行，第一次施測因為有其他區的委員參與，在其他區委員的阻擾下施測失敗，第二次則在純粹為該環保站信眾的集會下順利進行，由全體與會信眾於集會前填卷完成。

二、問卷調查與受訪者背景

針對一貫道正宇佛堂的信眾發出 43 份問卷，回收的有效問卷總共 33 份；針對長老教會蘭大衛紀念教會的信眾發出 40 份問卷，全部有效回收；在彰化主恩靈糧堂部分，發出問卷 73 份，回收有效的問卷計 69 份；慈濟彰化分會崙尾環保教育站發出 35 份問卷，回收有效的問卷計 31 份。其分佈如下表所示：

表 5-1　各宗教團體問卷調查受訪者背景分佈狀態

		多神論		一神論	
		一貫道	慈濟	長老教會	靈糧堂
性別	男	48.5%	41.9%	50.0%	31.9%
	女	51.5%	58.1%	50.0%	68.1%
年齡	30 歲以下	6.1%	0.0%	2.5%	24.6%
	31~40 歲	30.3%	6.5%	10.0%	21.7%
	41~50 歲	42.4%	22.6%	27.5%	34.8%
	51~60 歲	18.2%	48.3%	40.0%	14.5%
	61 歲以上	3.0%	22.6%	20.0%	4.4%
教育程度	小學及以下	0.0%	19.4%	17.5%	0.0%
	國（初）中 ~ 高中	40.6%	54.8%	15.0%	10.2%
	大學（專）	59.4%	22.6%	55.0%	73.9%
	研究所以上	0.0%	3.2%	12.5%	15.9%
省籍	本省客家人	6.1%	9.7%	0.0%	4.3%
	本省閩南人	87.9%	90.3%	92.5%	78.3%
	大陸各省市人	3.0%	0.0%	7.5%	17.4%
	其他	3.0%	0.0%	0.0%	0.0%
信仰宗教多久	5 年以下	29.0%	14.8%	16.2%	25.0%
	6~15 年	12.9%	51.9%	13.5%	42.7%
	16~25 年	29.0%	25.9%	10.8%	27.9%
	26~35 年	22.6%	7.4%	18.9%	2.9%
	36 年以上	6.5%	0.0%	40.5%	1.5%

* 有效問卷：一貫道 33 份、慈濟 31 份、長老教會 40 份、靈糧堂 69 份。

資料來源：本研究。

四個教派受訪者的背景在性別方面，靈糧堂及慈濟的男女比例差異較大，一貫道及長老教會則差異較小。在年齡方面，一貫道的受訪者主要在 31 到 50 歲之間；慈濟及長老教會的年齡層則大多在 41 歲以上；相對的，靈糧堂則呈現較年輕化的現象，偏重在 50 歲以下，尤其 30 歲以下仍佔 24.6%。在教育程度方面，一貫道的受訪者集中在國中以上大學以下，慈濟則以國高中較多；相較之下，長老教會的教育程度則有小學以下與研究所以上的兩極傾向，而靈糧堂則有極高比例的大學以上。在省籍方面，四個教派大都為本省閩南人，只有靈糧堂有稍高比例的大陸各省市人，因此較難看出四個教派在省籍上的差異。在信仰所屬宗教的時間上，一貫道有較多五年以下的信眾；慈濟及靈糧堂則有較多 6 到 15 年的信眾；而長老教會 36 年以上的信眾較多。

三、深度訪談受訪者背景及相關訪談進程

本書所訪談的對象總計 17 位，其中長老教會 7 位、一貫道 6 位、靈糧堂 2 位、慈濟 2 位。[6] 整個相關訪談的背景及進程如下所述：

（一）長老教會

計有 3 位神職人員與同營支持者及 4 位異營支持者。

1. 長老教會神職人員及同營支持者

本組的訪談對象主要是以神職人員（P1 及 P2）為主，並且在確定受訪意願的過程中獲得明確回應與協助。其中與異營支持者訪談的時間落差，主要是因

6 基於學術研究倫理，本項訪談在訪談之前已以電話事先聯絡或正式訪談之前，充分告知受訪者訪談研究的內容（訪談大綱）、目的、過程、使用工具（錄音設備）及其未來可能的運用範圍（包括投稿期刊及出版），在取得受訪者口頭的同意下，研究過程及結果並遵行匿名及保密協議，以保障受訪者的相關權益。

為研究者個人時間安排及研究進度耽誤所致。另外，P3 則是在主流信眾強烈推薦下確定受訪意願，並獲得十分可貴的訪談資料。

就本組而言，P1 為蘭大衛的牧師、P2 為傳道士，二者皆為世代篤信長老教會的神職人員，P3 則為醫界的高層主管。從三位受訪者的背景分析，他們不但是極為虔誠的信眾，也同樣具有強烈的政黨意識。在對教會的積極參與下，他們對蘭大衛具有很高的影響力，因此三位受訪者的訪談資料具有理解主流信眾政治態度與價值的指標意義。三位訪談對象資料如下：

表 5-2　長老教會神職人員及同營支持者資料簡述

代號	性別	年齡	教育程度	籍貫	職業	入教時間	政黨屬性	受訪日期
P1	男	50 幾歲	神學碩士	本省閩南人	牧師	世代篤信	深綠	2014/05/16
P2	男	20 幾歲	神學碩士	本省閩南人	傳道	三代篤信	綠	2014/05/23
P3	男	60 幾歲	大學	本省閩南人	醫界	1958 年	深綠	2014/07/28

＊表格中政黨屬性的得出方式：首先按照受訪者所填的問卷調查資料判斷（受訪者的投票行為及政黨偏好），其二藉由深度訪談的過程中由受訪者明白表達或研究者判斷，最後再按照其總是、經常或偶而偏好某一政黨的行為來決定其偏好程度。以下有政黨屬性的表格均同。

資料來源：本研究

2. 長老教會異營支持者

本組訪談對象 P4 是經由牧師所介紹，而在與受訪者聯絡之後，獲得明確回應並於受訪者家中進行訪談。P5 及 P6 則是經由幾次問卷調查篩選所得，亦即在收回問卷的過程中確定是異營支持者之後，與受訪者確定受訪意願，其中 P5 的訪談地點是位於長老教會的會議室進行。P7 則是在隱藏政黨偏好下，由同營支持者介紹訪談主流信眾，而在訪談的過程中才確定是異營支持者，並且在教會中擔任長老一職。四位異營支持者背景如下說明：

表 5-3　長老教會異營支持者資料簡述

代號	性別	年齡	教育程度	籍貫	職業	入教時間	入教時間	政黨屬性	受訪日期
P4	男	60 幾歲	大學	本省閩南人	黨工	六代篤信＊	深藍	深藍	2010/09/30
P5	女	50 幾歲	大學	本省閩南人	教師	1997 年 10 月	淺藍	偏藍	2010/10/10
P6	女	40 幾歲	大學	大陸各省市	教師	2004 年 8 月	中立	偏藍	2010/10/12
P7	男	50 幾歲	大學	本省閩南人	醫師	三代篤信	淺藍	偏藍	2014/05/24

＊從 P4 的祖輩到 P4 的孫輩共六代，皆為虔誠的長老教會教友。
＊＊ P4 及 P7 為台語團契的聚會會員、P5 及 P6 為華語團契的聚會會員。
資料來源：本研究。

從上述受訪者的資料顯示，P4 在宗教屬性及政治屬性方面皆具有強烈性的代表意義，其不但為一個出身自世代篤信基督宗教之長老會家庭、更兼具政治涉入性極高的黨工及資深國民黨員；而 P5 曾當選為國民黨優秀知識青年、P6 外省族群的特徵、以及 P7 醫師職業的性質（就蘭大衛而言，醫師行業為深綠的領域），在一片以本省閩南族群且深綠為主的蘭大衛紀念教會，皆顯得理論意義。為此，本書將對四位受訪者做深度經驗的資料分析，輔以問卷調查、參與觀察，以理解異營支持者與教派的可能關係、互動與影響。當然，本書也經由訪談異營支持者介紹而認識其他的異營支持者，但在受訪者背景相似及訪談內容差異性不大的情況下，只好不予採用。

（二）一貫道

計有 4 位神職人員與同營支持者及 2 位異營支持者。

1. 一貫道神職人員及同營支持者

本組的訪談難度雖不如一貫道異營支持者，但點傳師的訪談則同樣得來不易。就主流信眾的訪談來講，在一貫道並不是難事，因為這本就是其偏好的政治態度及價值，因此在持續融入的情況下很快獲得 I1 及 I2 的回應。但要接觸本組線的點傳師則一開始也不容易，通常需要被要求重新加入本組線[7]的求道儀式（亦即正式成為本組線的道親），方得以接觸點傳師。其後在 I1 的協助下，終獲得 I3 及 I4 的訪談機會，並於正和書院進行訪談，不過也因此耽誤不少時間。

其中 I1 為一貫道的講師，I2 為一般道親，I3、I4 都為點傳師，四位受訪者都是虔誠的信眾，也都積極參與佛堂事務，並依據佛堂價值選擇政黨。不同的是，I1、I2 及 I4 都選擇偏向國民黨，並且認為國民黨較能實踐一貫道遵循的價值，而 I3 卻持懷疑的態度而游移在兩黨之間。因此，四位受訪者的訪談資料具有理解一貫道神職人員與主流信眾的指標作用。

本組四位受訪人員的相關資料如下說明：

表 5-4　一貫道神職人員及同營支持者資料簡述

代號	性別	年齡	教育程度	籍貫	職業	入教時間	政黨屬性	受訪日期
I1	男	40 幾歲	高職畢	本省閩南人	維修工	1987 年前後	藍	2014/05/24
I2	男	40 幾歲	國中畢	本省閩南人	作業員	1991 年 *	藍	2014/05/24
I3	男	近 60 歲	五專畢	本省閩南人	點傳師	1973 年	以教義倫理決定政黨	2014/06/22
I4	男	近 60 歲	二專畢	本省閩南人	點傳師	1976 年	藍	2014/06/22

*I2：1991 年加入一貫道寶光組，2009 年轉到發一崇德。
資料來源：本研究。

7　因本書研究者之一已在 1997 年即與一貫道有所接觸，並在人情壓力及不甚瞭解下加入其他組線的求道儀式。

2. 一貫道異營支持者

本組受訪者確定的難度可說是得來不易，一開始經由問卷所篩選的異營支持者，其訪談安排遭受聯絡講師及主流信眾的阻礙而無法進行，其後經由介紹的異營支持者也在不破壞佛堂和諧的氣氛下婉拒訪談。經過三年多的持續融入及溝通，在獲得其他講師的協助下，終於確定 I5 及 I6 的訪談對象。其中，I5 是由其他講師（I1）所介紹，而 I6 則是由 I5 所介紹。其相關資料如下說明：

表 5-5　一貫道異營支持者資料簡述

代號	性別	年齡	教育程度	籍貫	職業	入教時間	原先屬性	現在屬性	受訪日期
I5	男	60 幾歲	中學畢	本省客家人	商	1984 年	淺藍	綠	2014/05/24
I6	男	50 幾歲	專科畢	本省客家人	中醫師	1979 年	綠	綠	2014/06/01

資料來源：本研究。

I5 及 I6 都為一貫道的講師，對一貫道佛堂的參與也極為積極，但在宗教意識和公民意識的區辨下，二者皆為民進黨的支持者。因此從身分上而言，二者的政黨屬性具有指標性的意義。

（三）靈糧堂

本組計有 1 位神職人員及 1 位信眾。就進入的難度而言，靈糧堂與長老教會一樣都抱持著開放的態度。因此，在與 L1 及 L2 的受訪確定過程中都十分順暢，並獲得相關教友的協助及聯絡。其相關資料如下說明：

表 5-6　靈糧堂信眾資料簡述

代號	性別	年齡	教育程度	籍貫	職業	入教時間	政黨屬性	受訪日期
L1	女	50 幾歲	高職畢	本省閩南人	牧師	1987 年	無	2014/08/12
L2	女	近 30 歲	大學畢	本省閩南人	上班族	2013 年	無	2014/08/16

資料來源：本研究。

L1 為從一貫道改宗到靈糧堂的神職人員，L2 則為從長老教會轉來的平信徒，二者皆無特定的政黨屬性，且皆認為政治意識和宗教意識應該區分。因此，從二者的訪談可以理解靈糧堂大部分信眾對政教關係的看法，並可以獲得他們改宗（或教派）的原因。

（四）慈濟

本組計有 2 位委員。對慈濟而言，雖然問卷調查會有點小問題，因為涉及對整個支會的政治態度與價值的調查。但就訪談來講，因為研究者與 T2 已熟識，而在 T2 的介紹下認識 T1。因此，就本組的訪談進行而言並未有何難度。本組受訪者相關資料如下說明：

表 5-7　慈濟信眾資料簡述

代號	性別	年齡	教育程度	籍貫	職業	入教時間	政黨屬性	受訪日期
T1	男	50 幾歲	高職畢	本省閩南人	公	1999 年	藍→中立	2014/09/01
T2	女	近 50 歲	碩士畢	本省閩南人	公	1994 年	無	2014/09/20

資料來源：本研究。

T1 及 T2 都為慈濟的委員，且都積極投入慈濟事務。T1 受限於傳統地方政治氛圍，曾為國民黨的支持者，但在慈濟不參與政治的前提下已轉向中立的觀點。而 T2 本就不熱衷政治事務，在慈濟的氛圍下更加遠離政治。因此，從二位受訪者的訪談資料分析，可以理解大部分慈濟信眾對政治中立的觀點與看法，更可以理解他們對政治態度轉變的原由。

第二節　調查結果的差異

藍綠教派的形成是否說明宗教和政治之間有一種必然的邏輯去支持這種對應關係？假設這種邏輯關係不存在，又是何種因素造成相同信仰卻有不同的政治認知？在多神論方面，與一貫道發一崇德正宇佛堂做比較的是慈濟彰化分會崙尾環保教育站，二者同為鹿港地區傳統的教派；而在一神論方面，與長老教會彰化中會蘭大衛紀念教會做比較的是彰化主恩靈糧堂，二者同為彰化市區信仰基督的教派之一。如此選擇的比較方式，可以使外在的影響條件盡量減至最低，而凸顯內在信仰因素或教團運作的差異。

本節首先進行宗教對信眾的影響力比較，如果四個教派二組比較具有同樣對信眾深刻的影響條件，則這種比較方具有意義性；否則在影響力不一致的基礎上，難以看出信仰對政治態度與價值的關聯。其結果如表 5-8 所示：四個教派對信眾的影響性（影響很大 + 有些影響）都非常高，幾達 100%，其中影響很大以靈糧堂的 97.1% 比例最高、慈濟的 73.4% 比例最低；而認為沒有什麼影響的只有慈濟的 3.3% 及靈糧堂 1.45%。以上說明如下表所示：

表 5-8 宗教對信眾的影響

	多神論		一神論		Total
	一貫道	慈濟	長老教會	靈糧堂	
影響很大	29	22	36	67	154
	87.9%	73.4%	90.0%	97.1%	89.5%
有些影響	4	7	4	1	16
	12.1%	23.3%	10.0%	1.45%	9.3%
沒什麼影響	0	1	0	1	2
	0.0%	3.3%	0.0%	1.45%	1.2%
完全沒有影響	0	0	0	0	0
	0.0%	0.0%	0.0%	0.0%	0.0%
Total	33	30	40	69	172
	100.0%	100.0%	100.0%	100.0%	100.0%

* 請問您覺得宗教對我的影響：(1) 影響很大 (2) 有些影響 (3) 沒什麼影響 (4) 完全沒有影響。
* 本項調查為非隨機抽樣、小樣本且為直行百分比顯示，因此任何一個樣本調查所得均能很大影響本項調查百分比，以下所有調查表格均同。

資料來源：本研究。

從數據顯示，不管在多神論或者一神論方面，信眾的虔誠度都很高。因此，二組虔誠的信仰比較，提供教派形塑信眾政治態度及價值並據以比較的基準。

一、教派對政治偏好的比較

本書進一步比較教派的政治偏好。和藍綠教派相比，參照組並沒有特別明顯的差異，二組比較結果，組間的差異反而比組內的差異來的明顯。

（一）對政治事務涉入的比較

如果藍綠教派的論點成立，則理論上對政治事務的涉入比較組應比參照組有較高比例的贊成意見，亦即長老教會與一貫道會比靈糧堂與慈濟來得涉入政治事務。

在多神論方面，一貫道贊成涉入的（非常應當＋有點應當）有 15.1%，而慈濟只有 3.2%，覺得非常應當的為 0；相對的，一貫道覺得不太應當的有 54.6%，而慈濟以非常不應當的 61.3% 佔多數。顯然的，不管從贊成或不贊成的方向來講，二教派最多只差 11.9% 的差距，並沒有達到非常大的距離。資料如表 5-9 所示。

表 5-9　教派對政治事務的涉入

	多神論		一神論		Total
	一貫道	慈濟	長老教會	靈糧堂	
非常應當	1	0	13	15	29
	3.0%	0.0%	32.5%	21.7%	16.8%
有點應當	4	1	11	24	40
	12.1%	3.2%	27.5%	34.8%	23.1%
不太應當	18	11	11	23	63
	54.6%	35.5%	27.5%	33.3%	36.4%
非常不應當	10	19	5	7	41
	30.3%	61.3%	12.5%	10.2%	23.7%
Total	33	31	40	69	173
	100.0%	100.0%	100.0%	100.0%	100.0%

＊請問您覺得教派應不應當對政治的事務積極涉入？(1) 非常應當 (2) 有點應當 (3) 不太應當 (4) 非常不應當。

資料來源：本研究。

上述這種沒有差距很大的情況亦在一神論出現，雖然一神論有較高比例的贊成意見，但組內的比較亦沒有顯著的差異。在長老教會方面贊成的意見（非常應當＋有點應當）有 60.0%，而靈糧堂有 56.5%，二者亦沒有明顯的差距。

是以從表 5-9 的比較：雖然在非常應當方面，一貫道 3.0% 高於慈濟的 0%，長老教會的 32.5% 高於靈糧堂的 21.7%；而在贊成意見方面，比較組也都高於參照組。然而這樣的差距，並不足以支撐比較組與參照組的假設，我們必須尋求更明顯的差異，方足以支持藍綠教派的觀點。

（二）對政黨偏好的比較

為了進一步支撐比較組和參照組的差距，本研究直接以教派是否偏好某個政黨詢問受訪者。當二者的差距愈大時，愈能支撐一貫道和長老教會的政治傾向。數據如下表所示：

表 5-10　教派對政黨的偏好

	多神論		一神論		Total
	一貫道	慈濟	長老教會	靈糧堂	
偏好很強	0	0	8	2	10
	0.0%	0.0%	20.0%	2.9%	5.7%
有一點偏好	3	1	13	6	23
	9.1%	3.2%	32.5%	8.7%	13.3%
沒什麼偏好	19	7	17	31	74
	57.6%	22.6%	42.5%	44.9%	42.8%
完全沒有偏好	11	23	2	30	66
	33.3%	74.2%	5.0%	43.5%	38.2%
Total	33	31	40	69	173
	100.0%	100.0%	100.0%	100.0%	100.0%

＊請問您覺得本教團是否偏好某個政黨？(1) 偏好很強 (2) 有一點偏好 (3) 沒什麼偏好 (4) 完全沒有偏好。
資料來源：本研究。

在多神論方面，一貫道有 9.1% 覺得有一點偏好，完全沒有偏好的佔 33.3%；相較之下，慈濟有一點偏好的只有 3.2%，而完全沒有偏好的卻高達 74.2%。但儘管如此，二教派對政黨偏好持否定意見都高達九成以上，似乎與理論的假定有很大的差距。而在一神論方面，則出現不同的情況，長老教會覺得偏好很強的佔 20.0%、有一點偏好的佔 32.5%，二者合計達五成以上；相較之下，靈糧堂覺得偏好很強的只有 2.9%、有一點偏好的只有 8.7%，而持否定意見的高達 88.4%，與長老教會的 47.5% 有很大的差距。顯然，長老教會有比靈糧堂較高的政黨偏好，這個差距在正方向甚至高達 40.9%。

所以，從表 5-10 說明了比較組與參照組對政黨偏好的差距，雖然這種差距在多神論方面並沒有想像中的明顯，但偏好的分布情況還是說明一貫道和慈濟對政黨偏好的程度是有差距的。

（三）信眾對教派政黨偏好的觀點

對於教派的政黨偏好，本研究進一步詢問受訪者的意見，以理解他們是否贊成教派此一態度，當贊成的比例愈高，表示信眾愈認同教派的政黨偏好。其結果如表 5-11：

表 5-11　信眾對教派政黨偏好的觀點

	多神論		一神論		Total
	一貫道	慈濟	長老教會	靈糧堂	
非常贊成	0	0	5	2	7
	0.0%	0.0%	12.5%	3.5%	4.4%
有點贊成	3	0	11	7	21
	9.4%	0.0%	27.5%	12.3%	13.2%
不太贊成	19	6	18	26	69
	59.4%	20.0%	45.0%	45.6%	43.4%
非常不贊成	10	24	6	22	62
	31.2%	80.0%	15.0%	38.6%	39.0%
Total	32	30	40	57	159
	100.0%	100.0%	100.0%	100.0%	100.0%

＊繼上題，您贊不贊成本教團對這個政黨的偏好？(1) 非常贊成 (2) 有點贊成 (3) 不太贊成 (4) 非常不贊成。
資料來源：本研究。

在多神論方面，一貫道有 9.4% 的信眾贊成，而持反對意見的有 90.6% 的信眾；相對的，慈濟對於教派的政黨偏好沒有持贊成意見的，全部的受訪者都持反對意見，此可能與慈濟的十戒之一有關：「不參與政治活動、示威遊行」，為此慈濟的信眾認可教派不應涉入敏感的政黨活動。

相較於多神論信眾對教派政黨偏好的反對態度，一神論信眾對教派政黨偏好的贊成意見則有較高比例的情形出現。上表中，長老教會持非常贊成的有 12.5%、有點贊成的有 27.5%，二者合計達四成以上；靈糧堂持非常贊成的有 3.5%、有點贊成的有 12.3%，不贊成教派有任何政黨偏好的有 84.2%，顯示靈糧堂信眾對教派政黨偏好的觀點與長老教會有很大的差異。

所以，從表 5-9 到 5-11 的比較，雖然參照組和比較組的政治偏好有所差距，但這種差距並沒有想像中的大，尤其是多神論的比較，可能是受限於傳統宗教的氛圍，信眾不太願意表明所屬教派的政治偏好。但不管如何，這種差距仍顯示一貫道比慈濟、長老教會比靈糧堂有更濃厚的政治偏好。這種偏好將以受訪者對政黨的偏好來做進一步檢測，以支撐藍綠教派的觀點假定。

二、信眾對政黨偏好的比較

在表 5-10 對教派政黨偏好的詢問當中，認為教派有所偏好的在一貫道為 9.1%、慈濟為 3.2%、長老教會為 52.5%、靈糧堂為 11.6%，顯然這樣的數據是有所隱瞞的。本研究進一步詢問受訪者對政黨的偏好，則這樣的數據馬上有所提升，如表 5-12 所示。其中，一貫道承認自己有政黨偏好的（國民黨＋民進黨＋其他政黨）有 33.3%、慈濟有 19.4%、靈糧堂有 25.4%，唯一降低的是長老教會為 42.5%，而這些數據和前面詢問信眾對教派政治偏好認知的數據明顯不同。顯然，在問卷題目和題目的比較之間，可以推敲出更多教派的真實態度。

在多神論方面，承認自己支持國民黨的一貫道有 21.2%，慈濟則只有 9.7%；而支持民進黨的一貫道有 9.1%，慈濟有 6.5%，二者差異不大。宣稱自己沒有政黨傾向的一貫道有 66.7%，而慈濟則高達 80.6%。雖然這些數據並沒有想像中的明顯差距，但在一貫道支持國民黨和支持民進黨的差距高達 12.1%，但這樣的差距在慈濟則只有 3.2%。明顯的，慈濟並沒有類似一貫道藍色政黨的傾向。

而在一神論方面，長老教會支持國民黨的有 5.0%，靈糧堂則有 14.9%；而支持民進黨的長老教會信眾有 37.5%，靈糧堂則降為 10.5%。宣稱自己沒有政黨傾向在長老教會的信眾有 57.5%，靈糧堂則高達 74.6%。長老教會兩黨支持的差距高達 32.5%，明顯偏向民進黨；而靈糧堂兩黨支持的差距則只有 4.4%，且支持國民黨的稍高。為此，在一神論這一組方面，長老教會明顯有綠營色彩，但靈糧堂並不具有這樣的政黨色彩。上述資料如表 5-12 所示：

表 5-12 信眾對政黨偏好的比較

	多神論		一神論		Total
	一貫道	慈濟	長老教會	靈糧堂	
國民黨	7	3	2	10	22
	21.2%	9.7%	5.0%	14.9%	12.9%
民進黨	3	2	15	7	27
	9.1%	6.5%	37.5%	10.5%	15.8%
其他政黨	1	1	0	0	2
	3.0%	3.2%	0.0%	0.0%	1.2%
沒有政黨傾向	22	25	23	50	120
	66.7%	80.6%	57.5%	74.6%	70.2%
Total	33	31	40	67	171
	100.0%	100.0%	100.0%	100.0%	100.0%

* 下列二個政黨，各有各的理念與精神，因此也各有各的支持者，有些人會堅定不移的站在某一政黨的這一邊，成為這個黨的忠誠支持者，請問您的情況怎麼樣？(1) 國民黨 (2) 民進黨 (3) 其他政黨 (4) 沒有政黨傾向。

資料來源：本研究。

三、信眾對政黨滿意度的比較

從表 5-8 到表 5-12 的討論中可以發現，當問卷的題目愈是迂迴、愈是不敏感，受訪者愈是能表達其所屬的政治態度及價值。因此，本研究接著以信眾對政黨的滿意度來檢驗教派的政黨立場。

（一）對國民黨的滿意度比較

首先討論的是多神論對國民黨的滿意程度。從滿意程度的方向來看，一貫道非常滿意的有 6.1%，而此部分慈濟是 0；而在有點滿意的選項，一貫道是 36.4%、慈濟則為 11.5%。所以從對國民黨的滿意程度比較，一貫道合計為 42.5%，慈濟則為 11.5%；而從不滿意的方向合計，一貫道為 57.5%，慈濟則升高為 88.5%。明顯的，一貫道較慈濟對國民黨有較強烈的偏好程度。數據如下表所示：

表 5-13　信眾對國民黨滿意度的比較

	多神論		一神論		Total
	一貫道	慈濟	長老教會	靈糧堂	
非常滿意	2	0	2	2	6
	6.1%	0.0%	5.0%	2.9%	3.6%
有點滿意	12	3	7	8	30
	36.4%	11.5%	17.5%	11.8%	18.0%
不太滿意	18	15	17	45	95
	54.5%	57.7%	42.5%	66.2%	56.9%
非常不滿意	1	8	14	13	36
	3.0%	30.8%	35.0%	19.1%	21.6%
Total	33	26	40	68	167
	100.0%	100.0%	100.0%	100.0%	100.0%

* 對於國民黨過去一年來的整體表現，請問您覺得滿意還是不滿意？(1) 非常滿意 (2) 有點滿意 (3) 不太滿意 (4) 非常不滿意。

資料來源：本研究。

而在一神論方面，長老教會對國民黨非常滿意的只有 5.0%、有點滿意的 17.5%，二者合計 22.5%；相較之下，靈糧堂非常滿意的 2.9%、有點滿意的 11.8%，二者合計為 14.7%。從不滿意的方向比較，長老教會合計為 77.5%，靈糧堂為 85.3%。於此，不管從那一方向比較，二教派似乎對國民黨的偏好並沒有太大的區別。

（二）對民進黨的滿意度比較

在多神論方面，一貫道對民進黨非常滿意的有6.3%、有點滿意的為31.3%，二者合計為37.6%；相對的，一貫道對民進黨不太滿意的有53.1%、非常不滿意的有9.4%，二者合計為62.5%。而在慈濟的部分，對民進黨並沒有非常滿意的比例、有點滿意的為34.6%；相較之下，在不滿意的方向也合計高達65.4%。總體而言，多神論二教派在對民進黨的滿意程度差異並不太大。

而在一神論方面，長老教會對民進黨非常滿意的有10.0%、有點滿意的有47.5%，二者合計達57.5%；相較之下，靈糧堂對民進黨的滿意度就低得多，在非常滿意的選項只有1.5%、有點滿意的為10.3%，二者合計為11.8%。而在不滿意的方向，靈糧堂高達88.2%，亦遠高於長老教會的42.5%。因此，從對民進黨的滿意度區分，長老教會對民進黨的偏好有比靈糧堂較為強烈的程度。上述說明如下表所示：

表 5-14 信眾對民進黨滿意度的比較

	多神論		一神論		Total
	一貫道	慈濟	長老教會	靈糧堂	
非常滿意	2	0	4	1	7
	6.3%	0.0%	10.0%	1.5%	4.2%
有點滿意	10	9	19	7	45
	31.3%	34.6%	47.5%	10.3%	27.1%
不太滿意	17	15	14	50	96
	53.1%	57.7%	35.0%	73.5%	57.8%
非常不滿意	3	2	3	10	18
	9.4%	7.7%	7.5%	14.7%	10.8%
Total	32	26	40	68	166
	100.0%	100.0%	100.0%	100.0%	100.0%

＊對於民進黨過去一年來的整體表現，請問您覺得滿意還是不滿意？(1) 非常滿意 (2) 有點滿意 (3) 不太滿意 (4) 非常不滿意。

資料來源：本研究。

四、信眾投票行為的比較

由於研究調查時間的落差（詳見本章第一節），所以在本題所詢問受訪者投票年度並不一致。在長老教會和一貫道的調查，所詢問的投票年度是 2008 年的總統選舉；而在靈糧堂和慈濟的調查，則為 2012 年的總統選舉。儘管如此，本研究此題設計所欲理解的為信眾的實際投票選擇、及其在下一屆選舉是否可能會改變。因此，本研究於此將要強調教派的政黨選擇及兩屆選舉之間的改變性，而不是教派年度的比較。在多神論方面，其結果如下：

表 5-15　多神論 (一貫道 . 慈濟)* 總統選舉投票選擇

	上屆		下屆	
	一貫道	慈濟	一貫道	慈濟
國民黨	19	6	18	2
	57.6%	21.4%	56.3%	14.2%
民進黨	3	9	4	4
	9.1%	32.2%	12.5%	28.6%
其他政黨	2	1	5	4
	6.1%	3.6%	15.6%	28.6%
無黨籍	1	2	5	4
	3.0%	7.1%	15.6%	28.6%
沒有去投票	8	10		
	24.2%	35.7%		
Total	33	28	32	14
	100.0%	100.0%	100.0%	100.0%

* 上屆題目：請問您在 2008/2012 年總統選舉時，將票投給哪個政黨的候選人？(1) 國民黨 (2) 民進黨 (3) 其他政黨 (4) 無黨籍 (5) 沒有去投票。
* 下屆題目：在下一次總統選舉中，您比較可能會支持哪一個政黨的候選人？(1) 國民黨 (2) 民進黨 (3) 其他政黨 (4) 無黨籍。

資料來源：本研究。

從表 5-15 中可以得知，一貫道在上屆（2008 年）投給國民黨的有 57.6%，而投給民進黨的只有 9.1%；而在下屆（2012 年）選舉中，仍然有 56.3% 的信眾意欲選擇國民黨，而想改變政黨選擇投給民進黨的只微幅上升到 12.5%。相較之下，慈濟在上屆（2012 年）選舉中投給國民黨的有 21.4%，而投給民進黨的有 32.2%；而對下屆（2016 年）選舉的可能選擇，仍然想投給國民黨的降到 14.2%，而想投給民進黨的也降到 28.6%。不過，慈濟於此出現一個值得注意的現象：對下屆總統選舉投票意向的考量，在回收 31 份的有效問卷中有高達 17 份的問卷選擇不答或未定，其比例高達慈濟有效問卷的 54.8%，相較其他三個教派並未出現此種特殊現象，此可能與教派戒律禁止參與政治活動，信眾不輕易透露投票意向的氛圍有關。而從表 5-15 的比較中可以發現，一貫道選擇國民黨的比例很高，並且在兩屆選舉的比較中變化不大；相較之下，慈濟雖然選擇民進黨的比例高於國民黨，但這種差異並不特別明顯，且考量沒有去投票及 17 份未答的問卷，慈濟顯然沒有特別偏向的政黨屬性。

另外在一神論部分，其結果如表 5-16 所示：

表 5-16　一神論（長老教會．靈糧堂）* 總統選舉投票選擇

	上屆		下屆	
	長老教會	靈糧堂	長老教會	靈糧堂
國民黨	9	34	7	17
	22.5%	51.5%	19.4%	29.8%
民進黨	24	16	24	18
	60.0%	24.3%	66.7%	31.6%
其他政黨	2	1	3	13
	5.0%	1.5%	8.3%	22.8%
無黨籍	1	0	2	9
	2.5%	0.0%	5.6%	15.8%
沒有去投票	4	15		
	10.0%	22.7%		
Total	40	66	36	57
	100.0%	100.0%	100.0%	100.0%

* 上屆題目：請問您在 2008/2012 年總統選舉時，將票投給哪個政黨的候選人？(1) 國民黨 (2) 民進黨 (3) 其他政黨 (4) 無黨籍 (5) 沒有去投票。
* 下屆題目：在下一次總統選舉中，您比較可能會支持哪一個政黨的候選人？(1) 國民黨 (2) 民進黨 (3) 其他政黨 (4) 無黨籍。

資料來源：本研究。

在表 5-16 中，長老教會在上屆（2008 年）投給國民黨的有 22.5%，而選擇民進黨的高達 60.0%；而在下屆（2012 年）選擇國民黨的意向降為 19.4%，而選擇民進黨的意向升為 66.7%。顯然，長老教會偏向綠色政黨的屬性是不變的。相較之下，靈糧堂在上屆（2012 年）投給國民黨的有 51.5%、投給民進黨的有 24.3%；而在下屆（2016 年）投給國民黨的意向卻大幅降為 29.8%、選擇民進黨的意向反升為 31.6%。顯然，靈糧堂的投票行為並沒有特別反映出政黨偏好。

所以，從表 5-16 中可以反映出長老教會的綠色政黨屬性，而且是穩定的；相對的，兩屆選舉的調查差異，反映出靈糧堂並沒有特定的政黨偏好。

五、同類的信仰不同的政治展現

藍綠教派的形成，說明一貫道和長老教會政治神學建構的邏輯並不普及於所有的教派，而其最具體與最顯明的表徵即是政治偏好與政黨屬性。如果一貫道和慈濟、長老教會和靈糧堂具有同樣的政治偏好和政黨屬性，則說明宗教與政治之間特定的神論必可推論特定的政治態度與價值，否則這種對應關係並不具有必然性。從上面的說明可以得知，不管在多神論或一神論方面，雖然信仰相同卻有不同的政治展現。

相較於藍綠教派的政治呈現，慈濟和靈糧堂在對政治事務涉入的態度、政黨的偏好、和信眾的投票行為上，都不具有一個特定且穩定的偏向出現。相反的，不管是一貫道或是長老教會，在從表 5-9 到 5-16 的比較中可以察覺二教派的政治偏好與政治屬性逐漸被勾勒與強化。因此，在從一神論和多神論兩組的比較中可以得知：相同的信仰不一定得出相同的政治認知與行為，亦即傳統教派不一定支持國民黨，而基督教派也未必支持民進黨。誠然，對慈濟和靈糧堂而言，從形上而來的信仰或許會支持某種特定的議題，比如慈濟反對菸酒、賭博，或者靈糧堂反對「多元成家」的觀念，但這種態度難以成為他們支撐某種政黨的動能，當然也就不會形成特定的政治偏好或政黨偏向。

當然，有關本節透過調查問卷所形成的二類組比較，仍有二點限制：其一調查問卷必須提高成功率（尤其是慈濟的部分），其二只問政黨支持而沒有問及其他如兩岸或統獨的議題，如此會限縮二組教派的全面性比較。即使如此，此份調查比較仍然顯示次要研究對象的靈糧堂與慈濟沒有同黨支持的對象，並且對政治的涉入也比較低。接下來的第三節到第五節，本研究會透過深度訪談及參與觀察，說明靈糧堂與慈濟為何沒有同黨支持對象和對政治涉入較低的原因。

第三節　論靈糧堂與慈濟受訪者的宗教觀

從上面的實證分析，發現靈糧堂與長老教會、慈濟與一貫道雖有相同或類似的神論，但他們卻有極其不同的政治展現。前面論述藍綠教派的形成是一種宗教倫理實踐的結果，那麼為何靈糧堂和長老教會、慈濟和一貫道卻有那麼大不同的政治差異？如果說對長老教會而言，投給民進黨是一種上帝公義的結果，那麼對靈糧堂來說不做任何的政治抉擇，難道又是一種違背上帝公義的錯誤行為？選擇國民黨對一貫道來講是一種遵循傳統價值「道」的展現，那麼不參與任何政治活動的慈濟又該如何描述？上一節的調查說明，此四個教派的受訪者都是非常虔誠的信眾，他們也都願意將其信仰積極落實在對人的關係上。顯然，從一開始此二組比較的教派在對神論的詮釋上就有很大的不同，以至於衍生迥然不同的政治推論。以下將透過對靈糧堂與慈濟信眾的深度訪談，以理解在形上基礎上這二組教派是否與長老教會與一貫道有根本的差異。

一、對「宗教」的觀點

什麼是宗教？對靈糧堂的牧師來說，宗教為一種生活的方式，為一種啟迪生命力量的來源：

對我來說它不是宗教，它是一個生活方式。……**所以，對祂可以在你的生活的裡面，讓你這個－生命是可以真實的說～，然後那個活出來的人是有一個力量跟能力的。**[8]（L1，女性，靈糧堂，牧師，無政黨傾向）

對平信徒（不具任何教會職務的信眾）而言，或是一種生命的助力：

我覺得－嗯～我覺得－我們～我－我現在～接觸的－基督教，它～**不單單對我來講是宗教，它是一個信仰。**……。因為，我覺得－人，一定都會遇到一些困境，然後一些脆弱，那我覺得～是～上帝祂幫助我，就是～走過一些～呃～人生的一些～高低起伏這樣子，對。（L2，女性，靈糧堂，信眾，無政黨傾向）

相對的，對慈濟的委員來說，宗教為一種指引人生的方向與目標：

宗教就是，宗就是～人生的宗旨啊，啊教就是～～教育的方向啊。那阮師父講ㄟ啊，宗教就是按尼啊，宗教就是咧教人啊。（T1，男性，慈濟，委員，無政黨傾向）

或是一種利益眾生的行為：

其實～宗教來講～，有很多－宗教可能就是－殊途同歸啊，大概是－利～利益人群哪，嗯～～。為眾人付出，就是－大概是這樣啊。以～以整個～就是帶動整個社會的祥和啊，嗯啊。這時候是利益－投入利益人群的工作啦，對～。（T2，女性，慈濟，委員，無政黨傾向）

---

8 本對話節錄（含以下）為完整版，詳細符號意義參見附錄四。

因此，不管在啟迪生命的助力或是指引人生的方向，對靈糧堂或慈濟的信眾而言，宗教都不是在尋求超越人生的終極目標，而是在尋求一種人安生立命的價值準則。

二、加入各教派的理由

全國各宗教團體多達2,614個（包含全國性及地域性）[9]，那麼為何他們要選擇各自的教派？他們加入各教派的理由是否有政治性的因素？對於曾經是一貫道信眾的靈糧堂牧師而言，離開一貫道的原因為無法認同一貫道對聖靈的詮釋：

> 它並沒有給我一個－呃~**真實的**感覺到－**就是**－這個就是我要的心中答案。……第一個我－我渴望我的－家庭有改變，那我的家庭其實是一個很需要跟我。然後，第二個就是我感~我感受到他們~給我那個答案，不是讓我能夠覺得說~，很容易就是－，**我覺得**－我如果要接受他們給我那個答案有一點－**勉~強**。所以，我－並不那麼完全認同他們的答~案，……。讓我感覺到說~，好像－沒有真正找到**聖靈**這個－答案。（L1，女性，靈糧堂，牧師，無政黨傾向）

所以，牧師選擇靈糧堂的原因為在祈求真理：

> 就是心裡面會希望有一種－有一個－有一**需~需要－希~望－知道**，那個世界應該有真理，那－那個真理是什麼，**然後那個道－又是什麼**。……然後，沒

9　資料詳見第一章註58。

有多久就發現上帝、奉獻耶穌，就是有一點祈求信仰能夠平安。（L1，女性，靈糧堂，牧師，無政黨傾向）

此正呼應牧師選擇信仰宗教的原因，為在尋找生命的答案：

差不多~其實那個時候~，呃~我父親的過世，我過去是活在找生命的答案嘛，然後覺得需要一股力量。（L1，女性，靈糧堂，牧師，無政黨傾向）

而對於曾經是長老教會信眾的 L2 而言，離開長老教會的原因除了工作因素之外，更多了一點神職人員的因素：

第一點是因為我工作~的關係，因為去外地。然後~然後－可能有時候因為工作忙，我就是沒有辦法－回到教會。那~因為－呃~~我們教會就是~當中~呃－中間有－換~牧師啦，……然後就是－也是~有－有一些~問題這樣子。（L2，女性，靈糧堂，信眾，無政黨傾向）

因此，L2 選擇加入靈糧堂：

因為就是我自己本身我也想要~接觸一些~不一樣的東西。（L2，女性，靈糧堂，信眾，無政黨傾向）

所以對靈糧堂的信眾來說，不管是 L1 或 L2，也不管原先的教派是深藍或深綠，從他們離開到加入靈糧堂，其所秉持的理由都是一種追求內心的自我圓滿，而跟政治的因素毫無關聯。這種情況也同樣出現在慈濟的信眾上，加入慈濟為一種尋找安定內心力量的來源：

因為，人生就是~**起起伏伏啊**，人生會遇到挫折啊，啊挫折就是~有一個信仰，就是~安定自己的力量啊。……。啊所以，要找一個信－找一個信仰，嗯，

找一個~好像是－安定自己啦，安定嘎己<自己之意>，安定嘎己ㄟ<自己的之意>心安。（T1，男性，慈濟，委員，無政黨傾向）

或是認同慈濟的理念而加入：

那應該是八十~年那一年吧，我在收音機~裡面無意中聽到證嚴上人的開示，……。那我~對~她的－所講－所開示的內容就很認同，**很嚮往她所~她自己想要做的一切**。所以那個當時，我就想說有機會的話，我也想要跟著她做慈濟。（T2，女性，慈濟，委員，無政黨傾向）

所以對 T1 或 T2 來說，加入慈濟也是一種安定內心的因素，而這也跟政治因素無任何牽扯。

三、對神的感受

對兩教派的信眾來說，既然加入宗教為一種追求內心圓滿的行為，那麼他們如何看待各自信仰的神？對慈濟的信眾來說，神是一種人的昇華：

佛陀不是－**不是神啊**，佛陀也是人哪，他有滅渡啊！（T1，男性，慈濟，委員，無政黨傾向）

接著神為一種引領人們正信、實踐善行的模範：

慈濟－不－**不是干那咧拜佛ㄟ**<不是只有拜佛>，嗯。慈濟就是那落<那個之意>~就是－**做~啦！要做啦**。……菩薩－，不是在~裡面－跟人家拜的，菩薩－是－**要做好事**，菩薩能吃、能穿、能睡，菩薩就是做好代己<事情之意>。……啊你沒有做~，啊－那個－神明會保佑你嗎？嗯啊。就是你－就是要出來做啊！（T1，男性，慈濟，委員，無政黨傾向）

所以，對他們而言，所謂的佛、菩薩都是一種導引向善的動能及象徵，而不只是一種精神崇拜的對象。同樣的，這種神性的觀念也可在靈糧堂的信眾發現：

基督教信仰的－主要是屬於～神，**神可以幫助你改變你的生命。生命是沒有辦法靠自己改變的，呃～你沒有辦法靠做難一些形來改變你的生命，因為你那個真實的生命是～，你願意相信耶穌，然後讓耶穌去讓你的心裡面安寧**；然後你生命就會做主，**在你的心中、在你的裡面，有一位神～，這個神賜給你力量跟能力，那～這樣的－靠的祂生命有活得出光采。**（L1，女性，靈糧堂，牧師，無政黨傾向）

他們相信神，不只是一種信仰，而且是生命力量及光輝的來源：

呃～上帝當然－在我的～認知上面，祂～算是－還滿～重要的呀。因為，因為祂也～就是說－也～，在我的生～生命或生活－當中，其實祂有種～變我一些～東西啊。就是譬如說，我的一些思考方面，還是說－呃～家裡的一些～方面這樣子。那～其實，在我們的家族方面，其實祂是一個～很重要、不可或缺的一個～。（L2，女性，靈糧堂，信眾，無政黨傾向）

對靈糧堂的信眾而言，神顯然不是一種高高在上的權威概念，而是一種幫助生命圓滿的動能，並且是指示行事標準的泉源：

我覺得－對我來講，就是神祂是一個很～很～很大的神，祂是－祂想的東西其實超過我們的——眼界，你們問我天可以看得到。**所以**，上帝可以把我們～不知道的事情一起告訴我們；然後，上帝更是知道說～那一件事情，呃～**怎麼做最好**，那個答案就在上帝當中。所以那個智慧、那個能力，我覺得也是——過後才知道、回頭來看，才能是——是——。（L1，女性，靈糧堂，牧師，無政黨傾向）

總之，對慈濟或靈糧堂的信眾來說，神的概念絕不是一種超越形上的追求，而是和人休戚與共的價值規範依據，並為一種實踐強大動能的來源。

四、教義的啟示

對慈濟的信眾來講，除了證嚴法師的《靜思語》之外，拜讀的經典主要為《法華經》及《無量義經》（T1，T2），相當不同於一貫道的四書五經。

> 慈濟的精神都是－大部分都是《無量義經》，一身無量，無量從一而生。嗯，就是講~，嗯啊，種子~一粒種子種落去－厚－，啊那粒種子~你哪講~－厚－有好的土壤~，啊你啦照顧、啊你啦施肥，哦啊－長大~變成大樹，啊結很多的果，這就是無量~《無量義經》的精神啊。（T1，男性，慈濟，委員，無政黨傾向）

而這兩部經典主要為去惡習以利人群：

> 《無量義經》跟《法華經》就是－，其實~就是－剛剛講的－，對內~要－其－自己要去－修為啦。其實個人~每個人都有－**都－都~有一些習~氣不好的地方啊**，你要藉由去做，改正自己的不好的地方、自己的習氣。**那－提升了以後**，你就是要投入人群。（T2，女性，慈濟，委員，無政黨傾向）

所以對慈濟的信眾來講，如同一般的多神論一樣，他們相信人人都具有佛一樣的清靜本性：

> **我們主要是強調人性本善**，嗯啊。人人攏是~~心無眾生、善無差別啊，就是講~人人就是－，人~攏是－攏是嘎－＜跟＞嘎佛攏是同款，有－清靜的本性啊。（T1，男性，慈濟，委員，無政黨傾向）

因此，他們認為要提升生命的價值，以達到渡化眾生的目的：

就是－~**生命~價值的一個提升吧！**……就是對內你要做到誠正信實，那對外要慈悲喜捨，……因為－慈濟不只是一個慈善團體，它更重要是一個修行的團體。是**藉由~藉由~慈善——去修~修行，最主要是修行**。……但是~，你追求那個東西不是為了自己，……雖然說，你－可以到成佛的境界，你－發願還是要再回到這個人間來渡化其他人。**完全是~應該說~，但願眾生~得離苦，不為自己求安樂啦**，大概是這兩句話。（T2，女性，慈濟，委員，無政黨傾向）

這種建立在自我和他人之間關係的教義啟示，同樣也可在靈糧堂的受訪者發現。基本上，這些受訪者對靈糧堂的教義也都有相當的瞭解：

以一些~~**大原則跟基本的**——呃－那個——成為一個基督徒，他應該知道的事情、他應該做的事情、他應該~~哦~~明白的，大概~~七十——七十 percent 大概。（L1，女性，靈糧堂，牧師，無政黨傾向）

而這種瞭解主要是來自對上帝的信仰所形成的幸福感：

所以，在這個信仰裡面，令我一個充滿幸福，**經歷帶給我真實的經歷**，……，真實的－真實感，還有《聖經》的~所有經文，那種~真實。（L1，女性，靈糧堂，牧師，無政黨傾向）

並且他們會將這種信仰所形成的幸福感，如同慈濟一般用在關懷他人身上，形成與長老教會不一樣的特色：

如果－以長老教會的話，其實~長老教會他們~比較著重在~~呃~~《聖經》**上~面**的教導。……可是靈糧堂讓我覺得比較－不一樣的地方，就是－他們除了~在《聖經》上面~的部分，他們~在**禱告**－上面，有很大的一些~恩高，……。

然後~，它可能在**關懷上面**就會比較強烈。（L2，女性，靈糧堂，信眾，無政黨傾向）

顯然的，對慈濟和靈糧堂的受訪者而言，這種對教義的啟示有助他們建立積極入世的人際網絡。

五、自我價值的轉變

雖然對慈濟的受訪者來說他們都是在家、俗世的弟子，但畢竟是佛教的一個團體，因此也都具有積極行善、相信因緣果報、隨順因緣、犧牲奉獻等一般佛教的特質，而這也都深深影響慈濟的受訪者：

現在－進來－進來慈濟之後，就是一心就是卡那落啊，看~比較開啦，沙米代誌攏看卡開啦，比較不會執著啦。（T1，男性，慈濟，委員，無政黨傾向）

而這樣會促使他們轉變對俗世價值的看法：

那~~進入慈濟以後~~，我們大概一些世俗的觀念~，就是說~追求名利那些~，就~非常的淡薄！不會－把它－看得很~重視。可能~我們追求另外一個層面的生命價值，就是說-有時間的話是為~~為~為－人群去付出。包括誰有困難去幫助他，哦－這些~說那個是－很有價值的。（T2，女性，慈濟，委員，無政黨傾向）

甚而使他們具有積極行善的動能，以求來生的福報：

我干嘎就是講~，人－厚~－我是~**佛教徒啦**，當然我是－**相信~~因緣果報**。……。啊所以講~~，**我的價值觀**就是講~~我要把~~來世的劇本寫好，……。

啊就是講~咱人就是~.，嗯~~阮師父常講~~嗯~~**我們不能庸庸碌碌過一生哪。**（T1，男性，慈濟，委員，無政黨傾向）

而對靈糧堂的信眾而言，宗教的信仰同樣具有正向的改變：

我覺得比較正向。（L2，女性，靈糧堂，信眾，無政黨傾向）

這種正向的改變包括了人生的態度、目標及價值：

嗯，加入之後~~，之前跟之後~，就是說~你被－認定~的一個態度，嗯，你為了──的一個~~生命的一個態度不一樣，就是說看待生命的一個角度~不一樣，你比較~謙－就是－感覺到說，知道人生的方向。……但是我－覺得最大的不同就是，到~到~一個危險的價值觀，那有一個更高的一個~價值觀－的一個活~一個－價值。**你知道說~~你雖然也跟大家一樣過這樣的生活；可是，你裡面有一個－不一樣的東西**，就是－你會活得更~比你好，活得更有~價值，你覺得更有~意義。之後，你願意──可以被成為~裡面有上帝的祝福。（L1，女性，靈糧堂，牧師，無政黨傾向）

如同一般教派的信眾一樣，此二教派受訪者的改變都是朝向精神層面並且較具積極實踐的態度。

六、對其他宗教的態度

不管慈濟或靈糧堂他們都是一個入世的教派，難免會跟其他宗教團體有所接觸，那麼他們如何看待其他宗教？

因為，我今嘛~我嘛是~這－跟－－跟以前還是如常啊，一些習性我還是──會拜、會那個啊、會去廟裡拜拜。因為－，**畢竟那個也是我們從小到大~那個~**

已經~很習慣了，很－很－很──很習慣的一個過程哪。（T1，男性，慈濟，委員，無政黨傾向）

顯然，慈濟的信眾會比較以一個融入的態度去面對其他宗教：

因為我平常~從小很少在~~寺廟裡面走動啊，我本來就不常啦，啊－我現在也不會排斥。（T2，女性，慈濟，委員，無政黨傾向）

所以，對慈濟的信眾而言，顯然比較不會以自己的價值準則放諸其他教派，而較具有尊重及包容的特性。相反的，對靈糧堂的牧師而言卻比較有排斥的態度：

不會、不會去！啊我去－也是去禱告啦。（L1，女性，靈糧堂，牧師，無政黨傾向）

甚至對曾為一貫道道親的經歷表示負面的看法：

我覺得我現在回想起來，我會覺得很可惜是－，浪費我的青春，我會這樣~~**我確實會有這樣的想法**。（L1，女性，靈糧堂，牧師，無政黨傾向）

因而表現出一種宗教的優越性：

因為我們神是最大的神，所以其實我們去廟裡，我們去是－是－一定要求**為那個地方做**，我們不是去那邊~敬拜或膜拜【笑】。……呃~，祂們其實是一個~~呃~應該說~好像是一個──把祂做出來的－一個－一個－一個**東西啦！**……，當我們相信神是最大的神的時候，其實我們來看待那些神會知道說，呃－祂也是──**讓~被神管**的。（L1，女性，靈糧堂，牧師，無政黨傾向）

在對其他宗教的態度上，此二教派表現出截然不同的對應方式。

第四節 論靈糧堂與慈濟受訪者的政治觀

靈糧堂和慈濟同樣是一個入世的教派，對於入世的教派而言，將形上的世界推論到形下的世界、並且盡可能保持一致，為一個最理想的狀態。但此就牽涉一個問題：要緊密到何種程度？過度緊密不免牽涉政治，此所以長老教會和一貫道走向藍綠教派的結果。假設過度不相干，教派又不免形成長老教會牧師所說的「無根的宗教」（P7），失去對俗世社會的話語權。那麼靈糧堂和慈濟又該如何推論他們的政治觀？

一、落實人間社會的積極性

就靈糧堂和慈濟的宗教活動情形而言，二者對社會積極涉入的程度並不亞於長老教會和一貫道，他們同樣認為教義形上世界的期望都應積極落實在人間社會的實踐上。對慈濟的信眾而言，佛經為具有一種「行動」的概念：

> 因為上人講過啦，經不是用來念的，是要你去做，要行經，不是只有－讀經、看經，要行經。就是－經上所講的，你要去落實。（T2，女性，慈濟，委員，無政黨傾向）

要如何來落實？當然是實踐在日常生活中：

> 我們師父常～常咧講，啊法要入心哪，法入心，啊法入心。啊～就是～用在日常生活中，嗯，不是說～你今天～在這邊，啊你就～哦～就保持一樣，啊你～日常生活狀態，你就－乀～這五形就現出來。不是！這是你在日常生活中，你要做得好才這樣，這才叫真修行啊。（T1，男性，慈濟，委員，無政黨傾向）

因此，如何將形上與形下世界的積極結合，也成為慈濟的一個重要使命：

這個當然啊！這個就是上人要我們做的啊。（T2，女性，慈濟，委員，無政黨傾向）

而同樣這種積極落實在人間社會的理念，也表現在靈糧堂的信眾身上，形成一種密不可分的關係：

信仰它－對我來講不一樣，因為它是－跟我~在我的生活、跟我的生命當中有不一樣的連結。……就是－就是它是跟我是~密不可分的。因為，我需要~這個信仰，那~我就會跟上帝~就是－禱告這樣子。（L2，女性，靈糧堂，信眾，無政黨傾向）

此種關係滲透信眾生活的各個層面，成為一種生活的價值準則：

基督~基督教──這個信仰，不是一個宗教的形，它是一個生活方式，它是一個可以落實到人生活當中，所有的──啟發心、啟－啟發心靈，然後~你的生活、你的學業也好、你的~呃~你的未來~也好，它~包羅萬象，它是可以~~，因為這個神是無所不至、無所不在的。（L1，女性，靈糧堂，牧師，無政黨傾向）

是以對此二個教派而言，所謂的信仰並不只是一種精神的理念層次而已，而是一種具有很強實踐的行動意涵，並為一種價值依據的來源及準則。

二、宗教倫理的實踐方式

既然二教派都有積極實踐於俗世社會的動能，那麼他們是如何來實踐其宗教倫理呢？對慈濟而言，他們屬於大乘佛教，所以他們強調由內往外的修行：

經典－經典~它所強調是個人的修為，內在－往內是個人的修為，去掉~自己的一些－不好的～習氣。那－往外的話，就是剛剛所講的，投入人群、利益－利－利－利－利益人群，投入整個社會。（T2，女性，慈濟，委員，無政黨傾向）

而這樣的一個重點是要去掉自己不好的習慣，以融入團體的和諧：

我－我覺得～重點是在個人啊。因為，**上人已經教很多了**，你－你個人的壞習慣不改，你說你怎麼跟人家和諧？（T2，女性，慈濟，委員，無政黨傾向）

所謂上人亦即是證嚴法師，其在慈濟之內具有無比崇高的地位：

就是**慧命的母親哪**，……。因為，我們的身體是～～嗯～～咱父母生乎咱ㄟ，啊我們就是－慧命，她就是我們慧命的母親。（T1，男性，慈濟，委員，無政黨傾向）

也是慈濟信眾的精神象徵：

我－我對～我對上人下的註解，她是一－是清～淨無染的一位聖者啦。……等於說她信徒對她一個－精神的景仰、象徵。（T2，女性，慈濟，委員，無政黨傾向）

因此，對於慈濟的信眾而言，上人對教義詮釋及實踐方式具有引領方針的決定性作用，包括對政治的觀點：

那基本上，經義是－不會～裡面－當然沒有去－沒有去提到政治的東西啦【笑】，經義裡面怎麼會有這樣子？那只是上人～叫－就要我們守的一個戒律啦。（T2，女性，慈濟，委員，無政黨傾向）

相對的，對靈糧堂的信眾而言，首先透過讀經、禱告的方式感受上帝的意旨，藉以彰顯上帝的公義：

就~就－讀經、禱告啊！（L2，女性，靈糧堂，信眾，無政黨傾向）

其實因為－我覺得公義的東西啊，我們通常就是~就是會讓~上帝顯明，……，然後~就是~禱告神，那事情就會－說神會很解決一些事情啊。（L1，女性，靈糧堂，牧師，無政黨傾向）

並藉由上帝的赦免產生行動：

人的平等都很順利的東西，是需要上帝帶給我們的~~赦免，那十分是需要時間環境……。那－，一個人的一個~生命跟平等的一個東西的一個~轉變，那是需要有—可能~有觀念啊，－厚－，從－從觀念開始的，想~才能夠慢慢的一個改變，就我用我的行動~ ｛ 。（L1，女性，靈糧堂，牧師，無政黨傾向）

當然，在這過程當中牧師的角色也扮演一個關鍵的地位：

那可能我們會~開始就是說，呃~~順服牧－牧者的帶領這樣子。因為，畢竟~教會－除了上帝之外，再來就是牧師嘛，那當然我們會~開始就是說，去~聆聽牧－牧師他們講的一些訊息。然後之後，當然我們會慢慢~對我們自己的生活，自己做~修正這樣子。（L2，女性，靈糧堂，信眾，無政黨傾向）

是以，從這二教派信眾的受訪發現，雖然他們對教義的感受有很深的啟示，但對於上人和牧師的詮釋，仍然深深影響他們對宗教倫理的實踐方式。

三、政治與宗教分立的觀點

從上一段的分析，顯然慈濟和靈糧堂的宗教倫理實踐方式教派領導人物都扮演一個重要角色，那麼他們如何來看待政治與宗教之間的關係呢？對慈濟的受訪者而言，他們認為上人所定的十戒最後一戒「不參與政治活動」是非常好的戒律：

> **是很好的戒律，真的－真的很好的戒律。耶－你多清新啊！**（T1，男性，慈濟，委員，無政黨傾向）

並且也會對信眾形成很大的影響：

> **會！也會！……也會對～政治的判斷。**……，有這種～ㄟ～比較～那個政－那個他的～政策主張比較那個－ㄟ～比較極端的，會有影響。（T1，男性，慈濟，委員，無政黨傾向）

對整個團體組織的維護起很大的作用：

> 因為～其實一開始，上人～制定這個十戒，……我一開始不解。但是，後來我慢慢－比如說－，跟一些會員互動啊－什麼，**其實，有時候你還是會～私下聽他們在爭執啊。那－那我更體會到說，這個－哦～這個～真的假如說沒有這個戒律的話，那還得了，整個團體就亂七八糟。**（T2，女性，慈濟，委員，無政黨傾向）

如此，促使得慈濟的信眾認為宗教團體最好不要沾染政治：

> 宗教是──清修ㄟ所在啦。……這個～修行團體～最好是～就是－不要有那個啦，有政治的色彩啦。（T1，男性，慈濟，委員，無政黨傾向）

> 你－你～你身為一個～【發出遮的聲音】就是投入一個宗教－厚－團體，我覺得不可以跟政治有任何牽連。（T2，女性，慈濟，委員，無政黨傾向）

進而主張政治與宗教徹底分開：

我－我覺得要分開，**耶－徹底分開！不要跟政治染上一點關係**，這樣才—才是—一般認為是中立的。**你參與就是—正反一定會正、一個反嘛！**（T1，男性，慈濟，委員，無政黨傾向）

是以，也形成一般社會大眾認為慈濟不碰觸政治的普遍印象：

因為社會上~對慈濟也是認為說他不參與政治啦。因為社會上，大家都已經有~有~，我想大部分都已經－有這個認同啦。（T1，男性，慈濟，委員，無政黨傾向）

而這種政教分立的觀點也同樣出現在靈糧堂的受訪者，他們認為教會是一個單純信仰的場所：

教會事實上來看到的這樣~~就是－祭拜啊~，類似神啊~，信仰的地方。（L1，女性，靈糧堂，牧師，無政黨傾向）

個人可以有自己的政治立場，但僅止於教會之外，以避免爭論：

因為我覺得－我－我可以－我可以－呃~如果在信仰層面，我可以禱告，我可以禱告神，就是去~選，選出一個適當的，就是~我覺得－這兩個東西是~分開的。因為畢竟人嘛，人不一樣嘛，立場不一樣啊，對啊。（L2，女性，靈糧堂，信眾，無政黨傾向）

因為，我覺得談政治就是~大家就會大吵吧！【笑】。不管是朋友，不要說是~教徒啦。我覺得~~家庭~~也會啊，然後朋友也會啊。只要談到政治，就算是很敏感的。所以，其實我~覺得它其實真的－真的不適合。（L1，女性，靈糧堂，牧師，無政黨傾向）

但對他們而言仍可以關心政治，只是不可過度：

> 應－應該－應該說～不是積極，應該是說他可以關～心；可是～，就是不能－就是－**過度啊！**（L2，女性，靈糧堂，信眾，無政黨傾向）

而這種關心是在提供一種正向的連結，以有益於台灣的發展：

> 我覺得～呃～～教會跟政治的關係，它其實是～～可以**正向的～連結啊！**……，**政治應該可以～～可以顯出～上帝其實是一個正面～力量的來源。其實祂應該是－正向的發展**，如果還沒教會的～結論是正面的話，**那－其實我覺得在－台灣～就是──滿大的幫忙**。（L1，女性，靈糧堂，牧師，無政黨傾向）

因此對靈糧堂而言，這種政教的連結至多是一種價值規範的提供，而不是一種政治參與或是政黨選擇：

> 好像－剛我們有提到就是說～政府的部分，我目前還～～還沒有那麼樣的～參與、或者是～那個，還沒有。（L1，女性，靈糧堂，牧師，無政黨傾向）

> 因為每個人其實都有他們自己心中的黨派，那我覺得說～嗯～你－你這樣子說～～偏哪一邊，那就等於說是論～論斷、評論另外一個黨派的，那我覺得這樣反而會引起一些不必要的。因為每個人都有自由意識啊，所以要給予一種～⌇ 。（L2，女性，靈糧堂，信眾，無政黨傾向）

總之，對此二教派而言政教分立的觀點是清楚的，而在這種前提下提供了價值規範的依據並避免產生特定政治偏好的主張。

四、非關宗教的政治選擇

從問卷調查的資料顯示，慈濟和靈糧堂的信眾並不是完全都沒有任何政治傾向或政黨偏好，只是在政教分立的觀點下他們選擇讓宗教盡量單純化。然而從二教派的受訪者研究中指出，二教派的信眾不但受教派規範的影響很大，而且也受教派的政治氛圍影響很大，包括教派領袖的影響，只是這種影響是一種逆向的影響，亦即讓政治的干擾幾乎不存在。那麼他們是如何做其政治選擇呢？

對於慈濟的信眾而言，在加入教派之前他們也是有原本的政治屬性：

嗯～，投藍當然～可能是～從小～那個～，嗯～教育的──教～教育的～那個－關係啦↘。當然～，因為──深～**藍也是**～，你這樣一路走過來也是有～有那種～那種感情存在啊。（T1，男性，慈濟，委員，無政黨傾向）

可是教派的政治氛圍，讓他們選擇盡量避開政治的因素：

其實我們也會忌諱政治啦，有～有談政治的話，我們也會說－啊你不要－麥講政治啦，我們會這樣，**會！會！對！**【清喉嚨】。（T1，男性，慈濟，委員，無政黨傾向）

所以基本上，政黨屬性的差異在慈濟是一個很隱性的問題：

我～沒有人知道我－我的傾向，也～也許有人會認為我是～綠的，也許有人會是認為我是藍的，我是很隱性的。（T1，男性，慈濟，委員，無政黨傾向）

他們都不會去談論：

啊我－我熟悉的人，完全都沒人講過，所以我也不知道，從來沒有－沒有談過這個。（T2，女性，慈濟，委員，無政黨傾向）

久而久之，這種氛圍也反過來改變他們的政治屬性：

啊就是說~有時候就是~~，你就是~有時候會失望啊，……。啊失望就是說~~，你就會——變成說~~你就會變成比較理智一點啦，就是－就是－就事論事啦。－厚－，就是~會去~~會去－會去－會去判斷啦↘。……。啊就是說~~，ㄟ~~我會~~以後~~就是~~投票的行為會~~漸去~~嗯~理性啦，就是說~看人啊。（T1，男性，慈濟，委員，無政黨傾向）

轉而對政治現實的失望：

我－其實對政黨~~老實講，不管誰我都很失望，我都－沒興趣啦。（T2，女性，慈濟，委員，無政黨傾向）

也因此，這種政治屬性差異的刻意模糊化及忽視，讓慈濟的受訪者形成各種不同的政治選擇或者偏好，而不致形成有主流的聲音出現。譬如，對以下幾個議題來說，他們即表現出不同的聲音。以《服貿》來講，有贊成的：

當然是~~嗯~台灣經濟還是要發展啊，我們不能說~ㄟ~~自己關起門來啊，而且我們現在~依賴大陸也很深哪。啊——，【發出遮的聲音】我－我－是贊成啦！（T1，男性，慈濟，委員，無政黨傾向）

也有反對的：

嗯，其實－厚－，那個~你假如說~，對方的話~是~~怎麼講？他~~**他背後~有懷什麼樣的~一個~他的自己的想法的話，你沒有坦－坦然~去－講這種事情的話，我當然是不認同啊。**（T2，女性，慈濟，委員，無政黨傾向）

同樣在統獨立場的議題也是如此：

獨立－跟統一，我感尬這攏是兩~兩~兩個極端啦，兩個極端啊會變成紛爭啦。啊紛爭~~受害者還是百姓啊，**百姓會戰亂嘛，戰亂最苦嘛，啊就是生靈塗炭嘛。就是——我~的觀點就是－，對百姓最好的，就是那種方式啦**。……就是說~~**就順其自然啊，隨順因緣啊**。（T1，男性，慈濟，委員，無政黨傾向）

就我個人的想法，我就~~我覺得－**台灣**自己就好了，……。因為，我覺得~跟－大陸~我覺得可能~會牽動整個社會、經濟的層面啦。……我－對~就是說~嗯~~能夠一個~政治的運作，就是－現在這種模式啦。（T2，女性，慈濟，委員，無政黨傾向）

總之，對慈濟的信眾來說，儘管他們可能有各種政治選擇或偏好；但是，走到佛堂就是一個清修的地方，政治不會形成他們彼此之間交流的障礙：

大家心裡默認，你~你~投藍的你就投藍，你投綠的就投綠的，是——自己的事啊！……我們不會~~不會影響人家的投票行為啦。因為，因為我們就是↘~不要說政治啦【大笑】。……他們~他們~候選人~他們的~欲－欲－為著傷和氣，不會這麼傻啦。我們~阮沒這憨啦！【笑】。（T1，男性，慈濟，委員，無政黨傾向）

而對靈糧堂的信眾來講，這種政治的推論更是非關宗教的屬性：

我不會－我不會因為~我不會因為說~~他是藍的、還是綠的，我會~會去~~看他的~呃~的~看他的－價值觀啊！看他的品格啊！……就是說~~呃~~他是真的想要~~幫助百姓啊，做一些事情啊，厚－。……**我覺得那個－價值觀不一定是信仰**，信仰的角度，就一般的人都會~~會知道說~這是真實。然後~，另外一個－就是他的品德，……。然後，行公義、好憐憫，存謙卑的心。（L1，女性，靈糧堂，牧師，無政黨傾向）

而是按照一些一般人所認定的價值觀來決定：

基本上我不會先有～那個先入為主的觀念，說－偏藍還是偏綠。因為我是－純粹看－哪個－總統有在做事，我就投給誰，對。（L2，女性，靈糧堂，信眾，無政黨傾向）

而教會的影響為在加強對價值判斷的認定：

就是可能沒有信主的時候，呃～看待這些東西比較～～就是－會－會－會受大家～～嗯～**想法的影響**，那信主之後，我會～～會比較去從事～……，這個－就是一個～內心～一個～，比較不是看它～～外面。（L1，女性，靈糧堂，牧師，無政黨傾向）

即使這種影響是一種上帝的啟示，但最終其政治行動仍屬於個人的行為：

我是覺得說，有一些詆毀～公義的，然後～你覺得～～上帝要什麼～站出來，然後願意～做一些～正面的～的事情……它是屬於比較個人的。（L1，女性，靈糧堂，牧師，無政黨傾向）

而這種行動和政治偏好無關，而為個人的一些價值偏好，譬如反對多元成家的活動（L1）：

但是，如果有些活動就是──有感動，那我就參加。（L1，女性，靈糧堂，牧師，無政黨傾向）

並且其行動會比較偏向溫和的行為：

大概我－我覺得我目前～～呃～～第一個會做的就是先禱告。然後，第二個可能就是～～會禱告就是──那個裡面有～～影響力的～～人，和政治界的－就是說有影響力的～人，正面影響力的～人。（L1，女性，靈糧堂，牧師，無政黨傾向）

> 呃~~我覺得如果~如果是影響到國家，還是說影響－從國家衍生到－影響到社會－會的話，我覺得~~可以適當的表示一些~~意見跟──關懷。……。那~那其實當然並不是說要很激烈，就是說一定要~就是－一－－一定要用抗爭的方式還是怎樣啦；可是我是覺得說，可以適時的──**發出**一些聲音這樣子，對啊。（L2，女性，靈糧堂，信眾，無政黨傾向）

因此，靈糧堂這種政教分立並且溫和的立場，也產生各種不同的政治選擇，比如L1偏向選擇國民黨的原因是因為兩岸較有和平的關係：

> **和平啦！兩岸關係比較好**，嗯。……帶給台灣~安定啦。……不管是因為交流，**如果那是──益處的話，當然就－會啊**。厚－，如果說它是──**雙方都有~~益處的話，那－可以的**。（L1，女性，靈糧堂，牧師，無政黨傾向）

或者是因為政治制度的差異而選擇台灣獨立：

> 因為~，【發出遮的聲音】【笑】中國大陸畢竟是共產國家啊；啊台灣民主國家啊。那其實－中國－，你知道共產國家原本他們在一些~政黨上面，他們就比較~輕視化啊，那他們思想比較小孩啊。那~如果說台灣，它現在民主化，突然間~共產國家，那~我－我不想~，就我－就我自己，我覺得我不太想過這種~生活。（L2，女性，靈糧堂，信眾，無政黨傾向）

而即使偏綠的選擇，在程度上也不容易產生像長老教會一般的政治偏向，比如對陳水扁事件的觀點為例就有很大的差異：

> 就這件事情，我認為他是~貪汙的部分。……。因為你一定是有憑有據才會被~舉發，因為－司法一定有它司法的程序在啊，對呀。（L2，女性，靈糧堂，信眾，無政黨傾向）

因此，即使在靈糧堂各有一定比例的藍綠支持者，但這並不會影響他們教會政治的氛圍：

> 因為~，因為這真的是~~**個人的**~尊－**個－個人的看法、跟~個人的立場**、跟個人的那個，對啊。就－我們雙方比較不太會干涉這個東西啊，對啊。（L2，女性，靈糧堂，信眾，無政黨傾向）

即使有些許影響，但亦無關緊要：

> 會有一個現象說，今天我－民進黨~民進黨沒選上的，那一天沒有來~沒有來聚會，心情不好【笑】。有過，但是少數，不多。……口角會一點點，曾經有過。對啊，但是那個－像~特殊例子，就一、兩個這樣子。（L1，女性，靈糧堂，牧師，無政黨傾向）

總之對靈糧堂的信眾來講，政治本就屬於個人的一個領域而互相尊重：

> 我們還是~~還是看重—，呃~~我剛有提嘛，**主~嘛**，遵從我們的神；可是我們還是看重，主要我們—相愛，－厚－，就算~你~跟我們不同，可是我們還是可以~相愛，我們還是**看重你**。（L1，女性，靈糧堂，牧師，無政黨傾向）

五、教派制度運作的啟示

宗教倫理的實踐，一方面往內行諸於教派組織的運作，一方面往外提出對當今政治社會的看法。而既然兩教派都主張宗教不應該牽涉政治，那麼從這兩教派的組織運作是否可看出一些他們對政治制度的觀點？首先對慈濟而言，它的組織運作在某種程度上仍有類似於一貫道的架構：

四門四合一的組織架構，啊－所以~，就是~最上層叫核心哪，……那下面又有個和氣，……它有－組架是－核心~比較上層，啊－上層是跟權力都無關哦，它只是說~有一些人去~~會佈達一些訊息下來。……**然後戶外、協力**，協力就是~基本的成員了啦。（T2，女性，慈濟，委員，無政黨傾向）

並且這種架構是以上人所定的十戒為中心：

可是，我們~~，其實我們領導－厚－，就是~~嗯──我們就是以**戒律啦**，因為我們十戒啊！阮欲修戒啊！以戒為師啊，嗯啊。阮攏以戒啊！以戒為師啊！（T1，男性，慈濟，委員，無政黨傾向）

為此，他們在幹部的選拔上會有如同一貫道的嚴格審查制度，而不是長老教會的選舉制：

比如說委員的話，委員的話就是要募款，……。然後要培訓，培訓差不－差不多ㄟ~~ㄟ~靜態跟動態差不多要兩年的時間，啊兩年的時間都是有－會有嚴格的審核。（T1，男性，慈濟，委員，無政黨傾向）

進而在議事的規則上也產生某種程度的影響：

我們會開會！嗯，一籌、二籌、三籌，……**也是會有－會動用表決**。（T1，男性，慈濟，委員，無政黨傾向）

但卻是以溝通的方式服從多數：

表決－**表決的**大概很少啦。……就是服從多數啊。……是－都~會有不同的意見，但是都－用很~比較溫馴的方式去~做溝通啦。（T2，女性，慈濟，委員，無政黨傾向）

所以對慈濟的受訪者來講，這樣的組織運作方式仍有其不完美的地方：

當然是~每個組織~，它~~都－一定有－有~一定有它成長空間；但是，我們是邊走~邊整隊，**很多事情硬要－，你要知道說~慈濟裡面的每一個成員，都是參差不齊的**。（T2，女性，慈濟，委員，無政黨傾向）

對他們而言，這種不完美的制度組織也是一種修行的方式：

對我來講~並沒有說~什麼——公平~不公平哪，因為這條路~是你自走ㄟ。……。啊就是講，就是－就是－在修行啊！修行就是人、事——在修行啊，啊人、事－你哪有－有－有法度夯圓融，有法度夯處理的圓融，跟人家處理的圓融，就表示你——耶－你修行啊！嗯啊。所以講~，修行~講~修行，修－阮師父講：修行就是嘎哪咧－－修咱ㄟ習氣釀<而已>，……。啊你哪有法度講~~在人、在事、在——人事、在——厚－在時間、在空間，嘎~~人與人之間的接觸當中，你有法度倘~~ㄟ－處理得很好，表示講你－你就是——**你真的在修行啊**。（T1，男性，慈濟，委員，無政黨傾向）

顯然的，多神論的慈濟如同一貫道一般，宗教倫理的最終實踐為在於要求信眾對自我的要求，而不是外界制度的公平性。而在一神論的靈糧堂來說，其組織運作的基礎為教會的核心同工：

我們會有一個核心同工，對！就是說~建立~核心同工一些~~，就是說可能有~有~那個~其實是教會的能夠決策的……，然後他又是其他人選出來的。然後大多數是說~，呃~~大家~在幾個~決定~開會、決定~呃~﹛ 。……全職同工有九個，然後~平信徒~有兩個。……嗯~~他們~就是可能推逐~個人上的~~願意，幾乎。（L1，女性，靈糧堂，牧師，無政黨傾向）

明顯的，平信徒在靈糧堂的組織運作不若長老教會的發言地位，因此即使大部分是表決的方式，仍會有少數不一樣的意見，但也不會改變原來的決定（L1），而這亦不影響他們的認同：

那基本上，當然～那～**大部分吧！**大部分都是還可以認同。（L1，女性，靈糧堂，牧師，無政黨傾向）

因為神對他們的啟示遠超過制度公平的要求：

我們比較不講公平。我－嗯～基督教—應該是說～嗯～我們比較屬於—嗯－就－在－在這些決定當中，有一個很重要的什麼，我們會禱告神，對。就是說，即便我們剛是用表決方式，其實我們有禱告神；**或是當中有人禱告**，他覺得～感動不是這樣的時候。**所謂的他在那個表決裡面**，有另外一個－神明是～有禱告的神意。如果他那個禱告～那～覺得是不O.K.或是什麼，那就不會～提議。所以，那剛～這樣－為什麼會－，啊公平嗎？！我們是～說公平為什麼－？民主啊，其實民主啊！那～公平嗎？呃～**如果，以個人的角度來看，就－不見得會覺得公平。但是，如果用—整～－厚－整組～的觀念，真的～神～是－掌權人。哦，就是說～應該是說～我們比較看重～是－神～在掌權人～這件事情**，因為最近有許多就是說，祂～我們要順服決策掌權人嘛－厚－。……。那～我們就是－順服在那個權力，除非他說～神力上－，那如果－**站在這個角度來說**，就是公平的，對！（L1，女性，靈糧堂，牧師，無政黨傾向）

是以，他們透過禱告來理解上帝的決定，而由上帝的決定來運作教會的組織，進而單純化教會：

就我個人，特別是我－我個人來講，我－我清楚是希望~這裡單純的~，然後來唸經的人也很單純。他願意來的時候，……神很愛你，不管是誰，單純的~~。（L1，女性，靈糧堂，牧師，無政黨傾向）

而這樣的氛圍對平信徒來說是感覺良好的環境：

呃~我覺得還不錯啊。（L2，女性，靈糧堂，信眾，無政黨傾向）

因此，如同慈濟一般，教會制度運作的基礎並不是在健全制度的民主意涵，而是在融入宗教團體和諧的氛圍中。

第五節　靈糧堂與慈濟政治氛圍的實證分析

雖然教派是一個信仰的場所、也是一個清修的團體，但藍綠教派的形成，說明異營支持者仍面臨宗教與政治衝突的困境。這種困境進一步解釋教派在形上理念和形下世界之間依然有一種要如何保持一致的實踐問題，更重要的是各教派信眾之間要如何互動的問題。儘管慈濟和靈糧堂的政治色彩不若一貫道和長老教會明顯，但衍生自宗教信仰的政治推論仍難免帶有一種價值觀，即使這種推論是屬於中立的觀點，亦即政治的選擇為一種公民意識的結果，而不是宗教意識的結果。更何況從訪談和問卷調查的發現，慈濟和靈糧堂的政治展現並不主要是公民意識的結果，而是來自於教派領導人物和教派氛圍的影響所致。那們他們如何來看待彼此的政治選擇？兩教派的互動關係是否有比一貫道和長老教會更融洽的政治氛圍？

一、缺乏主流信眾的影響力

藍綠教派的形成，一方面說明教派除了有先天教義結構上的限制外，另一方面也表明教派在主流信眾的影響力具有能夠形成約制的動能，這種動能促使政治偏好中立或者不具任何政治意識的信眾做出向主流信眾政治偏好靠攏的政治選擇。而如果慈濟和靈糧堂為較不涉入或無任何政治傾向的宗教團體，那麼也就沒有所謂的主流信眾的政治偏好，自然也就缺乏此動能。因此就理論上來講，慈濟和靈糧堂應該具有比一貫道和長老教會更高比例自主意識的信眾，以及較沒有任何政治偏好的菁英作為。

在表 5-12 當中，一貫道偏好國民黨和民進黨選項的差距為 12.1%，而慈濟僅為 3.2%；長老教會兩者的差距為 32.5%，而靈糧堂僅為 4.4%。從數據上顯示，慈濟和靈糧堂都不太可能形成絕對多數。進一步以投票依據做為檢驗的比較，如果慈濟和靈糧堂信眾的立場比較能夠自主，那麼他們投票的依據比較參考的是政黨表現；反之，如果他們比較不能夠自主，則受教會團體大部分人的影響可能性較高。其結果如下表顯示：

表 5-17　信眾投票根據政黨表現而不是教會團體大部分人意見

	多神論		一神論		Total
	一貫道	慈濟	長老教會	靈糧堂	
非常同意	21	22	29	56	128
	63.6%	73.3%	72.5%	81.2%	74.4%
有點同意	8	7	7	11	33
	24.3%	23.4%	17.5%	15.9%	19.2%
不太同意	4	1	3	1	9
	12.1%	3.3%	7.5%	1.45%	5.2%
非常不同意	0	0	1	1	2
	0.0%	0.0%	2.5%	1.45%	1.2%
Total	33	30	40	69	172
	100.0%	100.0%	100.0%	100.0%	100.0%

* 「我會根據政黨表現的好壞做為投票的依據，而不是教會團體大部分人的意見。」(1) 非常同意 (2) 有點同意 (3) 不太同意 (4) 非常不同意。

資料來源：本研究。

在表 5-17 當中，根據政黨表現而不是教會團體大部分人意見的比例，慈濟和靈糧堂持非常同意的都有高於一貫道和長老教會近十個百分點的差距出現；相對的，持反對意見的一貫道和長老教會也都高於慈濟和靈糧堂。從上表顯示，不管從那一方面比較，一貫道和長老教會受教派主流信眾影響的人都高於慈濟和靈糧堂。雖然在本表中這種差距不若前述理論明顯，但考量此問卷調查是在教派場域進行，因此受訪者難免會有價值隱藏的行為出現。不過，從考量自主意識的信眾比例及主流信眾的比例差距說明，慈濟和靈糧堂都不太可能形成主流信眾的影響力出現。因此，就缺乏主流信眾的影響力而言，慈濟和靈糧堂也就不可能形成任何的政治偏好。

二、對不同政黨偏好信眾的接受度

對於沒有特定政治偏向的慈濟和靈糧堂而言，既然缺乏主流信眾那也就沒有所謂的異營支持者，而沒有異營支持者也就不會面臨如一貫道和長老教會的雙重困境。在一貫道和長老教會，儘管異營支持者刻意區分政治與宗教的界線，但卻無法忽視無法融入主流信眾政治氛圍的客觀事實。雖然慈濟和靈糧堂強調不涉入政治，尤其是慈濟甚至以戒律做為規範。但在表 5-12 的調查中，慈濟有 9.7% 的信眾偏好國民黨、6.5% 的信眾偏好民進黨；而在靈糧堂方面，有 14.9% 的信眾偏好國民黨、10.5% 的信眾偏好民進黨。而當進一步以投票行為做調查，在表 5-15、5-16 的調查中這種數據更加擴大。有關上屆總統選舉的投票，在慈濟方面有 21.4% 的信眾投給國民黨的候選人、32.2% 的信眾投給民進黨的候選人；而在靈糧堂方面，有 51.5% 的信眾投給國民黨的候選人、有 24.3% 的信眾投給民進黨的候選人。顯然，儘管兩教派刻意不牽涉政治，但卻無法阻絕信眾對政黨偏好的選擇活動，那麼他們如何看待彼此不同的選擇？

理論上，若是主流信眾明顯的教派，對於異營支持者而言總是一股無形的壓力，教派比較缺乏包容他們的接受度。因此，既然慈濟與靈糧堂缺乏主流信眾，那麼他們應該和一貫道與長老教會有所差距才對，亦即會有比較包容的政治氛圍。然而其結果如下：

表 5-18 支持不同政黨共修的接受度

	多神論		一神論		Total
	一貫道	慈濟	長老教會	靈糧堂	
非常同意	23	20	31	59	133
	69.7%	64.5%	77.5%	85.50%	76.9%
有點同意	8	8	5	10	31
	24.2%	25.8%	12.5%	14.50%	17.9%
不太同意	2	3	4	0	9
	6.1%	9.7%	10.0%	0.00%	5.2%
非常不同意	0	0	0	0	0
	0.0%	0.0%	0.0%	0.00%	0.0%
Total	33	31	40	69	173
	100.0%	100.0%	100.0%	100.0%	100.0%

＊「有許多支持不同政黨的人，在教團一起共修是可以接受的。」(1) 非常同意 (2) 有點同意 (3) 不太同意 (4) 非常不同意。

資料來源：本研究。

在表 5-18 的調查中，慈濟對不同政黨共修的接受度比一貫道低一些，其中持反對意見還高一貫道 3.6%，此似乎與訪談及觀察所得到的結論不一致；而在靈糧堂方面無反對意見的，長老教會也只有 10.0% 持反對意見，此亦與主流信眾政治色彩鮮明的特色似乎不符。為此，表 5-18 說明另一種情況：就慈濟而言，政黨屬性是一種隱性的活動，信眾不太可能也不被允許在佛堂公開談論，因此有 9.7% 的信眾持反對意見，很可能指的是不希望帶有任何政黨屬性的相關事物進入佛堂活動的領域。而在靈糧堂方面，雖然差距與長老教會不大，但亦有所區別，此很可能是長老教會深綠的色彩使得主流信眾並沒有意識到異營支持者存在的問題。但不管如何，慈濟和靈糧堂對政治中立甚至隔絕的態度，依然使得兩教派對信眾政黨偏好不同的選擇活動有極高程度的接受度。

三、不同政黨支持者之間的互動關係

在一貫道和長老教會不同的政黨選擇即代表不同的宗教倫理觀點，因此異營支持者難免會受到排擠。而既然慈濟和靈糧堂排除宗教和政治的連結，並且刻意保持政治中立，那麼不同政黨偏好的信眾是否會如一貫道和長老教會信眾之間的尷尬處境？是否會有一個較好的互動關係？其結果如下所示：

表 5-19　同意不同政黨支持者之間的關係互動

	多神論		一神論		Total
	一貫道	慈濟	長老教會	靈糧堂	
非常同意	21	23	27	59	130
	65.6%	74.2%	67.5%	85.50%	75.6%
有點同意	9	6	12	10	37
	28.1%	19.4%	30.0%	14.50%	21.5%
不太同意	2	2	1	0	5
	6.3%	6.4%	2.5%	0.00%	2.9%
非常不同意	0	0	0	0	0
	0.0%	0.0%	0.0%	0.00%	0.0%
Total	32	31	40	69	172
	100.0%	100.0%	100.0%	100.00%	100.0%

*「有許多支持不同政黨的人，在教團一起共修是可以接受的。」(1) 非常同意 (2) 有點同意 (3) 不太同意 (4) 非常不同意。

資料來源：本研究。

在表 5-19 當中，以支持不同政黨信眾之間的關係互動詢問，其中慈濟非常同意的比例為 74.2%、靈糧堂為 85.5%，二者都明顯高於一貫道的 65.6% 和長老教會的 67.5%，代表慈濟和靈糧堂比較不會因為政黨屬性的不同而產生排擠現象。從持贊成意見的方向來比較，則慈濟和一貫道、靈糧堂和長老教會則相差無幾。另外，在反對意見方面，慈濟為 6.4%、一貫道為 6.3%，而靈糧堂無反對意見、長老教會為 2.5%，兩組比較似乎差別不大，結果顯示四個教派似乎都不會去排斥不同政黨的支持者，然而卻與深度訪談與參與觀察的現象不一致。[10] 一種可能的說明，為一貫道和長老教會在宗教包容的前提下，受訪者刻意忽視了這種互動的關係，而和慈濟及靈糧堂差別不大。另一方面，本題乃就主流信眾的觀點提出，因靈糧堂和慈濟本就缺乏主流信眾，因此二者也就證實不會產生排斥現象的結論。不過就慈濟 6.4% 不太同意的比例而言，似乎是證實慈濟成員不願意碰觸政治活動的戒律有關，所以不願意與有政黨屬性的成員保持密切的關係，並且這種對象非單指特定政黨。

四、相對少數政黨支持者的處境

所謂「相對少數」乃是因為慈濟和靈糧堂並沒有所謂的主流信眾，只有相對的少數，這種差異不像一貫道和長老教會如此懸殊。在長老教會和一貫道異營支持者可能選擇隱匿政黨取向、或者減少與主流信眾的互動，而在慈濟和靈糧堂顯然這種顧忌會比較少。其結果如表 5-20 所示。

在下表中，對於因為政黨取向與多數信眾不同而仍不會產生困擾的，其中非常同意的比例在慈濟為 74.2%、靈糧堂為 89.9%，均比對照的一貫道和長老教會為高；不過如果就贊成的方向來講，二組對照的差異並不是很明顯。另外，就非常不同意而言，慈濟有 3.2% 的比例反對，此應與佛堂戒律有關，而弔詭的是長老教會並無持反對意見的。其數據如下表所示：

---

10 此為本書使用質、量方法的原因之一。

表 5-20　不會因政黨取向與多數信眾不同而產生困擾

	多神論		一神論		Total
	一貫道	慈濟	長老教會	靈糧堂	
非常同意	23	23	31	62	139
	69.7%	74.2%	77.5%	89.90%	80.3%
有點同意	8	7	9	7	31
	24.2%	22.6%	22.5%	10.10%	17.9%
不太同意	2	0	0	0	2
	6.1%	0.0%	0.0%	0.00%	1.2%
非常不同意	0	1	0	0	1
	0.0%	3.2%	0.0%	0.00%	0.6%
Total	33	31	40	69	173
	100.0%	100.0%	100.0%	100.00%	100.0%

＊「既使我支持的政黨跟大部分的成員不一樣，仍不妨礙我在本教團的活動。」(1) 非常同意 (2) 有點同意 (3) 不太同意 (4) 非常不同意。
資料來源：本研究。

總之，就強度而言，二組對照的教派仍可稍微區辨，亦即慈濟和靈糧堂對相對少數政黨取向的信眾較無困擾的問題。

五、根據信仰影響他人政治態度之認知

對藍綠教派的主流信眾而言，根據信仰所得到的真理來影響他人的政治態度，為一種力行教義的行為表現。但對缺乏主流信眾的慈濟與靈糧堂而言，是否也有如此情況？

從表 5-21 顯示，慈濟持非常同意的比例為 10.0%、靈糧堂為 29.4%，而持反對意見的比例慈濟為 76.7%、靈糧堂為 42.7%，都較對照組來得不願影響他人之政治態度。其中，慈濟更有高達 40.0% 非常不同意的比例，顯然慈濟場域對禁止政治活動的戒律，不僅不願他人影響，受訪者亦不願去影響他人；而靈糧堂雖在四個選項比例較為平均，不過仍較長老教會持反對的態度。因此，就根據信仰所得真理以影響他人政治態度而言，慈濟和靈糧堂顯然較缺乏動能。說明數據如表 5-21 所示：

表 5-21　根據信仰影響他人政治態度之認知

	多神論		一神論		Total
	一貫道	慈濟	長老教會	靈糧堂	
非常同意	6	3	16	20	45
	18.2%	10.0%	40.0%	29.40%	26.3%
有點同意	8	4	9	19	40
	24.2%	13.3%	22.5%	27.90%	23.4%
不太同意	10	11	5	13	39
	30.3%	36.7%	12.5%	19.20%	22.8%
非常不同意	9	12	10	16	47
	27.3%	40.0%	25.0%	23.50%	27.5%
Total	33	30	40	68	171
	100.0%	100.0%	100.0%	100.00%	100.0%

＊「我會根據信仰所得到的真理，來影響別人的政治態度。」(1) 非常同意 (2) 有點同意 (3) 不太同意 (4) 非常不同意。

資料來源：本研究。

第六節　對照教派差異的分析與原因

從上述的討論中我們可以發現，雖然慈濟和一貫道都是多神論的傳統宗教、靈糧堂和長老教會都是一神論的基督教，但卻有不太相同的政治展現。慈濟對政治阻絕的態度明白規範於戒律之中，而一貫道卻寓信仰價值於藍營的偏向中；靈糧堂置上帝公義無關乎政治，而長老教會卻將公義判給民進黨。兩組的比較完全展現不同的政治風格與態度，而此非關於神論的信仰，亦即基督教派非得觸發與否支持民進黨，而傳統教派也非得觸發與否支持國民黨。然而為何會形成如此對照？根據前面幾章的分析，這種差異主要與下列四項因素有關：

一、詮釋差異的影響：教派神職人員的重要性

就信奉的經典而言，一貫道主要為源自於儒釋道的一些經典，而以四書、五經為主（I1~I6），慈濟則為佛教的《法華經》及《無量義經》（T1~T2），而長老教會與靈糧堂都為基督教的《聖經》（P1~P7、L1~L2）。甚至更進一步分析原始神論，一貫道信仰的最高主宰無極老母、慈濟的佛菩薩、長老教會與靈糧堂的上帝都無特定的政治指涉，然而為何一貫道和長老教會卻走向藍綠教派？而慈濟和靈糧堂卻不會？

從《一貫道宗旨》發佈以來，一貫道「愛國忠事」的觀念就明示於「敬天地，禮神明」的信仰之中。雖然從大陸各省市來台開荒的一貫道老前人並無特定的政治理念，但將信仰的核心價值與中華文化「道統」相結合的詮釋，就注定一貫道成為如楊惠南所說的為具有中國意識的宗教（楊惠南，1999）。這樣的詮釋，即使對曾經投綠的點傳師（I3）而言，也無法忽視倫理規範對政黨選擇的約制，更何況主流的神職人員。另一方面，在第四章的內容分析中可以知道一貫道教派領導人的權威性，在「強調教派領導人的作用：積極性」上高達10.54%，而「注重教權組織與信眾的對等關係」卻只有0.03%，顯然教派領導人教義的詮釋對信眾而言為具有相當重要的形塑作用。

這種形塑的作用也同樣適用於長老教會。雖然在 1970 年代以前，長老教會曾面臨政治理念的分歧，但這種危機很快趨於平靜，尤其在 1985 年《信仰告白》通過以後，長老教會的政治屬性與政黨偏向愈趨明顯。如何詮釋上帝的公義、如何解讀《聖經》的章節，長老教會的神職人員具有無與倫比的詮釋地位與特定偏好，而這也濃厚地表現在長老教會的重要文獻中，成為約制長老教會政治理念的重要指標。雖然在長老教會具有比一貫道較平權的教會組織，但在教派領導人物強烈的政治偏好下，此種平權反成為教派領導人物詮釋《聖經》政治意義的正當性。

雖然藍綠教派的異營支持者都提出宗教價值和政治理念無關的論述，但這種論述不足以取代神職人員對宗教經典的詮釋，以至於異營支持者始終是個少數團體，也始終面臨宗教意識和政治意識衝突的困境。

相對於藍綠教派領導人物的政治偏好，慈濟和靈糧堂的領導人物可以說是一種反向操作。對慈濟的信眾而言，證嚴法師所定的十條戒律可以說是一種無上的命令，尤其是不參與政治活動。雖然政治和宗教對信眾而言是一體兩面，無法截然的區分，但將政治領域盡量區隔於佛堂之外，則是避免詮釋宗教經典無謂的困擾，也使慈濟獲得不碰觸政治的普遍印象。這種印象也同樣適用於靈糧堂，但不同於慈濟阻絕的態度，靈糧堂則採取開放中立的立場。對靈糧堂的神職人員而言，如何感受上帝的真義、如何領略《聖經》的真諦端看個人的感受，而這也表現在他們對政治的偏好和政黨的選擇，只是他們同樣抱持教會是信仰的場所，而將政治區隔於場域之外。

從上面的分析，一神論的長老教會和靈糧堂信仰的上帝並無不同，但二者對詮釋上帝的政治意義卻天差地遠；相同的，多神論的一貫道和慈濟的佛菩薩並無二致，但二者賦予政治理念的表徵卻截然分明。為此，雖然信仰的神論並不能表示特定政治意涵，但在教派領導人物不同的詮釋下，卻隱含信眾不同的宗教倫理實踐原則，更寓示不同的政治行動邏輯。而這樣的差異誠如靈糧堂平信徒所說的（L2）關鍵在於人而不是神：

> 其實我覺得－為什麼會有黨派的問題？關鍵不是在於神，而是在於人！因為，我覺得這是人的思想嘛；然後他只是～可能－，我只是打個比方，他可能～只是個牧者，或者是－平～是個長老，或者是～呃－哪個同工。可是，說穿了，他也還～只是個人哪！他並不是神，神～搞不好也沒有叫他這樣做啊【笑】。可是，自－自己人～的－人的意志嘛。（L2，女性，靈糧堂，信眾，無政黨傾向）

或者如主流信眾所說的是個人信仰所選擇的一種認知：

> 我—的這個宗教信仰，它沒有教我要—。它沒有在教義上要【笑】—，是我們自己在這個信仰裡面，你選擇～哪一個是對的—的價值觀。（P3，男性，長老教會，信眾，深綠）

二、歷史脈絡的影響

從兩組對照教派的歷史分析，一貫道和長老教會有著長期和政治互動的關係，這種互動不管是出於主動還是被動，二者均必須對政治做出回應；相反的，慈濟和靈糧堂卻缺乏這樣的一個歷史脈絡。

就一貫道而言，從1945年傳入台灣之後，1953年即依據《查禁民間不良習俗辦法》被禁，一直到1987年始才合法。在長達34年的時間裡，雖然一貫道禁而不止，但如何求生存始終是各組線的首要目標。因此，儘管一貫道視這種查禁為一種官考，但如何關注政治與社會的發展以利於佛堂的存在，則成為他們努力的方向。在表 4-2 的說明當中，一貫道有超過二成的比例關注外界政治環境的變化，而第四章的說明也都表明一貫道對政府及國民黨都有較正面的看法。顯然，這樣的一個政治互動過程對一貫道的政治態度與價值是有影響的。

而在長老教會卻有不同的回應過程。早在國民政府遷台以前，長老教會即已根深於台灣各地，如何融入、如何發展茁壯，長老教會自有一套包括語言、文字的宣教政策，而這都與後來的國民政府格格不入。從圖 4-7、4-9 及 4-10 中可以看出，長老教會顯然與國民政府的互動不是一個良性的循環。而在長老教會的重要宣言中，這種對立是愈趨明顯以及愈趨具體，如 1975 年《我們的呼籲》、1985 年《台灣基督長老教會信仰告白》、1991 年《台灣基督長老教會「台灣主權獨立宣言」》、1999 年《對李登輝總統「兩國論」的肯定與呼籲》、2012 年《台灣基督長老教會 2012 年總統大選選後之呼籲》，這些呼籲與告白是從隱而顯、從委婉而激烈。為此，在這樣的一個對抗過程中，也慢慢形塑長老教會偏綠的政治屬性與政黨偏好。

相較於上述二個教派，慈濟和靈糧堂則沒有這樣的一個歷史淵源。從 1966 年成立的慈濟，雖然提倡的是一個「人間佛教」，卻是一個自認隔絕政治活動與事務的「人間」。因此，雖然慈濟組織龐大、財力豐厚，卻沒有任何的政治糾葛。[11] 相同的，源自上海的靈糧堂本就讓國民政府較無戒心，在政治中立的心態下更是不易與政治產生糾葛。因此，就歷史脈絡的因素分析，兩組對照的教派自是有不同的政治展現。

11　或許也可以認為是一種去政治化的政治。

三、教派政治氛圍的影響

對藍綠教派而言，雖然宗教是一個信仰的場所，但在從眾心理下主流信眾具有一個感染一般信眾的政治影響力，這不僅包括他們對政治的知識，也包括他們對政治的選擇。之所以如此，主要是主流信眾所塑造的政治氛圍在教義的加持下有下列二點特性：

（一）**具有專屬性、神聖性與權威性：**不管是一貫道的道統或是長老教會的公義觀念，該如何詮釋與實踐，主流信眾所營造的政治氛圍都在明白指出一條屬於自己的政治行動邏輯，這種邏輯在教義的加持下變成一種具有神聖與權威的無上律令，即使異營支持者也難以挑戰、更加難以取代。

（二）**具有排斥性：**雖然一貫道和長老教會有各自的原因使其不過分極端，而能包容異營支持者，但不表明異營支持者同樣能獲得與主流信眾相同的對待與處境。從深度訪談與問卷調查的資料中顯示，主流信眾所塑造的政治氛圍仍具有某種排斥少數的作用，甚至能促使異營支持者改投其他教派。

為此，就上述兩種性質而言，主流信眾所塑造的政治氛圍，一方面能加深所屬教派的政治顏色，一方面也可能改變少數的異營支持者及多數政治中立的信眾，而使教派更趨同一致。然而就慈濟和靈糧堂而言，卻缺乏這樣的環境與氛圍，主要的原因是二者沒有所謂的主流信眾，以致無法形成特定偏好的政治氛圍，當然也就不可能形成特定政治顏色的教派。

四、信仰自我強化效果的影響

對於一個虔誠的信眾而言，當宗教意識與公民意識無法清楚區分的時候，宗教意識反成為強化政治認知的一種加強劑。以長老教會的牧師而言，對於如何實踐上帝之國，使其行之於地上就如同行之於天上，變成是一種必然的使命與責任。如此，當這種認知過渡到政治領域時即會形成一種自我強化的效果產生。同樣的，這種效果也會在一貫道的主流信眾發生，尤其是神職人員。

然而這種外溢效果對慈濟和靈糧堂卻很少發生。就慈濟而言，政治意識已被阻絕於宗教意識之外，自是慈濟的信眾不太可能將對宗教的虔誠轉到對政治的效忠上。而對靈糧堂而言，政治領域是一個中立、開放的領域，很難將宗教意識導引至特定的政治認知上，自是無法產生特定的強化效果。因此，就兩組對照的教派比較，信仰會促使一貫道和長老教會加強對政治的態度跟認知，反過來慈濟和靈糧堂就缺乏此效果。

第七節　小結

為了證明藍綠教派形成的邏輯是否具有普遍性，本研究比較了同樣是一神論的靈糧堂與多神論的慈濟。本章首先從實證測量中發現，慈濟和靈糧堂在對政治事務涉入的態度、政黨偏好和信眾的投票行為上，都缺乏一個特定且穩定的偏向出現；相反的，一貫道及長老教會則逐漸被勾勒一個特定的政黨偏好與政治屬性，並且在宗教專屬性、神聖性與權威性上被逐漸強化。接著本書透過深度訪談，去理解對照教派慈濟與靈糧堂的信眾如何去看待他們對宗教與政治連結的真實世界，發現二組比較的教派的確有很大的不同。雖然二組教派同樣屬於入世的教派，但一貫道和長老教會寓政治於宗教之中，而慈濟和靈糧堂卻阻絕政治於場域之外。如何看待宗教和政治之間的關係，顯然二組教派對這形上世界和形下世界之間的連結有了不一樣的看法，並給出了實際的回應與行動。

因此，雖然藍綠教派的形成，在於點出了多神論之傳統宗教及一神論之基督教與政治偏好之間的可能關係，但慈濟和靈糧堂的政治展現卻說明這種關係並不具有普遍性。誠然，教派會根據其教義的先天結構做政治推論，但教派領導人物對教義的詮釋、教派歷史脈絡的演變、教派政治氛圍的影響以及信眾對信仰的自我強化效果，這些因素都會造成教派會有不同的政治展現。

至於教派是否該涉入政治、如何涉入、或涉入程度為何，本研究並不在提供一個判斷對錯的標準。對一貫道和長老教會而言，也許對政治的積極關懷與行動是一種宗教倫理實踐的至高表現；慈濟與靈糧堂對政治阻絕和中立的態度，也不一定是對世俗漠不關心。雖然政治與宗教不可能完全隔絕，但教派對政治所持的立場自是教派長期發展、多方考量的結果。本研究並不預設誰的立場是正確或理性，但肯定教派對政治所持的立場對台灣的政治發展是有影響的，而從這些差異立場可以研究出宗教對政治的影響性。

雖然靈糧堂和慈濟轄下有眾多的分支，但本研究直接選擇彰化主恩靈糧堂與慈濟彰化分會崙尾環保教育站的原因，乃是考量與一貫道和長老教會的地緣性比較以及和研究者的淵源。另一方面，在對二者發出的成功樣本數為 100 份，而在問卷方面又與一貫道與長老教會完全一致，雖然是考量對照及敏感性，但在研究一個對政治採取中立與隔絕的教派卻是明顯遇到瓶頸，而無法更有效的深入研究。但不管如何，透過深度訪談與問卷調查的交叉研究，這樣的成果在某些方面仍達到預期的效果。

第六章　上帝站哪邊？論藍綠教派的異營支持者

我投給民進黨的原因，並不是說－民進黨的~他們的人怎樣，**是因為－在上帝的－在上帝的公義之下**，民進黨他們比較接近上帝公義，**比國民黨還比較接近**。……從上帝的－角度去看待的話，國民黨－他們很多的東西都不符合上帝。所以，**一個基督徒很重要，要從－《聖經》的角度**，去看待－這個政治人物、去檢驗。

（長老教會　牧師訪談逐字稿簡化版節錄）

那如果我知道這個人是藍的話，我就會知道說－呃~我就可以跟他講一些~比較我真正的想法；那如果他是綠的，我就不會跟他談政治了。……我不會覺得說~你到時候上天堂、上天堂，問你是藍的、還綠的，對不對？！

（長老教會　異營支持者訪談逐字稿簡化版節錄）

藍綠教派的形成，固然可以視為一種宗教組織因應政治理念所選擇的一種結果，但這種結果並不一定對應到每個教派信眾。理由有二，其一政治民主化的結果必定提高信眾的公民意識，如此會促使信眾去區分政治領域和宗教領域，進而降低教派在政治領域對信眾的影響力；其二教派在因應組織的發展上若是堅定抱持某一政治屬性，結果必是限縮教派的發展，為此教派必須做出讓步而降低政治色彩。然而從第四章的分析可以得知，藍綠教派的形成有其先天約制、歷史背景與環境因素造成，對於改變教派政治屬性的難度非常大。因此，對於抱持和教派同樣政治色彩的信眾而言，加入此一教派將會是如魚得水；然而，持不同政治立場的信眾將會面臨許多困境，嚴重的話會迫使這些信眾改投其他教派。對於這些和教派持不同政治立場和政黨偏好的信眾而言，他們成了「異營支持者」，「異營支持者」的存在不但使得自身面臨尷尬的處境，也形成教派若干嚴重問題。

是以，在各教派積極擴展的情況下，這些「異營支持者」的存在是否會迫使教派改變政治氛圍？本章透過對異營支持者、神職人員與同營支持者的深度訪談及參與觀察，來理解異營支持者內心的世界、神職人員及同營支持者的態度及看法，以瞭解公民意識與宗教意識之間衝突的難題，進而探究政治民主化對教派政治色彩衝擊的相關問題。

第一節　誰是異營支持者？

從第四章教派總體內容分析，一貫道偏向國民黨，長老教會偏向民進黨。但這樣的結論是否與選定對象一致，則需要經驗證據的再次檢驗。如果這兩個選定對象沒有政治立場，則第四章的結論不具有普及性，當然也就沒有討論異營支持者的事實根據；如果這兩個選定對象雖然有政治立場，但並非一般人所認為的一貫道偏向國民黨，長老教會偏向民進黨，則誰是異營支持者就需要被重新界定。

一、教派與政黨偏好的檢驗

首先詢問受訪者認為所屬教派是否有政黨偏好，其結果如下：

表 6-1 教派的政黨偏好

	一貫道	長老教會	Total
偏好很強	0	8	8
	.0%	20.0%	11.0%
有一點偏好	3	13	16
	9.1%	32.5%	21.9%
沒什麼偏好	19	17	36
	57.6%	42.5%	49.3%
完全沒有偏好	11	2	13
	33.3%	5.0%	17.8%
Total	33	40	73
	100.0%	100.0%	100.0%

*請問您覺得本教團是否偏好某個政黨？(1) 偏好很強 (2) 有一點偏好 (3) 沒什麼偏好 (4) 完全沒有偏好。
資料來源：本研究。

其中，有超過一半的長老教會信眾認為其教派有政黨偏好，但只有不到一成的一貫道信眾認為其教派偏好某個政黨，甚至有超過三成的一貫道信眾認為所屬教派完全沒有政黨偏好。整體而言，兩個教派的政黨傾向似乎沒有想像中明顯。

二、信眾與政黨偏好的檢驗

當直接詢問受訪者的政黨偏好後發現：在有政黨偏好的受訪者中，一貫道傾向支持國民黨，長老教會則傾向支持民進黨。雖然表 6-2 的結果符合預期，但有超過六成的受訪者宣稱自己沒有政黨傾向。

表 6-2　信眾的政黨偏好

	一貫道	長老教會	Total
國民黨	7	2	9
	21.2%	5.0%	12.3%
民進黨	3	15	18
	9.1%	37.5%	24.7%
其他政黨	1	0	1
	3.0%	.0%	1.4%
沒有政黨傾向	22	23	45
	66.7%	57.5%	61.6%
Total	33	40	73
	100.0%	100.0%	100.0%

＊下列二個政黨，各有各的理念與精神，因此也各有各的支持者，有些人會堅定不移的站在某一政黨的這一邊，成為這個黨的忠誠支持者，請問您的情況怎麼樣？(1) 國民黨 (2) 民進黨 (3) 其他政黨 (4) 沒有政黨傾向。

資料來源：本研究。

表 6-1 與表 6-2 的結果可能呈現教派沒有明顯的政黨傾向，也可能是受訪者不願意承認自己及其所屬教派的政治立場。因此，本研究分別以較為迂迴的政黨滿意度以及投票行為來檢驗教派的政黨立場。

三、從政黨滿意度及投票行為檢驗政黨偏好

首先，從政黨滿意度來看，如表 6-3 所示：一貫道與長老教會的政黨滿意度並不相同。相較於長老教會，一貫道對於國民黨的滿意度較高，對於民進黨的滿意度較低；若從不滿意的方向來看，一貫道對於國民黨的不滿意度較低，對於民進黨不滿意度則較高。相較於表 6-1 與表 6-2，從表 6-3 的政黨滿意度上可以發現信眾其實是有明顯政黨偏好。

表 6-3　對於政黨的滿意度

	國民黨		民進黨		Total
	一貫道	長老教會	一貫道	長老教會	
非常滿意	2	2	2	4	10
	6.1%	5.0%	6.3%	10.0%	6.9%
有點滿意	12	7	10	19	48
	36.4%	17.5%	31.3%	47.5%	33.1%
不太滿意	18	17	17	14	66
	54.5%	42.5%	53.1%	35.0%	45.5%
非常不滿意	1	14	3	3	21
	3.0%	35.0%	9.4%	7.5%	14.5%
Total	33	40	32	40	145
	100.0%	100.0%	100.0%	100.0%	100.0%

* 對於國民黨（民進黨）過去一年來的整體表現，請問您覺得滿意還是不滿意？(1) 非常滿意 (2) 有點滿意 (3) 不太滿意 (4) 非常不滿意。

資料來源：本研究。

表 6-4　2008 年總統選舉的投票對象

	一貫道	長老教會	Total
國民黨	19	9	28
	57.6%	22.5%	38.4%
民進黨	3	24	27
	9.1%	60.0%	37.0%
其他政黨	2	2	4
	6.1%	5.0%	5.5%
無黨籍	1	1	2
	3.0%	2.5%	2.7%
沒有去投票	8	4	12
	24.2%	10.0%	16.4%
Total	33	40	73
	100.0%	100.0%	100.0%

* 請問您在 2008 年總統選舉時，將票投給哪個政黨的候選人？(1) 國民黨 (2) 民進黨 (3) 其他政黨 (4) 無黨籍 (5) 沒有去投票。

資料來源：本研究。

更進一步檢驗，如果一貫道與長老教會的信眾沒有特別偏好某個政黨，則其投票對象的分佈應該非常類似才對。但從表 6-4 可以清楚發現，在 2008 年的總統選舉中，有較高比例的一貫道信眾投給國民黨，長老教會則是較為支持民進黨。詢問 2012 年總統選舉的投票意向後得到的支持對象分佈與表 6-4 相當類似，呈現相同的政黨偏好。

綜合上述的分析可以發現，一貫道偏好國民黨以及長老教會偏好民進黨的宣稱是有事實根據的。而一貫道中支持民進黨的信眾以及長老教會中支持國民黨的信眾就是所謂的異營支持者。

四、異營支持者的特徵

異營支持者應該是長期支持某政黨而非在單一選舉或是短暫地偏好某政黨，因此以單一變數例如 2008 年的投票對象來界定異營支持者並不恰當。以下綜合政黨偏好、2008 年投票對象、2012 年投票意向三個變數來找出異營支持者。在以上三個變數中，選擇國民黨的給 1 分，選擇民進黨的給 -1 分，其他則給 0 分，將重新編碼的三個變數加總之後得出政黨支持的新變數。3 分意指該受訪者在三個變數中都選擇國民黨（總是支持國民黨），2 分表示在兩個變數中選擇國民黨且不曾選擇民進黨（經常支持國民黨），1 分表示在兩個變數中選擇國民黨且曾經選擇民進黨或在一個變數中選擇國民黨且未曾選擇民進黨（偶爾支持國民黨），0 分表示選擇國民黨、民進黨、與中立各一次或在三個變數中都選擇中立（中立）。相同的規則，將正分改成負分即可得出民進黨的支持者，重新編碼後的結果如表 6-5 所示。在一貫道的信眾中，-3 分（總是支持民進黨）與 -2 分（經常支持民進黨）的受訪者，以及在長老教會的信眾中，3 分（總是支持國民黨）與 2 分（經常支持國民黨）的受訪者就是本研究界定的異營支持者，亦即表 6-5

左上角的三位受訪者與右下角的六位受訪者。在右上角的 21 位受訪者和左下角的 15 位受訪者與所屬教團同營支持者，位於中間六格的 28 位則為中立的受訪者。

表 6-5　政黨支持

	一貫道	長老教會	Total
總是支持民進黨	1	15	16
	3.0%	37.5%	21.9%
經常支持民進黨	2	6	8
	6.1%	15.0%	11.0%
偶爾支持民進黨	2	5	7
	6.1%	12.5%	9.6%
中立	7	5	12
	21.2%	12.5%	16.4%
偶爾支持國民黨	6	3	9
	18.2%	7.5%	12.3%
經常支持國民黨	8	4	12
	24.2%	10.0%	16.4%
總是支持國民黨	7	2	9
	21.2%	5.0%	12.3%
Total	33	40	73
	100.0%	100.0%	100.0%

資料來源：本研究。

將受訪者分為「異營支持者」、「中立」、「同營支持者」三類之後，以交叉分析檢視是否為「異營支持者」與其他變數的關係。在性別方面，男性大多屬於「同營支持者」，女性則通常屬於「中立」。在年齡方面，年紀越大，越有可能屬於「同營支持者」。在教育程度方面，教育程度越高，越有可能是「異營支持者」，教育程度越低，則越有可能屬於「中立」。在省籍方面，沒有特別的趨勢。在信仰所屬宗教的時間長短方面，信仰時間越久，越不可能是「異營支持者」，反而越有可能是「同營支持者」。

第二節　同營支持者的觀點

藍綠教派的說法，並不是指一貫道就等同國民黨，或者長老教會就等同民進黨；而是在對教義感受的價值吸附上，會讓一貫道居主流的同營支持者選擇國民黨，或者讓長老教會居主流的同營支持者選擇民進黨，而形成一種概括性的印象。那麼，他們是如何進行這種價值吸附呢？

一、建立人和上帝或道的直接關係

對同營支持者而言，不管在一貫道或長老教會，所謂宗教就是一種貼緊教義核心的觀念。對世代都為長老教會信眾的牧師而言，宗教就是：

> 上帝是－是－是我的主啦，厚，我們有一個~厚，就是說~一個十字架的關係，我們對上帝，上帝是我們的主，厚，我們稱之為主，啊我們是僕人，厚，主僕的關係，啊僕人的意思就是說完全聽上帝的話，厚，上帝說什麼就什麼。（P1，男性，長老教會，牧師，深綠）

同樣的觀念也在平信徒出現：

是一個人~對~他~所信仰的－，呃－不管是哪一個──神，他~~的中心──神，他的依靠──，他的~~就是－就他的~依靠。（P3，男性，長老教會，信眾，深綠）

對傳道師而言，宗教更是一種貼近上帝的方式，而不只是一種行善的表達：

宗教這個事情－這種~本來就－抽象的東西，本來就要被賦予意義。那很多人~給它的意義、定義，就是~－厚－勸人向善；但是，基督教~不只把這個宗教定義成是一個宗教，這~這個宗教~是超乎的，超乎這個本質的，……我們要追求的是更~**往上走的**，就是那位上帝本身。所以，我覺得~呃~~基督教跟比其他的宗教不一樣的是，我們追尋的是那位~~呃~至高唯一的上帝，那我們相信耶穌基督的救贖。（P2，男性，長老教會，傳道，綠）

而對一貫道的點傳師而言，宗教就是：

嗯~中國－中國有一貫的道統，……所謂－堯、舜、禹、湯、文、武、周公、**孔子↗**的－啊一直到－**孟子↗**－這個一貫道統。……有宗、**啊有教化，宗教**、**宗教，有宗－有教化，能夠改變民心，向上－改過歸善者**，那所以－通通是屬於教化的。（I4，男性，一貫道，點傳師，藍）

顯然的，對同營支持者而言，宗教是一種人和上帝或道的直接關係；並且這種關係，是要落實在人對上帝或道的積極實踐上面：

宗教的目的就是要－厚－透過－這個宗教，我們要敬拜上帝、我們要服侍上帝、要榮耀上帝，厚，然後我們要遵守上帝的話，然後－那個要把上帝的話能夠實踐出來。（P1，男性，長老教會，牧師，深綠）

也就是將形之於天上的實踐在地上：

因為我們就是－**我們不是在追求一個～看不見的**，耶穌的教導也是說那個上帝國，我們追求的上帝國是可以～實踐在這個地上的，嗯，是可以實－實踐在這個地上。（P2，男性，長老教會，傳道，綠）

藉以闡揚所信的真理：

闡－闡發三～三教～我們有－**以三教的**～心法為依歸啦－厚－，然後又闡發五教聖人的～這些－真理。（I1，男性，一貫道，講師，藍）

二、信仰為一種超越生命的價值

這種積極實踐的關係，對同營支持者而言，變成一種比生命還重要的價值：

什麼比生命還更重要？第一個就信仰嘛，厚，信仰是人生裡面最重要的事情，沒有了信仰，生命活著有什麼意義？（P1，男性，長老教會，牧師，深綠）

而且是為上帝而存在：

就是～**你的一生是為了－上帝而活，不再是為你自己**，不再是為你自己。（P2，男性，長老教會，傳道，綠）

並且是超越一切世俗之事：

就是－**重聖輕凡啦！**。就是有聖事的話，絕對是以～以聖事為先，以凡事為後啦，能夠排開，絕對盡量排開，－厚－。（I1，男性，一貫道，講師，藍）

所以，對他們而言，所謂「上帝之城」（彌勒世界）和世俗社會的準則是一致的：

> 一定~**要－照上帝的話去做**，把上帝的那種~厚－愛－、以及祂的公義，厚，啊~把它落實在我們生活裡面。（P1，男性，長老教會，牧師，深綠）

然後往外推展：

> 要~達到我們~發揮我們生命的真善美，嗯。啊－人生以~服務為目的嘛，啊我們要~**學著菩薩的精神，去~~渡化眾生，己立立人、己達達人啊**。（I1，男性，一貫道，講師，藍）

三、建立一種以自我為中心的價值標準

從本訪談的過程中發現，這些有著虔誠信仰的同營支持者，不但積極的參與教會或佛堂的事務，並且積極地把他們對教義的認知、那一套屬於自己倫理價值的標準往外推展。如果一貫道和長老教會是屬於出世的教派，那麼這沒什麼問題；然而如果是屬於入世的教派，則會產生一個包容的問題：如何看待別人不同的價值體系？用誰的標準來判別？因為一個開放的社會，所有的入世教派是彼此參雜且交融的。雖然他們都強調尊重、包容，但這種態度卻是立基於自己的一個價值標準：

> **我－我們以－以一貫道的教義是－它闡發~五教聖人的奧旨啊**，厚－，五教聖人都有他~這個~呃~傳－傳教的~那個~教義，都是要讓人心能夠趨近於善。厚－，所以我覺得，我－應該都是沒問題的，可以互相包容的。（I1，男性，一貫道，講師，藍）

我想不是用瞧不起的態度，厚，我們也不是說鄙視的態度，厚，或者說~跟他們拒絕往來，我在想不是這樣子↘，厚。所以重要的就是說，**好**，那你信耶－信上帝，你－你－上帝是獨一真神，那你表現起來嘛↘！表現出來讓人家感覺到就是說，**哇↗！獨一真神↗！信－信上帝真好！哦↗~讓他們很感動**！那－他們會覺得說－那－【雙手互拍一下】**那我去跟你一起信好了↗！**這個才有用啊↗！（P1，男性，長老教會，牧師，深綠）

而這樣的態度難免會帶有一種因輕視而來的優越感：

因為－**他們~他們的背**~他們有他－他們的這些背景、他們的來歷，－厚－；嗯還有~他們-我有－很~呃－在－很－很－很－很－很難看~他們講的一些~靈異的事件【笑】，－厚－。（P3，男性，長老教會，信眾，深綠）

從上面的分析，同營支持者的宗教觀是一種忠於原教旨的積極信眾，並且有著強烈落實信仰於人間社會的動能，而且是以自我價值為本位的。

四、基於信仰倫理的政治選擇

既然同營支持者有強烈的動能將其信仰落實人間社會，那麼他們是如何將其信仰轉化成政治選擇？

（一）政治跟宗教是不可分的

就政治與宗教的關係而言，長老教會主張有一個較積極的連結，而這種連結為一種對上帝關懷的實踐：

那我覺得－呃~**基督教的信仰是我們要~我們要關心政治**，當然不是要我們投~身在政治裡面，但是我們要關心政治。因為，長老教會的—的宣言裡面也有~，……，那~我覺得那個東西跟~信仰很有關係。因為－因為《聖經》裡面說要行公義、好憐憫啊。那－那－你~就如果你只有關起來做禮拜，你不關心~這個－世界上在發生事情，你只有關起門來，然後不關心這個政治、社會在發生的東西，那－你怎麼樣實踐~~上帝的愛？（P2，男性，長老教會，傳道，綠）

如此，這種宗教才會有根源：

其實教會跟政治是－是－不可－不可分開的，……如果－如果~教會離開了百姓、離開了政治，那教會是什麼？只是講－天堂、講地獄，**那－那個宗教誰要信啊？對不對？你跟百姓都脫節了，那種~那種－宗教－只是~沒有根的宗教啦！**（P1，男性，長老教會，牧師，深綠）

所以對主流信眾而言，他們是認同政治與宗教這種積極的關係，進而成為一個理想教會該有的責任：

理想的教會~~應該是對~~**政府、政治還要－要**公義－厚－，來~做批判。所以，不－不符合公平、正義的，我們教會還是應該有－批判、提醒、建議的－這個—它要有這種~~責任，－厚－。（P3，男性，長老教會，信眾，深綠）

而對一貫道而言，雖然在訪談的過程中，不管是點傳師還是講師都力言一貫道不參與政治，但仔細分析這種所謂的不參與，指的是政治活動而不是不關心政治：

我們道的宗旨就是~敬天地、禮神明啊，愛國忠事，**敦品崇禮**。啊所以－，呃－**我覺得**~我覺得說－厚－，**愛國**這也是一個~很重要的觀念。哦－有－**有國家－才有社會**，有社會才有家庭，**有家庭才有我們每一個人**，一個安居樂業的地方。（I1，男性，一貫道，講師，藍）

而且會講述其認為對的事情：

剛～講述這些我個人的，不會說因為－我們要支持－什麼人、什麼黨。我們要支持－應該**對的**，我會－在道場上，我會講這個。（I4，男性，一貫道，點傳師，藍）

一貫道我就剛講嘛，它是以復興的文～傳統儒家文化～為～主的，嗯，它談的是倫理～道德。……**政治，是－倫理的延續**。……我們會**比較－會談～關～心國事**，這樣子，你～**慎～慎～慎選你心中的好～的那個**－，嗯～。我們還是強調**選人不選黨**，我們～我－我是這樣子，每次我講都講這個。（I3，男性，一貫道，點傳師，以教義倫理決定政黨）

顯然的，對一貫道而言，所謂的政治事務已經內化為一種宗教倫理，而不是一種截然分明的二元觀念。

（二）從信仰而來的政黨選擇

不管長老教會或是一貫道，其歷史都比國民黨或民進黨來得悠久，在價值倫理的沉澱上，他們遠比政黨更深厚、更顯明，因此在空間價值的位置上，他們也就比政黨更堅持、更不容易妥協。所以，所謂藍綠教派的另一層意思為彰顯教派倫理價值的展現，是以政黨選擇也就是基於信仰而來。

對長老教會而言，教會是上帝意志的展現：

教會不是民主，教會厚～是神主，厚，就是－上帝統治的一個教會。（P1，男性，長老教會，牧師，深綠）

接著牧師解釋什麼是神主：

神主是說－上帝—要他－要要不要選他，如果上帝－你很喜歡他，可是上帝不喜歡他，那你不能投票給他啊。……厚，那如何知道上帝喜歡不喜歡他，那就禱告！**禱告給上帝，禱告之後怎樣↗？要有行動！**（P1，男性，長老教會，牧師，深綠）

何謂行動？牧師認為應該反應在政黨的選擇上：

深綠的－他們很多的~理念是從－長老教會過去的，厚。……我投給民進黨的原因，並不是說－厚－民進黨的~他們的人怎樣，**是因為－在上帝的－厚－在上帝的公義之下**，民進黨他們比較接近上帝公義，**比國民黨還比較接近**。……從上帝的－厚－角度去看待的話，厚，國民黨－他們很多的東西都不符合上帝。所以，一個基督徒很重要，要從－《聖經》的角度，厚，去看待－這個政治人物、去檢驗，**檢驗↗政治人物－就是要從《聖經》裡面去檢驗。**（P1，男性，長老教會，牧師，深綠）

因為信仰幫助了他們做抉擇，甚至宗教已內化為政治的判斷：

就是我覺得，**信仰在—讓我看~~怎麼選？**嗯~~，我覺得還是個人的~**個人~的**~選擇比較多，信仰可能是~像~可能是**幫助我、輔助我**－去~~去~~做一個選擇的，嗯。（P2，男性，長老教會，傳道，綠）

或許可以講說，已經~~我被宗教化這樣~~深~【大笑】，……所以，說~~**應該是––到現在我已經被內~化了**，……。跟－政治~跟宗教是會有~什麼影響的這個—，應－應－自己都已經內化到什麼是~厚—政治跟宗教—都—各－各自有各自的~~，我—我－自已~~被對各自有一些—**判斷啦**，一些—選擇，－厚－。（P3，男性，長老教會，信眾，深綠）

是以，對長老教會而言，選擇民進黨是一種上帝公義的展現：

因為，信仰還是告訴我們，我們需要學習的是那個公平、公義的原則。（P2，男性，長老教會，傳道，綠）

並且這種展現是沒有模糊地帶的：

一個～真理的東西、信仰的東西，厚，是～不需要說－**遷就於個人啊**，我們是要執著在真－**我們要努力要站到上帝那一邊**。……所以最重要是說－我們－我們－不跟政治妥協，信仰沒有妥協，……像那個核四【輕拍桌子】、像那種～《服貿》的事情，要選邊的時候，你要記得～你要選到上帝那邊，你不要選－**選到～上帝的對立面↗**！厚，**沒有模糊地帶**、沒有－也～～厚－兩邊－我～遊走中間，**沒有！**（P1，男性，長老教會，牧師，深綠）

相同的，對一貫道而言，中華文化所傳承的道是一個必須遵循的傳統價值：

我們還是要－**有所主、有所忠啊**！我們所－所講述的，是什麼東西？要來－影響他們？中國固有文化啊！這個東西啊！嗯，實現－，才能夠使－這個家庭、這個社會，能夠圓滿善事。（I4，男性，一貫道，點傳師，藍）

看誰重視中華文化？【輕拍桌子】**看誰重視我們的──這些**～～【I2：對對對對】生－這些什麼－【發出遮的聲音】倫理價值啊，【I2：對】，嗯。（I1，男性，一貫道，講師，藍；I2，男性，一貫道，信眾，藍）

並且他們認為這個傳統價值是比較接近國民黨：

國民黨會比較接近。（I4，男性，一貫道，點傳師，藍）

而且比較溫和：

以～黨派的看法啦－厚－，那我是－比較覺得說，不喜歡－那種～偏激的方式去表達立場。……**以我兩個－兩個**～你講民進黨、國民黨來看啦－厚，好像－跟－國民黨比較溫和一點，嗯。我們－可能會選擇**比較溫和**的政黨啦。（I1，男性，一貫道，講師，藍）

即使內心自覺是偏綠的點傳師也認為：

我對民進黨－厚－，坦白講～我－內心－是～中性，可是有點偏綠。**可是，我們道場是復興文化，他們在反對文化，我就－不認同－**【無奈生氣狀】。（I3，男性，一貫道，點傳師，以教義倫理決定政黨）

因此，對一貫道而言，捍衛這個傳統價值成為他們的天賦使命：

我覺得會～**捍－捍衛我們中華文化固有的**──基本價值。（I1，男性，一貫道，講師，藍）

因為他們認為中華文化為國家的根本：

文化顯然都一樣，怎麼去中國化呢？。對不對？！ㄟ～這本來我們讀的書↗，又是四書五經，這好書，這去文化咧～有－有什麼意義呢？……內心～內心很痛苦啊！嗯～，這個叫做～真的亡國！沒有文化就沒有～。（I3，男性，一貫道，點傳師，以教義倫理決定政黨）

即使一向支持政府的他們，也會視民進黨對傳統價值的去中國化，為一種重大的挑釁：

一個民進黨－一個領導的人絕對不敢這樣做。他价已＜才剛＞－价做了企＜才剛做＞－厚－，**會影**－他欲**影響－這－這－影響整個世界哦！**（I2，男性，一貫道，信眾，藍）

並且做為決定他們與政府的關係：

我覺得～你把這個價值觀－去掉，**那我君－君－君～可以－不君、臣可以不臣哦，我不用－臣服於你啊，我不用聽你－政府的話啊。**（I1，男性，一貫道，講師，藍）

整體而言，對主流信眾來講，政黨的選擇是一種教派倫理的延伸，不但反映他們對形上的詮釋，也反映他們如何落實人間社會的方法。所以，藍綠教派的形成，可以說是一種宗教倫理實踐的結果。

第三節　異營支持者的觀點

如果特定教派必然對應特定政黨，那麼異營支持者的宗教經驗如何影響他們對政治的理念？而這樣的經驗又跟同營支持者有何不同？這些不同是否就是影響二者政治態度與價值差異的根源？而藍綠教派雖然不同，但他們的異營支持者又有何相同之處？顯然的，在對宗教的理解上異營支持者有不同於主流信眾的宗教感受及理解，以至於推論出不同的政治選擇。

一、尋找一種自省力量的宗教觀

對於異營支持者而言，宗教是一種建立在以自我為中心的價值追求上：

就是～教化人身嘛，啊就是～能夠－在法律之外，嗯，能夠給人們一個道德的約束，不要走入以前的叢林社會，然後－給社會一個穩定的－一個安定的生活跟秩序－ㄟ－啊－是一個信仰，也是一個寄託。（P4，男性，長老教會，信眾，深藍）

或是一種真理的尋找：

我覺得是我在尋求一個**真理**。（P6，女性，長老教會，信眾，偏藍）

或是一種人生的助力：

大部分的時間我都是覺得宗教是一個你的人生的一個幫助啊，幫助；但－但是～有一些時期，譬如說我年輕的時候，我可能會認為它是一個人生的－**整個～整個的目標**，就是這個東西。但是，我－我～到－比較少的時期是這樣想，大部分的時期我還是把它當作一個－一個－一個幫助我～過這個人生的一個～一個力量。（P7，男性，長老教會，信眾，偏藍）

而成為一種個人的修行場所：

那我們**道場**，它是－可以說～叫做－大乘－類屬於大聖菩薩道，就是說－它有內修的部分，哦；然後，它也有－實踐社會的部分，哦。……所以，在～我們道場的修行主軸裡面，它就是－ㄟ－自利、利他是並進的，而且是－自利為～，你要有一個基礎，才能夠去做利他，厚。（I6，男性，一貫道，講師，綠）

總之，就是跟人的本心有關：

宗教應該就是～嗯～恢復我們人－本來的～善良的心。（I5，男性，一貫道，講師，綠）

因此，對於異營支持者而言，不管是長老教會或一貫道，宗教的感受為在一種尋求超越內心的力量，而不是尋找人和神的直接關係。

二、一種生活的準則

教義能夠形塑信眾對倫理社會秩序的建構、也能夠形塑信眾的價值偏好；然而為何在同一個信仰基礎下，會有不同的外在呈現方式？異營支持者如何看待宗教對他們的啟示？

> 因為上帝派－耶－耶穌，然後死在十字架上，這件事情就很重要，因為－祂的褒顯就洗淨了我們的**罪**。所以，我們－才能夠－就是－進入－永生－這個道理，……我覺得**這個是祂教義中最重要的一部分**，那至於其他的細節，我不會是－這麼樣的 care。（P6，女性，長老教會，信眾，偏藍）

教義成為一種個人行動的準則：

> 我總認為基督教教義在我們的成長過程中，根深蒂固的－在我內心，……就是人要行功義，就是那一句話，厚~。這個生活－以及－各方面的行為－都以《聖經》為主、以基督教教義為主。（P4，男性，長老教會，信眾，深藍）

> 如果說~，恢復自然的本性的話，我們－會－~呃~充滿這個~嗯~**信心**、充滿－**慈悲心**。那在~社會上跟人家處世的話，就比較~不會事事都~指著別人。（I5，男性，一貫道，講師，綠）

並且讓個人得以學習成長：

> 我是覺得說~這個道場~叫做~嗯~可以就是說－**禪~淨~雙~修**，……它注重－**責任**、然後－**付出**、然後－ㄟ~在這過程裡面不斷成長。（I6，男性，一貫道，講師，綠）

因此，對於異營支持者而言，教義已內化為一種對他們的約制，而不是一種超越生命的價值。

三、開放、包容的態度

一種宗教代表一種倫理體系、也代表一種價值觀，雖然同營支持者認為自己有足夠的胸懷去看待不同的宗教，但難免不失自己的價值衡量標準；但對異營支持者而言，顯然他們對這個中的差異，有較開放、包容的態度：

譬如說，現在這個~媽祖遶－遶－境，可能在我們很多~的－譬如說我們會友可能說：**唉喲**~就－很討厭這件事情就對了，**ㄟ~我不會耶**，我會覺得說：ㄟ~這很有意思，你看這~媽祖還有事沒事還－出去玩一玩啦。**就是說我會對它~是一種－用一種文化的眼光來看**－這件事情。（P6，女性，長老教會，信眾，偏藍）

並且比較不會用自己的價值去衡量別人：

我－我現在覺得說，信仰變成~對我來講變成是一種~~一種支撐的力量。如果這個東西是－可以給人一個很大的支撐的話，我覺得也是~也是一個值得~值得去信的信仰。問題是看你用什麼價值觀去判斷說，他這樣子對他~~好不好，他可能覺得他這樣子很好，你覺得他不好，那－那我覺得我不應該用我的直觀去判斷他~好不好。有一些我可以~我可以~站在基督教的立場，我可以跟你分享說~我相信你這個東西，這個－這個－這個－基督教的信仰，耶穌的－祂的－祂的－祂的理念，祂的－想法是什麼。你－你可以跟我分享，我也可以跟你分享這些東西；但是，你如果相信那個~~我很~我很 O.K. 啦。我不－【笑】**我不會去覺得說**－，慘－慘了－你－你－你－你要下地獄【笑】，**我不－我不會覺得這樣子啦**。（P7，男性，長老教會，信眾，偏藍）

對其他宗教也會有比較主動瞭解的態度：

大概花了兩年，厚，其他宗教－我都－有~空我－就去參與。……我《聖經》起碼看了五次以上，嗯~。然後－佛教經典，哇~，各種經典我大概都有涉獵過。（I6，男性，一貫道，講師，綠）

顯然的，他們對其他教派的觀點，為一種較具尊重、開放、且主動涉獵的態度。

四、對「神」（道）的認知

不同於同營支持者對神絕對權威的論點，異營支持者對神顯然有較親近的距離。在長老教會而言：

上帝在我心目中，祂好像不是一個~權威，祂好像是一個~我很 close 的一個~**父親**、或是朋友這樣子，就跟我很親密。（P6，女性，長老教會，信眾，偏藍）

顯然的，他們已將上帝絕對權威的概念去除：

現在的基督教比較強調的是耶穌這個角色啦。……那~耶穌算是~~上帝－派來的一個在人間的一個~一個－**給你看到的**一個~一個~一個形~形象就對了。那－這個形象帶給了大部分~最主要的就是愛啦、關心啦、犧牲啦這些－這些精神。……；但是，我覺得說－人不可能瞭解上帝啦，……我一直到現在我都覺得說，很多人在形容的說~上帝是什麼什麼什麼，我覺得說~這個－這個都太~太過於主觀了啦。（P7，男性，長老教會，信眾，偏藍）

而且依照自己的人生經驗去對真理的唯一性產生質疑：

很多～很多我接觸到我的人生經驗—，應該不是↗－應該不是講說～不是－唯一的真理啦。就是說－，**不是那個－歐美傳來的那一個－基督教的神，才是唯一的神啦**。（P7，男性，長老教會，信眾，偏藍）

進一步地，他們非但不會將宗教信仰投射到對人（比如政治領袖）的崇拜，反而產生較平等、反抗權威的意念：

我們所感覺到的就是～人是沒有分哪，人都沒有分，就是－大家**都是一樣的**，不管你當校長、老師、工友，大家都是一樣的，都同等的重要。（P5，女性，長老教會，信眾，偏藍）

在我本身－我是抵抗、反抗威權，到目前為止，啊－就是－比較－比較同情弱勢。（P4，男性，長老教會，信眾，深藍）

而在一貫道方面，他們會認為他們所信仰的真理為具有普遍性及公平性：

道－祂很特別，道是真理。呃～**真理～是**－普遍的、公平的，然後－可以禁得起考驗的。（I6，男性，一貫道，講師，綠）

但在道場的學習中，他們會嘗試著尊重不一樣的理念及論述：

道場－讓我們～**學習、歷練**，啊讓我們有～有機會－從～惡性循環的這個身、心、生活－厚－，……，然後～一腳踩進～良性循環的這個～磁場裡面。……。那我們就會～更加～**感恩**，那～呃～**有不一樣的理念、不一樣的～論述，我們也是～會比較～和諧的去～接受**。（I5，男性，一貫道，講師，綠）

五、基於公民意識的政治選擇

不管一貫道或長老教會，在我們對六位異營支持者的訪談發現，教派本身的教義規範對他們的影響都非常的大，並不會因為政治理念的不同而影響他們的虔誠度。既然如此，他們又如何演繹出不同於主流信眾的政治選擇呢？

（一）對政治與宗教的區分

對於長老教會的異營支持者而言，加入蘭大衛最主要的考量因素是強烈的宗教信仰、感恩、或者地緣的方便性等因素，政治的屬性基本是被區分出來的：

> **在我長大**接受洗禮，那是自由意識－厚↗－之下－洗禮，我就是堅信基督教。（P4，男性，長老教會，信眾，深藍）

> 就是離我們家比較近，因為我們家也住彰化。（P6，女性，長老教會，信眾，偏藍）

> 純粹是近而已啦。（P7，男性，長老教會，信眾，偏藍）

因此，即便原先就是深藍的異營支持者，在強烈的宗教信仰下，即使在加入之前就已知蘭大衛深綠的色彩，他們仍會選擇蘭大衛教會。因為在某種程度上，他們對政治與宗教的切割是非常清楚的：

> 因為一個國家本身就有不同的成員嘛，不管－不同的成員、不同的思想、不同的生活背景，厚。……。因為～我－我的看－看法就是這樣，這就是分開的東西。（P5，女性，長老教會，信眾，偏藍）

> 沒有－沒有特別考量說～，這個教會是～～宗教～～的－的－－個特——態度很明顯還是怎麼樣，倒沒有這個考量啦。（P7，男性，長老教會，信眾，偏藍）

因此，對於某些神職人員置入性行銷的教義詮釋，亦即在宣教的過程當中，將特定偏好的政治理念融入到講道之中，這些異營支持者都能夠明白的區辨而不受影響：

> 張牧師~他是－**偶而在**證道的時候，嗯，對，偶而在－。啊你會聽起來~你就會－苦笑一下，對，希望－**在緊密**當中，**卡緊－讓過去~跳過去**。（P5，女性，長老教會，信眾，偏藍）

或是採取不理會的態度：

> 因為我們常常有一些什麼~一些什麼~就是有一些~呃~譬如說 presentation 的時候，**都會找那些~都是－就是說－呃~台灣哪~這個－這麼樣－這一貫系列走出來~怎麼樣，我們要獨－就是很~明顯、很明顯**；但這我也無所謂，反正我就不理它就對了↘。（P6，女性，長老教會，信眾，偏藍）

或者乾脆不接受牧師的詮釋：

> 這個因為是他~~他自己的~~他自己的~~一個~一個~~想法啦－厚－，如果－不是說很~違背他的~~他的引用的《聖經》。比如說，有的－有的人把《聖經》引用得很離譜，就是所謂的**斷章取義**啦。**隨便拿一句起來，然後就－就－就－就放到這邊去，就說這樣子【笑】**。那－那個－－看起來，就是很離譜的－厚－，我－我就不能~接受啦。（P7，男性，長老教會，信眾，偏藍）

甚至偶而會引起異營支持者的反感：

> 我也常常警告神職人員－厚~，不要置入性行銷，將來會接受審判。（P4，男性，長老教會，信眾，深藍）

總的而言，對長老教會的異營支持者而言，本書從訪談的過程中發覺他們對教義的理解主要是來自於自身的經驗，而不是神職人員的詮釋：

> 就是說－**我不是說牧師說 O.K. 我就** O.K.，對不對？！我都不會這樣子，我都會去~我－就是說－我會自己－按照我自－就是我自己的－，我比較相信自己的生活經驗。（P6，女性，長老教會，信眾，偏藍）

而在一貫道方面，儘管異營支持者在加入一貫道的時候並未將政治的理由列入考量的因素，而且他們也同樣認為國民黨比民進黨更能維護傳統價值，但他們認為政黨選擇是一種出於個人自由理念而和佛堂價值毫無關連的行為：

> **大環境是大環境的關係**，那我們個人是個人的~，我們－**是為自己而活，有自己的理念。那當然~，我們選舉的時候有**~自由的選擇。（I5，男性，一貫道，講師，綠）

更進一步的，他們認為這種價值的提倡不必然等於認可中國、或者國民黨：

> 我們教義是~文－文化－文化是沒有國界的，厚－，文化沒有國界的。……，孔老夫子的－的道~很好，我們就拿來用啊，這是沒有問題的。……。我們~道場裡面沒有政治理念。（I6，男性，一貫道，講師，綠）

> 所以，道場就認為說，啊－**你要愛國家**，嗯。所以，就是~政治思想~在我看－，因為在道場~我們~呃~很多人會~，就是說－早期~會把**黨跟國**連在一起。啊－到~後來發覺說－，**乀－不是這樣子！**就－慢慢很多人~就慢慢~呃－對於~**黨~的部分就－踢出去了**，道場就不講了。（I6，男性，一貫道，講師，綠）

顯然的，對於異營支持者而言，不管是長老教會或是一貫道，他們對於宗教的熱誠並不亞於同營支持者，也都積極地落實到自己的生活規範；但不同的是，他們不會將這種宗教意識擴及到政治意識，更不會因此而影響他們的政治選擇。

（二）異營支持者的政治推論

雖然二教派的異營支持者都很謹守政治與宗教的界線，但並不表示他們不關心政治，然而他們如何去推論？

對於長老教會的異營支持者而言，教會是一個接近上帝、崇拜上帝的地方（P6）、是一個接受牧師講道的地方（P4），政黨應被關在門外（P5）。不同於主流信眾的政治推論，他們認為教會對政治社會的積極關懷是一種利益眾生的社會服務，例如幫助弱勢家庭的孩子，而不是一種政治的操弄（P5）；或者更積極的講，這個事件或許有明顯而立即的影響到社會，教會就應該挺身而出，而不是依附在某個政黨之下：

> 應該不要受到**其他－政黨**的影響，出來表態－自己出來表態，厚，很清楚－**我長老會關心－社會、關心政治，我－是怎麼樣**－，不要當附屬品啦。（P4，男性，長老教會，信眾，深藍）

所以他們認為一個理想的政教關係，應該是在關懷社會的利益上有自己的主張與看法，且必須站在一個監督政府的立場出發，而這個衡量的標準應該是一致的，並不會有不同的政黨就有不同的標準產生（P4）。因此，他們反對主流信眾認為投給民進黨有較公義的說法：

因為－我**知道**說，真理是你跟上帝的關係，而不是－這些人。（P6，女性，長老教會，信眾，偏藍）

而在一貫道方面，雖然異營支持者同樣認為應將教義與生活做緊密結合，但他們認為一個理想的政治與宗教的關係是整體性的：

政治跟宗教應該是~整體性，應該－如果說要分開是－政治歸政治、宗教歸宗教。那整體性應該是~互相~合作、團結一致。（I5，男性，一貫道，講師，綠）

並且他們不同於主流信眾，雖然民進黨執政對道場所維護的傳統價值可能稍有影響，但：

文化的部分應該是－從祖先－經過多少年代－，那個~應該~不會因為朝代改變文化－完全做改變。（I5，男性，一貫道，講師，綠）

所以他們認為應該區分國家與政黨的差別：

啊所以說~，它以為－都是應酬。厚－，**應酬我們就~搞清楚，它是國家的－我們就配合，那是──社~團的－我們就－保持距離**。（I6，男性，一貫道，講師，綠）

為此，他們並不認同主流信眾所持佛堂價值和民進黨相違背的觀點。進一步地，他們對國民黨執政的現狀評價更為不好，認為民進黨才能使社會祥和：

那這個就好像~這個~民進黨的~名稱叫做**民主－進步－黨－**一樣。那我們內心不是說~嗯~一定~盲目的~支持那一個部分，我們所渴望的是──讓我們~**整體都能夠進步，大家都能夠更好**。（I5，男性，一貫道，講師，綠）

而這樣的意識是來自於公民的素養，而不是主流信眾所說的佛堂價值：

這是－幾乎都是~平常的~民主的－素養，對。……啊道場它也沒有說~是哪一個，它只告訴你－什麼是正確的價值觀。（I6，男性，一貫道，講師，綠）

（三）衝突下的抉擇

雖然教派是一個立基於宗教信仰的場域，但在既有的政治氛圍之下，他們如何做出他們的政治抉擇？是否會衝擊到他們對教會或道場的認同？

在長老教會深綠是一個主流色彩，並且是顯示上帝公義的選項（P1、P2）；但對投藍的異營支持者而言，變成是一種沉重的負擔：

他們有時候教會的牧師多少會－會講一個置入性行銷，在講道的時候，像**阿扁**的時候啊，**ㄐ啊ㄑ啊按怎按怎**，啊像馬英九的時候，他們講到的時候，**哦↗甘按煙斗那有好**〈只有英俊哪有好〉，**啊不做工企**〈工作〉，這就是置入性行銷。（P4，男性，長老教會，信眾，深藍）

而這樣多多少少會對一些教友產生影響（P6）；但對他們而言，教會本身就是很乾乾淨淨的去做教會要做的事就好了（P5），不管政黨選擇、國家認同、甚至重大議題的認知，這些都和教義無關：

啊－如果是從你的~~你的－**根據是什麼**來講，我剛剛大概也提過說，我看到《聖經》裡面耶穌－耶穌的~~一輩子的~~情形，他沒有~~沒有~~要靠~~靠－靠－這種政治的力量去改革的意思啦。……**你－你~你要~~主張說－台灣~獨立**，很好啊！我－我沒有說不好啊；但是，這個跟~~基督教的信仰，是在你的心裡面連結，不要把它拿出來外面連結說：《聖經》上怎麼寫，寫－台灣要獨立【笑】。這樣－，這樣子我覺得連不起來啦。……，**你－你不能說~~**

把～《聖經》跟它～掛在一起說，台灣獨立就是基督教的信仰，沒有這種～沒有這種～關係啦！。（P7，男性，長老教會，信眾，偏藍）

我問過我～媽媽說，ㄟ～我們的祖籍，她說我們的祖籍－福建，……那台灣已經是～**不曉得－混了多少的↗【笑】～外省啊**、……台灣～說是說－獨立，我覺得一點意義都沒有。（P5，女性，長老教會，信眾，偏藍）

因此對他們來講，主流信眾的治政立場是一種很狹隘的觀念：

我會覺得說他們很～狹隘。……就是好像認為說，一個－國家就是要－**同一種人民、同一種血緣的人－在一起**，才能組成一個國家；如果你不是跟我們同血緣的呢？哪我就－排斥你，我很不喜歡這樣子。（P6，女性，長老教會，信眾，偏藍）

甚至在一些重大的政治議題上，如有關陳水扁事情是否為貪汙的事件，他們反對教會雙重的標準：

你怎麼基督教長老會不站出來反貪瀆，你還為阿扁的罪過聲援？！（P4，男性，長老教會，信眾，深藍）

因此，儘管蘭大衛的政治氛圍對異營支持者而言是一個極大的衝擊，但最後往往選擇隱匿自己的政黨取向，而鮮少與其他教友交談：

我不會高調的說，因為我沒有必要～就是說～為自己樹敵，或是說讓人家－哦～原來他跟我們不是同一掛的，對不對？！……那如果我知道這個人是藍的話，我就會知道說－呃～我就可以跟他講一些～比較我真正的想法；那如果他是綠的，我就不會跟他談政治了。（P6，女性，長老教會，信眾，偏藍）

我－我－我想這種人是存在的，只是你看不出來而已啦。……當然，他們可能不知道我有這種～立場啦！【笑】。我也沒有表現出來說，我是支持國民黨的，【笑】。（P7，男性，長老教會，信眾，偏藍）

所以對他們來講，既然當初加入蘭大衛就不是一個政治理由，那麼也無須為了一個政治的理由而離開，當然也有因此而選擇離去的（P4、P6）：

我可能會～比較希望說，我們來崇拜上帝，然後我們可能介紹比較～把福音傳給比較多人，我會覺得這個是我比較～**重要的目的**。啊至於說，要不要－把～這個人從綠的變藍的，我覺得～那不重要，對我來說不重要，我也不care，我不覺得那是那麼重要，我不會覺得說～你到時候上天堂、上天堂，問你是藍的、還綠的，對不對？！所以，無所謂啦。（P6，女性，長老教會，信眾，偏藍）

即使是藍營黨工的P4，最後也是以信仰為依歸，而不讓政治參雜其中：

啊然後參與～有參與政治的時候厚，厚，有**衝突**的時候，厚，我是－**放路乎教會走啦**。……我不干預，厚。啊－啊講－講難聽的，也不密報、也不抓人，嗯嗯，讓路啦！（P4，男性，長老教會，信眾，深藍）

相同的，傳統中華文化價值所醞釀深藍氛圍的一貫道，支持民進黨的異營支持者又如何抉擇？他們首先不認同道場深藍的一個政治氛圍：

以個人來講，不是～很認同，**啊但是**－一樣是尊重。（I5，男性，一貫道，講師，綠）

對他們來講，佛堂價值和政治選擇是無關的：

因為它－真理嘛！真理是－重點是每個人的覺悟，嗯。所以～，像～剛才講到－政治屬性啊，道場它～就沒有辦法－推動－政治屬性啊。（I6，男性，一貫道，講師，綠）

他們認為佛堂價值和國民黨的連結是一種前輩錯誤的認知：

早期我們前輩是很單純，經常在把~**政跟黨搞不清楚**，因為我們不是從~政治人。所以，早期很~容易被認為說——一貫道是支持~嗯~國民黨，不是這樣子，是支持~政府，厚—。（I6，男性，一貫道，講師，綠）

並且進一步提出他們的抉擇：

稍微有點民主思想的人都會覺得說，台灣長期來講—應該是—要獨立。（I6，男性，一貫道，講師，綠）

台灣的現況就是說，你~~國民黨它叫—傳統勢力，啊—這個勢力~佔了—太多的資源，它有很~根深蒂固的結構。我們是支持說，應該是要政黨輪替，**政黨一輪替~，前面的—很多弊病馬上要出現**。（I6，男性，一貫道，講師，綠）

面對這種和佛堂主流信眾不同的政治抉擇，雖然多少會影響異營支持者和他們的互動（I5），即使身為點傳師的要職，也會因為政黨立場的游移而影響彼此的互動：

坦白講，**對深藍的**我不會跟他講這些，深藍的，嗯。（I3，男性，一貫道，點傳師，以教義倫理決定政黨）

但在一貫道強調和諧的氣氛下，政治的差異有被刻意的模糊：

因為—這個—道場在~中—ㄟ—在政治這個區塊，它比例**非~常少**，嗯，最多是~下來大家聊聊天。……因~因為有時候會~彼此尊重，啊~你有你的想法、我的想法。（I6，男性，一貫道，講師，綠）

而比較強調共同的部分：

因為我們都~學習是~呃－**命運共同體**，嗯－比較重視~嗯－**個人的這個權益、尊重、跟包容**。（I5，男性，一貫道，講師，綠）

道場在這~，嗯，目標一致，嗯，【大笑】。就是說，辦道為主，嗯。（I3，男性，一貫道，點傳師，以教義倫理決定政黨）

為此，如同長老教會的異營支持者一樣，一貫道的異營支持者若不選擇離開，隱忍或不強調自己的政治取向，似乎成了他們共同偏好的表現方式。

第四節　該分道揚鑣還是和樂融融？

簡單來講，異營支持者之所以為「異」，不僅在政黨的選擇上有不同於主流信眾的差異，就連在兩岸關係、統獨立場、甚至在重大政治議題的觀點上也有很大的不同。雖說在訪談的過程中，不管是同營支持者或異營支持者都不願直接承認政治差異對他們教派和諧的影響；但仔細探究，政治立場的不同仍造成教派某種程度的影響。那麼，異營支持者的存在對教派有何影響？

另一方面，因應教派的傳教及競爭行為，教派不能固守於傳統的傳教方式，否則會有衰退、甚至消失的危機。雖說改宗行為在信眾之間不容易產生，但為吸引初次信教的一般社會大眾、甚至在同樣神論之間競爭，教派必須在教儀等行為做一些改變，以吸引、擴大信眾的來源。而這些不管如何程度的改變幅度，或多或少會衝擊到教團的制度及組織、甚至倫理原則的思考邏輯，最終可能影響到教派的政治態度及價值。例如，長老教會為吸引一般年輕學生信眾而成立的華語團契，不但衝擊到傳統的台語團契，甚至在政治氛圍上也有改變的可能。但假若不設立，則教會又面臨信眾來源減少的危機。為此，教派與教派之間的競爭行為，亦有可能衝擊到教派內政治態度及價值的改變。

一、異營支持者的困境

既然政黨選擇對主流信眾是一種教派倫理的延伸，那麼對異營支持者而言，他們必須解決兩重問題，否則難以在原教派生存下去。一是自己對教義延伸和主流信眾詮釋的差異必須做出合理的解釋；二是和其他信眾互動的關係必須做出妥當的回應。這兩重問題若不解決，異營支持者很可能被迫離開原教派（有人因此而離開或減少參加活動），成為他們的雙重困境。

（一）結構上的困境

不管在長老教會的《信仰告白》或者一貫道的《一貫道宗旨》，兩教派的政治推論都有其先天上的限制，這種限制的形成有來自於神職人員的詮釋、也有來自於歷史脈絡的影響，更重要的是教義屬性上的限制。以長老教會來講，「公義」的觀念是一個優先的倫理原則，而一貫道則優先推崇「慈善」原則，種種倫理偏向容易造成教派形成特定的政治屬性。因此，對同營支持者而言，他們的政治選擇有一種結構上的必然；反之，對異營支持者而言，他們的政治選擇成為一種違反教義結構的政治推論。

雖說二教派的異營支持者都習慣以公民意識取代宗教意識，進而打破主流信眾對教會或佛堂價值推論政治選擇的連結，甚至以自己的生活經驗取代神職人員對教義的詮釋。但是，他們始終是一個虔誠的信眾，忽略神職人員則何以到此教會或佛堂？甚至忽略教義此種先天結構，則何以信此宗教？為此，面對此種結構上的困境，單憑異營支持者的公民意識和生活經驗可能難以招架，他們得在教義上做出更合理、更具包容性的解釋，否則最後亦不免離開原教派。然而，其解釋又得面臨神職人員和主流信眾的質疑，誠如長老教會牧師所說：

一個～真理的東西、信仰的東西，厚，是～不需要說－**遷就於個人啊**，我們是

要執著在真－**我們要努力要站到上帝那一邊**。（P1，男性，長老教會，牧師，深綠）

（二）互動上的困境

另一個對異營支持者的難題是和主流信眾、神職人員、道場或教會的互動，他們可以很主觀的將宗教與政治做切割，但卻不能忽視與主流政治氛圍差異的客觀事實。

在長老教會方面，濃厚的深綠色彩、閩南族群的特性，以及羅馬拼音的台文、台語的聖歌、《聖經》、講道，再加上置入性行銷的宣教方式，在在使得異營支持者陷入一種困境：

他們就是－**不管這麼樣**就是反國民黨。（P4，男性，長老教會，信眾，深藍）

而無法完全融入團體：

那你可能就－顧左右言他，或者是－到旁邊走一走了吧，就避開了，我會自動避開。（P5，女性，長老教會，信眾，偏藍）

因為在這個教會，**深藍的人不是很多**，……，但是就覺得是說－他～會把自己孤立起來，……比較不融入～這個團體。（P1，男性，長老教會，牧師，深綠）

如此，的確使異營支持者深陷疑慮之中：

我覺得長老教會在台灣就真的是被貼上標籤，人家一談到它～長老教會，第一個想到的就是：唉呀，**他們都～很綠的啦**。所以，很可能～一個人－一個人想要去參加長老教會，如果他是藍營，他就－也許就會－連～**踏入的**－那一

步，他都不願意去做。（P6，女性，長老教會，信眾，偏藍）

為此，雖然異營支持者都小心翼翼處理政治取向的問題，並且在以信仰為依歸的情況下力求不受影響，但如同神職人員所講的：

我們不需要說因為有人－厚－他~深藍的那塊，他們－不來，厚，我們就~改變我們的~~我們的方針，那－那是沒有必要的，厚。那－**因為~深藍的不來，還有深綠的會來**，厚。（P1，男性，長老教會，牧師，深綠）

或者到最後就是選擇離開：

你在教會裡面聚會，你叫~牧師的講道，－厚－，你不──攏－中聽，那~會友跟他的~~顏色不太一樣。那他－厚－，**那就－因為－這些－**你認為－你不能適應了，那你就自然離開，我同意這樣子啦。（P3，男性，長老教會，信眾，深綠）

是以，對蘭大衛的異營支持者而言，和主流信眾的政治差異始終是一個嚴肅的問題。而在一貫道方面，雖然一貫道比較講求教派的和諧、信眾也比較溫和：

我覺得－厚－會去~參與一貫道的人，……都比較屬於溫和派的。（I1，男性，一貫道，講師，藍）

但並不是完全不會去討論到政治：

這種政治的問題－厚－很難討論。所以~，偶而~有機會－講~就提到，呃~啊也不會很深入，嗯。（I6，男性，一貫道，講師，綠）

因此，在和諧的表面下仍難免有些衝突：

一般都是會對～那一方都是～比較～**尊重**，啊但是～應該算是說～和諧的相處、減少衝突，減少沒有必要的衝突。（I5，男性，一貫道，講師，綠）

其結果必然減少雙方的互動：

言語上裡面～難免會不一樣的～認同度不一樣。……。他就比較－不－不常～、或者是說～嗯～跟我們～接觸的時間會～減少。（I5，男性，一貫道，講師，綠）

是以，對一貫道的異營支持者而言，他們也不太會去顯露政黨的選項：

因為我不太會去～講。（I6，男性，一貫道，講師，綠）

但不管如何，一貫道的異營支持者可能在著重不同的教派倫理下，其所遇到的難題不若長老教會嚴肅。

二、面向未來

在此兩個政治屬性顯明的教派底下，異營支持者的存在雖無法改變教派的政治氛圍，但他們的存在終究在某種程度上抑制了教派往極端發展的可能：

就會讓～另外－一派的人，可能會－稍微～收斂一點。就是說，他們會知道，哦～原來－有～別人有這樣想，我們可能會稍微**收～斂**一點，但是不會去**阻止**他，但是會讓他知道說～有這樣的人的存在，所以他們不會這麼的－**肆無忌憚**。（P6，女性，長老教會，信眾，偏藍）

另一方面也可促進主流信眾瞭解到不同的政治理念，而能夠多思考、增加政治理性思維的空間。或許誠如P6所說的，也許這一開始會有許多的碰撞，但衝突久了自然會增加對不同政治顏色的尊重與包容：

由於我們的~不同的想法人的－**加入**，可能會讓這個教會變得更多元化。他們雖然也許－不會認同你，可是至少－也許會慢慢的接納，**他不認同你**，但他慢慢說~**哦~原來有這樣的人**，也許會－慢慢的 open 一點吧！……可能剛開始會有一些衝突，可是－衝突、衝突、衝突，如果大家都用比較平－比較和平的方式－彼此接納，也許慢慢慢慢－ㄟ－說不定他們改變他們的想法，也是有可能啊！（P6，女性，長老教會，信眾，偏藍）

而此也確實衝擊到主流信眾的想法：

長老教會可以被貼上標籤的~應該是~我們關心政治，而不是我們是－很綠的，嗯。就是－當我們是被貼上是很綠的，代表是－我們在~~我們在我們的公開~言行上面，我們已經沒辦法做一個很~~公~~平、公~~正的判斷。我們~就會－我們就會其實如果我們真的被貼上這樣的標籤，我們~~有的時候做的──判斷、或是－我們做的決策，會不會~~永遠－都只是~為了－反對~國民黨而反對國民黨？（P2，男性，長老教會，傳道，綠）

然而在面對此種未來的發展上，二教派各自的性質卻決定出兩種不同的回應方式。

（一）長老教會：代議制度帶來的契機

長老教會公義的觀念不僅要求落實在外界的政治社會，也要求實踐在教會內部的決策制度。牧師認為這是一種透過民主實踐上帝統治的方式：

教會~不是民主，**教會是神主，厚，是上帝統治**，厚。那如何－上帝統治？當然就是－最好的方式，目前最好的方式就是透過民主。透過民主的方式去完成神主，那~如何透過民主去完－去完－成神主？那個就是一個責任政治。（P1，男性，長老教會，牧師，深綠）

因此，在長老教會有一個很健全的代議制度：

> 因為－本身長老教會就是代議制度，……3 百多個會友裡面，去選擇~那個~10 個長老、17 個執事，還有~這 27 個厚…來去~治理這些~百-那個嘛－那個~會友他們所碰到的問題，他們以及教會的~發展。……四年有任期，任期到要改選，……連選得連任。（P1，男性，長老教會，牧師，深綠）

此種制度不僅為主流信眾稱讚，亦為異營支持者所欣賞：

> 選舉嘛，就是－就是~~就是~~選出來的不一定是很適合的人，【笑】。但是，因為選舉，所以你也~不可能說你~，但是他有任期啊，任期到了再來選，就－不一定你選得上啊。所以，你－你－做的事情，你也要考量到大家的感~~其他人的感受是怎麼樣啊，嗯。（P7，男性，長老教會，信眾，偏藍）

> **很好！我尬－尬贏額勒有對**＜稱讚有加＞。（P4，男性，長老教會，信眾，深藍）

而這樣的制度也帶來蘭大衛改革的契機，例如在長老教會《聖經》、聖歌與講道的文字語言使用為具有強烈的政治意義，而長執會通過華語團契的成立，對於長期僅使用台語講道的蘭大衛而言，異營支持者認為是一種進步：

> 我們現在這個教會已經有點進步了，以前都是台語對不對？！那－這~大概是去年開始，我們就有了華語團契，……這個華語團契就開始有一些是藍的，譬如說警官啦、警察都來了。……就是－以前還沒有華－華語團契的時候，大家都－都很－－－－家親，對不對？！那就算是有－有比較－藍營的人都會比較低調，不願意去－**表現出來**，因為－他不想要被人家排斥。那現在有了華語團契以後，就很明顯的－，在華語團契就－就有一些比較藍營的人，

那他們就會－也許會比較高調一點，他們覺得~乀~這樣比較安全。（P6，女性，長老教會，信眾，偏藍）

而華語團契對政治氛圍的影響，一方面可以約制神職人員的置入性行銷：

你在華語的時候，你幾乎完全不會聽到任何有關政治的東西啦，就是說牧師他可能自己也會很小心；但是在台語，他可能就比較~**無所忌諱**。（P6，女性，長老教會，信眾，偏藍）

另一方面，也由於蘭大衛健全的遴選制度，華語團契人數的增加意味爾後在長老、執事的選舉方面，偏藍的信眾即有機會當選。如此即有可能較為防止神職人員對政黨的置入性行銷、或者為民進黨候選人的站台、政策辯護等。

總之，從 1965 年成立至今的蘭大衛紀念教會，華語團契的成立勢必為深綠的色彩帶來某種衝擊及改變。

（二）一貫道：強調團體和諧帶來的契機

雖然一貫道的信眾不管是主流信眾或異營支持者都很讚許道場的組織運作，但嚴格說來，這種「集體領導」（I1、I2、I6）並不具長老教會的民主精神：

我們就叫發一崇德，嗯－，它~大學生多，所以我們前導很尊重這批~大學生的幹部。所以，它就慢慢發展出一種~**集體領導、團體帶動的**-策略，嗯~，**集~眾人的智慧為道場的智慧**。嗯~，啊所以~它慢慢運作~，就慢慢愈來愈民主化了；但不過~民主裡面，還是最後由~負責人-拍板定案。（I6，男性，一貫道，講師，綠）

點傳師~最後簽準啦，不過~點傳師當中會－會有推一個~最高領導這，……因為這是~我們這~~選－選~這個不是投票，是用考核的，對。……人~人情

因素~算來不多啦，**多~多少少**也有啦，不過還不多啦 ↘。（I3，男性，一貫道，點傳師，以教義倫理決定政黨）

所以對一貫道的異營支持者而言，它沒辦法發展出類似長老教會代議民主所帶來的紅利；相反的，在強調服從老前人的規範下，一貫道特別強調團體和諧：

整體上來講，我們都是~有這個好因緣，**善因緣**跟~我們的前人、老前人，**效法他們**，那他們~**老前人、前人又是效法聖賢**，所以我們等於是－**跟聖學－聖賢**－菩薩學習。（I5，男性，一貫道，講師，綠）

我們道場這邊－的包容力還滿強的，而且－傳統－可能因為我們這些~價值的關係，所以－是~是－呃~比如說也影響我們道親彼此的互動，也滿和諧的。（I1，男性，一貫道，講師，藍）

因此，在這種獨尊前人權威、強調團體和諧的氣氛下，異營支持者將他們的政治差異及衝突降至最低（I5、I6）。換句話說，強調團體和諧所掩蓋的政治差異讓異營支持者有了一個較好且發展的空間，形成一個互相影響對方政治理念的型態：「**應該是~兩方都會有這種的~想法跟做法。**」（I5，男性，一貫道，講師，綠）。

（三）對極端教派的啟示

總的分析，不管長老教會的代議民主或是一貫道的團體和諧，都讓異營支持者有了生存且發展的空間。前者雖然政治偏向甚強，卻在民主的精神下允許異營支持者生存；後者雖然較威權，卻在求同存異的氛圍中讓異營支持者發展。二者皆避開了極端教派的危機，因為他們讓主流的聲音不致過於極端。

本研究並不在預設誰的政治推論是理性或正確，不管是同營支持者基於信仰的政治推論，或是異營支持者基於公民意識的政治推論，二者不同的推論都讓人重新審視教義的詮釋，而這種差異有助於教派走向溫和。總之，對任何積極實踐宗教倫理的教派而言，異營支持者的存在會是一股圓潤教派的潤滑劑，因為他們的存在使教派理解有不同的聲音存在，而不容易走向激進的路線。

第五節　異營支持者的實證分析

從深入訪談中可以發現異營支持者是帶著既有的政治立場進入教會或佛堂，從進入教會或佛堂前到進入教會或佛堂後都認為政治與宗教應該分離。雖然是虔誠的信眾，但在政治立場上與多數信眾不同的情況下，一方面要參與教會或佛堂的活動，一方面又要小心處理政治立場不同的問題，因此異營支持者比起其他人更希望所屬教會或佛堂不要有特定的政治立場，也更希望政治立場不要影響教團活動以及教友間的關係。根據以上深入訪談的結果，以下使用問卷調查的資料檢視是否異營支持者都有類似的態度與行為。

一、異營支持者的宗教政治觀

如果「異營支持者」抱持著宗教與政治應該分開的觀點，則宗教對他們的影響範圍不會包括政治，「異營支持者」也會較為傾向於反對教團涉入政治事務，對於例如投票的政治參與也會抱持著應該以表現做為選擇依據的觀點。

由於問卷調查是在教派的活動場所進行，所以所有接受訪問的信眾都認為宗教對他們有影響並不令人意外。進一步比較黨派立場與所屬教團相同的「同營支持者」與黨派立場與所屬教團不同的「異營支持者」發現，有 94.4% 的「同營支持者」認為宗教對他們的影響很大，但卻只有 66.7% 的「異營支持者」認為宗教對他們的影響很大。

對於教團應不應該積極涉入政治事務的看法方面，如表 6-6 所示。有將近八成的「異營支持者」認為宗教團體不應該積極涉入政治事務，但只有將近四成的「同營支持者」抱持相同的看法。從宗教團體應該積極涉入政治事務的方向來看，「同營支持者」有六成左右認為應該，但只有兩成左右的「異營支持者」認為應該。

另外，雖然大部分的受訪者都認為投票的依據應該是政黨的表現好壞而不是教會團體中大多數人的意見，但「異營支持者」表示同意的比例高於「同營支持者」，而「同營支持者」表示不同意的比例高於「異營支持者」。如表 6-7 所示。

表 6-6　對於宗教團體是否應該積極涉入政治事務的態度

	是否為異營支持者			Total
	異營支持者	中立	同營支持者	
非常應當	0	2	12	14
	.0%	7.1%	33.3%	19.2%
有點應當	2	3	10	15
	22.2%	10.7%	27.8%	20.5%
不太應當	4	14	11	29
	44.4%	50.0%	30.6%	39.7%
非常不應當	3	9	3	15
	33.3%	32.1%	8.3%	20.5%
Total	9	28	36	73
	100.0%	100.0%	100.0%	100.0%

* 請問您覺得教派應不應當對政治的事務積極涉入？(1) 非常應當 (2) 有點應當 (3) 不太應當 (4) 非常不應當。

資料來源：本研究。

表 6-7　是否同意投票應該根據政黨表現好壞而非教會團體大部分人的意見

	是否為異營支持者			Total
	異營支持者	中立	同營支持者	
非常同意	6	23	21	50
	66.7%	82.1%	58.3%	68.5%
有點同意	3	1	11	15
	33.3%	3.6%	30.6%	20.5%
不太同意	0	4	3	7
	.0%	14.3%	8.3%	9.6%
非常不同意	0	0	1	1
	.0%	.0%	2.8%	1.4%
Total	9	28	36	73
	100.0%	100.0%	100.0%	100.0%

*「我會根據政黨表現的好壞做為投票的依據，而不是教會團體大部分人的意見。」(1) 非常同意 (2) 有點同意 (3) 不太同意 (4) 非常不同意。

資料來源：本研究。

二、異營支持者與所屬教派的關係

雖然「異營支持者」認為政治與宗教應該分離，但在所屬的教會團體有清楚黨派立場的情況下，「異營支持者」是如何看待自己與所屬教會的關係？

首先，如表 6-8 所示，相較於「同營支持者」，「異營支持者」比較清楚地意識到所屬教會或佛堂有政黨偏好的事實，超過五成的「異營支持者」覺得所屬教會團體偏向某個政黨，但有將近六成的「同營支持者」認為所屬教會團體沒有政黨偏好，這可能是因為其黨派立場是教團內的主流所以沒有特別意識到這個事實，也可能是受訪者不願意直接承認。

表 6-8　教友認為所屬教團是否偏好某一政黨

	是否為異營支持者			Total
	異營支持者	中立	同營支持者	
偏好很強	2	1	5	8
	22.2%	3.6%	13.9%	11.0%
有一些偏好	3	3	10	16
	33.3%	10.7%	27.8%	21.9%
沒什麼偏好	3	16	17	36
	33.3%	57.1%	47.2%	49.3%
完全沒有偏好	1	8	4	13
	11.1%	28.6%	11.1%	17.8%
Total	9	28	36	73
	100.0%	100.0%	100.0%	100.0%

＊請問您覺得本教團是否偏好某個政黨？(1) 偏好很強 (2) 有一點偏好 (3) 沒什麼偏好 (4) 完全沒有偏好。
資料來源：本研究。

進一步追問受訪者是否贊同所屬教團的黨派立場，「異營支持者」幾乎都不贊同所屬教會的政黨偏好，不贊同的比例明顯高於「同營支持者」，但卻有超過四成七的「同營支持者」表示贊同。如表 6-9 所示。

不論是「同營支持者」或是「異營支持者」，都表示了贊同或不贊同所屬教團的黨派立場，但如果所屬教會團體沒有黨派立場，就沒有贊同或不贊同的對象。因此，在表 6-9 中認為所屬教團沒有黨派立場的受訪者應該是不願意直接承認，而不是沒有意識到所屬教團有黨派立場的事實。

表 6-9　教友是否贊同所屬教團的黨派立場

	是否為異營支持者			Total
	異營支持者	中立	同營支持者	
非常贊成	0	0	5	5
	.0%	.0%	13.9%	6.9%
有點贊成	1	1	12	14
	11.1%	3.7%	33.3%	19.4%
不太贊成	6	16	15	37
	66.7%	59.3%	41.7%	51.4%
非常不贊成	2	10	4	16
	22.2%	37.0%	11.1%	22.2%
Total	9	27	36	72
	100.0%	100.0%	100.0%	100.0%

*繼上題，您贊不贊成本教團對這個政黨的偏好？(1) 非常贊成 (2) 有點贊成 (3)不太贊成 (4) 非常不贊成。
資料來源：本研究。

在認為所屬教會團體不該涉入政治且不贊同其黨派立場的情況下，「異營支持者」如果沒有選擇離開，就必須依其理性抱持著政治與宗教分離的原則參與教會或佛堂活動，或者是選擇逃避政治問題不去思考黨派立場上的衝突。接下來探討黨派立場的異同會不會影響教會或佛堂的活動參與以及教友間的關係。在問卷中詢問了受訪者，是否同意以下的說法：即使支持的政黨不同，

（一）一起共修是可以接受的；

（二）不妨礙我在教團中的活動；

（三）團體成員仍可以保持密切的關係。

這三個陳述句有層次之分，認為「一起共修是可以接受的」，不一定認為「不妨礙我在教團中的活動」；認為「不妨礙我在教團中的活動」，不一定認為「團體成員仍可以保持密切的關係」，亦即同意「一起共修是可以接受的」的比例應該最高，而同意「團體成員仍可以保持密切的關係」的比例應該最低。另一方面，「異營支持者」表示同意的比例應該都會高於「同營支持者」。因為受訪者的答案都偏向同意，因此下表以「非常同意」的比例做為比較的基礎。

表 6-10　黨派立場不同是否會影響教團活動參與和教友間的關係

	異營支持者	同營支持者
一起共修是可以接受的	55.60%	72.20%
不妨礙我在教團中的活動	77.80%	66.70%
團體成員仍可以保持密切的關係	62.80%	52.80%

資料來源：本研究。

即使黨派立場不同，有 62.8% 的「異營支持者」非常同意「團體成員仍可以保持密切的關係」，但只有 52.8% 的「同營支持者」表示非常同意。有 77.8% 的「異營支持者」非常同意「不妨礙我在教團中的活動」，但只有 66.7% 的「同營支持者」表示非常同意。「異營支持者」表示非常同意的比例皆高於「同營支持者」，且非常同意「不妨礙我在教團中的活動」的比例也都高於「團體成員仍可以保持密切的關係」。比較難以解釋的是，有 55.6% 的「異營支持者」非常同意「一起共修是可以接受的」，但確有高達 72.2% 的「同營支持者」表示非常同意。

整體而言，對於黨派立場不同的人，位居主流的多數對於少數的質疑反而較強。讓政治歸政治，宗教歸宗教，所以「異營支持者」比較不認為黨派立場的不同會影響教會或佛堂活動的參與以及與教會或佛堂成員的關係。而未區分政治與宗教的「同營支持者」雖然是教會中的多數主流，反而會比較擔心黨派立場的不同會對於教會或佛堂活動產生影響。

「異營支持者」以政治與宗教應該分開的原則來看待教會或佛堂，而黨派立場是主流的「同營支持者」也似乎以不承認、避而不談或是消極默許的態度來看待「異營支持者」。然而當被問到是否同意會根據信仰所得到的真理來影響別人的政治態度時，如表 6-11 所示，將近八成的「異營支持者」表示不同意，但卻有將近六成四的「同營支持者」表示同意。一方面「異營支持者」希望能夠政治宗教分離，但另一方面看似消極默許不同黨派立場存在的「同營支持者」似乎希望能夠積極改變「異營支持者」的政治態度。

表 6-11　是否會根據信仰所得到的真理來影響別人的政治態度

	是否為異營支持者			Total
	異營支持者	中立	同營支持者	
非常同意	2	12	8	22
	22.2%	42.9%	22.2%	30.1%
有點同意	0	2	15	17
	.0%	7.1%	41.7%	23.3%
不太同意	3	6	6	15
	33.3%	21.4%	16.7%	20.5%
非常不同意	4	8	7	19
	44.4%	28.6%	19.4%	26.0%
Total	9	28	36	73
	100.0%	100.0%	100.0%	100.0%

* 「我會根據信仰所得到的真理，來影響別人的政治態度。」(1) 非常同意 (2) 有點同意 (3) 不太同意 (4) 非常不同意。

資料來源：本研究。

第六節　小結

為了理解民主化對藍綠教派的衝擊，本章首先從問卷調查區分並得出異營支持者的存在，他們即是具有不同於主流信眾的政治屬性與政黨偏好。接著透過深度訪談同營支持者、神職人員與異營支持者，發現異營支持者並不是透過宗教的連結去做政治推論，而是有很強的公民意識。然而受限於先天教義和環境的氛圍，異營支持者仍面臨了結構上和互動上的困境。

假如教派沒有任何政治立場，那麼也就沒有政黨傾向，當然也就沒有討論異營支持者的必要；即使他們支持不同的政黨，比例百分比也不應該有如此顯著的差異。而從問卷調查和深度訪談來看，顯然的，異營支持者的存在始終是個問題，不但對他們自己，甚至教派、主流信眾和神職人員都必須面對異營支持者存在的問題。異營支持者雖基於宗教信仰而加入宗教團體，但如果多數信眾無法將政治與宗教分離，對於異營支持者始終是無形的壓力。即使大家因宗教而結緣，也閃避或避而不談政治立場的不同，但教派的政治色彩始終是個問題。如果異營支持者最終選擇離開，造成的結果是教派中的立場更加一致，一方面讓未離開的少數異營支持者承受更大的壓力，另一方面教派中的主流也可能因此將黨派立場視為理所當然，甚至完全不會意識到有所謂的黨派色彩。

本章初步發現了異營支持者以政治宗教分離為原則，但並未宣稱堅持原有政治立場的異營支持者是比較理性的，而其他主流信眾因為政治立場受到教派的影響而一定是較不理性的。例如也許異營支持者是帶著根深蒂固的黨派立場加入教派，不只外界的資訊無法撼動，甚至其虔誠信仰的宗教都無法改變其黨派立場。也有可能政治立場跟隨教派的信眾只是節省資訊成本的理性行為人。

本章以長老教會與一貫道為研究對象，但由於這兩個教派之下仍有許多分支團體，要瞭解所有分支團體之後再進行選樣有實際上的困難，因此直接選擇與研究者有淵源的長老教會蘭大衛紀念教會與一貫道發一崇德底下的正宇佛堂。

在結構式問卷調查方面，因為沒有信眾的母體清冊，無法採用機率抽樣選擇要接觸的受訪者。如果要在教派活動的現場進行系統抽樣，除了會打擾教派活動外，執行上也無法取得教團的同意。因此，只能採取便利抽樣的方式。

在樣本數方面，成功樣本數為 74。在題數方面，也僅問了兩頁總共二十道題目。相較於一般的調查研究，不到一百個樣本與二十題的確偏低，但若考慮訪問對象是教派的教友，主題是敏感的政治加宗教，要再增加樣本與題數都並不容易。在採用非機率抽樣且樣本數少的情況下，本研究的統計分析不能也不應該進行推論，僅能呈現這兩個教會的受訪者的歸納結果。在分析方面，也受限於題數非常少，無法進行更多探索式的統計分析。

在深入訪談的對象方面，由於受限於與一貫道信眾信任關係的建立、以及研究流程的安排，以至於二教派訪談時間前後落差近三年八個月，外界的政治社會環境變化難免會有些不同，進而影響二教派信眾對外界的評估與觀點，對此多多少少會影響到二者比較的基準；但就教派與信眾對政治態度與價值的觀點，為屬於一種長期而穩定的態度，故此時間落差仍可屬接受範圍。

第七章　結論

本書討論了宗教與政治的關係，很大的部分超出了經驗政治科學關注的範圍，包括了政治神學、神論、教派、信仰……等，這些乍看之下跟政治學無關的領域，然而在本研究發現它們確確實實的在影響信眾的政治行為、態度與價值。對此，我們不免回到一個政治學入門的問題：什麼是政治？什麼樣的議題才值得政治學研究？姑且不論宗教對信眾政治態度與價值的影響，如果一直都攸關台灣八成以上信仰人口的政治現象，僅此一點就值得我們政治學界關注，更何況這種狀態的延續還可能關係到對未來政治社會發展的方向、立場與評價，則政治的定義不應該只侷限在狹隘的範圍，政治學的研究對象更不應該只包含在政黨、政治體制、利益團體……等傳統對象，有關宗教團體的一切行為應該也必須回到我們政治學界關注的目標，而不是一個風馬牛不相及的無關領域。因為他們所建構的不僅只是提出政治社會發展的終極圖像，也提出一套維繫政治社會的道德標準，更提供了能動者政治行動邏輯的思維準則。台灣是一個多元宗教的社會，每一種宗教都有一種屬於自己來自形上的邏輯行動準則，去建構出他們在人間社會要發展的目標與圖像，這些目標與圖像也許會和諧一致、也許會衝突難以相容，更重要的是它們確確實實地存在那裡，不管政治學界注不注意，它們一直都在那裡且持續進行當中，則這些不是政治問題嗎？不應成為我們政治學研究的對象嗎？

本書探討了台灣多元宗教環境各教派的政治傾向，包括一貫道、長老教會、慈濟與靈糧堂。雖然各教派不一定都會明白宣示政治偏好，但教派所隱含的政治態度與價值都會很大程度地影響信眾的政治行為，包括了他們對政黨的偏好、兩岸關係、統獨立場、國家認同……等。經驗證據顯示，在解釋與理解台灣政治時，宗教並非無用的變項。除此之外，本書的主要貢獻有下列三點：其一，完整比較神論立場對政治的影響，包括相同神論、不同神論與教派內部差異的比較，這對政治與宗教之間的複雜關係，可以說是提供一個清晰、完整的比較網絡。其二，跨越一般經驗層次的政教研究，從形上的神學論點出發，提供一個釐清政教關係的解釋源頭。其三，運用了質化與量化並用的研究方法，突破傳統研究政教關係的窠臼，提供一個深刻且較為完整的研究模式。

第一節　研究發現

為了完整解釋及釐清宗教對政治的影響，本研究結合了經驗與形上層次的討論，並且將解釋的源頭追溯到宗教對宇宙論的基本假設，亦即宗教的核心觀點──神論的立場。因為不同的神論所寓示的宗教倫理次序不同，那麼影響信眾的政治思考邏輯也就自然不一樣。為了更進一步明白說明各宗教不同神論的差異，本書從自然科學借用大霹靂理論來分清長老教會、靈糧堂與一貫道、慈濟的根本差異，藉由大霹靂理論可以清楚區分二類教派有關神性的預設及解讀是如此的不同。除此之外，本書探討了宗教對政治所蘊涵的價值及其實踐的網絡，藉由文獻的探討，理解宗教對政治具有一種道德約制的作用以及政治行動的基礎，經由神學的基本觀點形成倫理規範、再到影響教派制度運作及規定，最後形塑信眾的政治態度及價值，此即是教派政治神學的實踐網絡。本書最後還檢閱了民主化對教派的衝擊，造成了宗教意識與公民意識的衝突，這也說明了分析異營支持者的重要性。

為了進行對教派政治神學的研究，本書在第三章討論了研究對象選擇的理由、設計的架構、研究的方法等。不同於其他的研究，本書選取了兩個政教衝突顯著的個案一貫道與長老教會，並比較以同類神論但卻不同政治展現的慈濟與靈糧堂，如此選擇的原因除了求取理論意義之外，更重要的是著重比較的完整性：不同神論、相同神論、與教派內部的差異比較，形成一個周延的比較模式。其次，在研究方法上本書以內容分析編碼一貫道與長老教會的重要宣言，形成六大領域、38 個類目的分析架構，以求取長老教會與一貫道的總體比較。爾後本書還透過問卷調查、深度訪談及部分參與觀察的研究方式，比較了教派內部與同類教派的差異性，其目的即是在達到一個較為深刻且客觀的研究模式。

歷經質化與量化的資料收集與分析，本研究有以下三項的重要發現：

首先，在討論藍綠教派形成的原因、差異及演變方面，透過內容分析的文本發現：長老教會與一貫道並不只是一個單純的修行團體，而是一個涉入政治社會甚深的宗教團體。雖然二者都同樣歷經政教衝突，但在先天教義及歷史脈絡的約制下，一貫道形成偏藍、主張兩岸大力交流的政治偏好出現，而長老教會卻傾向偏綠且台灣獨立的政治主張，兩者形成截然不同的政治立場、主張與政黨偏好。為何如此？本書再往宗教實踐原則的更上一層探究即發現：各教派強調的倫理原則優先次序會影響教權的民主成分，進而影響教派與政治體制的互動；而其強調的倫理原則優先次序又會受到宗教神學論點的影響。因此，本研究認為兩個不同的神學論點一開始即決定了教派與政治互動的基本性格，而在神職人員對教義的詮釋下，又很容易形塑教派的政治態度與價值，最後形成教派的政治偏好。因此，藍綠教派的形成不能說只是一個宗教的特例，面對許許多多教派積極落實人間社會的信仰動力，政治偏好的形成或許只是他們虔誠信仰的表現方式。

關於政教問題的另一個關注即是藍綠教派的形成是否具有普遍性？因為既然一神論的長老教會強調公義原則，所以偏向民進黨，並且認為這樣的政黨選擇具有一種上帝公義的精神，所以本研究同樣比較了一神論的靈糧堂，討論其是否具有同樣的情況。而在多神論的一貫道方面，既然他們強調慈善原則，並且認為國民黨較能遵循其實踐的傳統價值，則本研究同樣比較了多神論的慈濟。如果說同樣的神論必然導致同樣的政治偏好，則藍綠教派的形成這一論述可以說是具有普遍性，否則單是先天教義尚不能形塑政治偏好，尚賴歷史脈絡詮釋等因素。本研究首先透過問卷調查比較了一貫道和慈濟、長老教會和靈糧堂的差異，結果發現慈濟和靈糧堂並沒有明顯的政治偏好，不管是統獨立場也好或是政黨支持也好，二者都不如一貫道和長老教會的明顯。其次，本書經由深度訪談探究二者差異的深刻現象，發現慈濟和靈糧堂雖然會根據教義的先天結構做某種涉世的推論，但教派的領導人物並不會將這種推論導引至政治，甚至會將二者隔絕。而在教派歷史脈絡的演變、政治氛圍的影響以及信仰的自我強化效果方面，二教派也都不同於一貫道和長老教會的明顯，所謂主流的政治氛圍完全不存在，當然也就不會有藍綠教派形成的可能性。因此，同樣的神論並不會導致同樣的政治偏好，尚須討論後天歷史環境因素的影響。

最後還有一個很重要的疑慮即是民主化對宗教的衝擊，因為民主化的過程不但會增進信眾的公民意識，也會挑戰教派形塑宗教意識的權威，結果就是產生不同於教派主流信眾的政治偏好，亦即所謂的異營支持者。本書首先透過問卷調查再度確定選定對象的一貫道偏藍與長老教會偏綠的政治態度與政黨偏好，並篩選出異營支持者做為深入訪談的對象，他們即是一貫道的民進黨支持者以及長老教會的國民黨支持者。其次，本研究透過參與觀察及深度訪談異營支持者、神職人員與同營支持者，以理解異營支持者與主流信眾之間的政治差異、問題及困境的根源。本研究發現雖然異營支持者能基於公民意識而區分政治與宗教的界線，且盡量不受主流信眾政治氛圍的影響，但在同樣信仰來源的情況下，他們仍然受到結構上與互動上的困境；相反的，也由於他們的存在，才能使二教派的政治態度與偏好不致過於偏激，而使教派較有走向溫和的可能性。

本研究並不是在提供一個判別教派政治偏好或涉入程度的標準，而是在說明教派的先天約制和後天因素很容易形成一個特定的政治偏好，並且這種偏好受到信仰的影響，其強度也會比一般選民來得高，也更具有道德的影響性，能影響政治發展的程度也就遠超過其信眾人數所佔的人口比例。就做為政治學的研究對象而言，我們不能忽視此種現象。

第二節　重返宗教研究的政治意涵、理論意義與貢獻

對於宗教的研究，本書從一開始即討論了學界對此一變項的態度與立場，包括了受到實證主義限縮政治學研究範疇的影響而忽略宗教、邏輯實證主義的機率邏輯理論而否定宗教和政治之間的因果關係、和忽略不同的神論立場對政治產生的理解差異，導致學界對此一議題的關注程度非常低。這不但表現在國內大型調查計畫的題目設計無法如實反映二者的關係，也表現在國內政治期刊的關注力不足，其結果就是宗教成為一個無用的變項。然而本研究顯示，首先宗教的研究不但可以擴充政治學研究的範疇，更可以解圍政治科學對一些價值

規範和形上議題無法解釋的窘境；其次，個案研究顯示宗教信仰對政治態度、價值與行為之間確實的因果關係，不但否定了政治科學界、尤其是量化學者對二者關係妄稱全稱推論否定的謬誤，更避開了他們對本書全稱推論肯定的可能指控，因為本書並不指出兩者關係具有普及性；最後，說明了不同的神論立場對政治的理解可能會有不同的效果出現，而這些不同的效果和先天的教義及後天的環境都有很大的關係。

相對於一般經驗層次的研究變項，比如教育程度、省籍、性別、年齡……等，宗教研究不僅有其經驗行為的不同，更有其形上根源的解釋差異，無法以一個單純的變項視之。另一方面，從民主政治品質的發展而言，宗教扮演一種道德良善的來源，不僅有助於民主的穩定、也有助於約制政治社會的惡使之不過分極端，防止民主灰色地帶的被誤用。就長期政治社會化的角度而言，宗教的確扮演一個甚為重要的角色。因此，雖然台灣是一個高度多元宗教的社會，無法以單一宗教形態影響政治社會的條件說明二者立即而明顯的關係；但也正是因為如此，本書認為台灣更應關注在這些多元宗教對台灣民主政治發展的影響性。因為多元宗教不同的神論立場，會形成更多種不一樣的宗教倫理規則，而這些不同的倫理規則就制約不同的教派性質，最後形塑不同的政治偏好，他們或許會衝突、或許會包容，但不管如何就是會衝擊到政治的發展，因為各個教派都有不同的政治社會目標要發展、要實踐。相較之下，單一宗教型態的國家就比較不會有如此殊異的情況出現，因為他們從神論到政治偏好的形塑過程會較為一致，換句話說就是政治社會有較為共同的目標。

從對一貫道與長老教會的研究顯示，一貫道政黨偏好國民黨並傾向兩岸統合，而長老教會政黨偏向民進黨且主張台灣獨立，二者政治社會的發展目標都對立分明，雖說宗教有其自由行為主張政治社會要發展的方向，但這種對立的發展卻會影響台灣的一致性及共識，那麼台灣該實踐一貫道的彌勒家園、抑或是長老教會的上帝之國呢？為此，宗教研究不但可以提供學界理解各個教派的政治態度、價值、偏好與差異，更可以理解這種差異對政治發展的影響，進而瞭解宗教穩定政治的基礎。此即是本書在研究動機中所說的：我們研究政教議題的最大目的不是在釐清宗教，而是在關心民主政治。如何發展一個理性而不民粹的民主政治、避免民主倒退，這或許是宗教因素值得政治學界研究的重要原因。因為宗教意識不同於公民意識，它提供一個支撐政治倫理規範的形上根源，而這個根源具有權威性、神聖性、專屬性，或許它還有排他性，但是這些性質使得宗教穩定政治的作用具有無與倫比的地位；更重要的是，它提供約制民主制度灰色地帶的基礎，一條道德防線的基礎，使政治人物不為惡，進而保證了民主政治的品質。

因此，本書透過一貫道、慈濟、長老教會以及靈糧堂的比較，就是希望透過這些不同神論之間的比較，理解各教派在台灣民主政治的發展過程中所扮演的地位、作用、甚至功能。雖然這些教派信眾的人數，不足以形成台灣政治發展翻天覆地的作用，但他們的存在也確確實實影響了台灣政治發展的進程及內容。譬如長老教會對民主的堅持、台灣獨立的主張以及強烈支持民進黨，這也的確促進了台灣民主發展的韌性，並且也增補了台獨神學的理論性及神聖基礎，使若干支持台獨論者莫不視台灣獨立建國為一種至高無上的使命並且深具上帝的公義感；相對地，對於多神論的一貫道而言，道的實踐就是一種恪遵傳統價值的履行，就是一種中國傳統文化的意識，因此對兩岸交流、認同大陸、強烈支持國民黨只不過是他們實踐彌勒家園的初端而已。所以，宗教研究在台灣的政治學界重要嗎？當然重要！藍綠教派的形成及其相對應的比較，只不過在說明及挖掘諸多為政治學界所忽視的政教關係。

第三節　政教研究方法的創新與限制

在前面幾章中，本書談到過去的政教研究主要有二種方式，一種是傳統文獻討論命題與命題之間的一些關係，以求得宗教對政治的影響性；其次是將焦點著重在宗教因素對經驗層次的影響，比如不同宗教之間的政治行為差異。然而上述研究卻容易留下一些問題，前者命題之間證明的方式容易有過度主觀的疑慮，而後者雖較為客觀卻不夠深刻。

政教議題最主要的難題是如何將其研究周延、完整、深度又客觀的呈現出來，而宗教議題又涉及形上概念的層次，所以本書在研究的第一個困難就是如何客觀呈現這些教派的形上概念。其次，過去的研究斷然將宗教研究區分為形上的抽象層次與形下的經驗層次，這種結果造成宗教解釋的不完整，因此如何去串連這二個層次的研究會是第二個挑戰。再來就是台灣是一個高度多元宗教的社會，既然要比較不同宗教的政治立場及偏好，就要先比較這些完全不同的神學論點，然而對一個政治學的研究者而言，這又會是一個困難與挑戰。最後一個也是實務上的挑戰，就是如何去客觀地呈現這些研究的對象，因為政治本身在實務上就是一個較為敏感的議題，而對一個曾經遭受政治打壓的教派而言，政治加宗教的連結等於是雙重禁忌，因此如何客觀又完整呈現研究對象是第四個挑戰。

對於上述困難及挑戰，本書首先從內容分析法切入，因為就本書研究的主要對象而言，一貫道和長老教會轄下都有眾多的分支機構（佛堂或教會），這些遍佈全台的分支機構在研究政治態度與價值的調查上，可能仍有所謂的地理差異（可能會受北藍南綠的影響）。另一方面，雖然一貫道組線甚多，彼此可能也甚少往來，但如同長老教會一樣，二者都有所謂的總會存在，因此透過總會重要宣言的內容分析，一方面能宏觀反映二教派的總體觀念，二方面也能真實反映出各教派所掌握的神學論點及經驗層次的政治行為表徵。所以，根據理論意義以六大領域、38 個類目編碼各教派的文本架構，藉由內容分析法本研究也的確得到許多客觀而具體的實證資料。

其次，在本書得到二教派的宏觀態度之後，再來的問題就是如何具體去比較這些教派的政治差異。對這些教派而言，各有龐大的分支機構，本書不可能逐一調查。為此，依據理論選擇個案並經由問卷調查的篩選，以深度訪談進行串連宗教兩個層次的邏輯關係，並比較各種不同政治態度與價值的信眾。透過同時運用質化與量化的研究方法，本書探究了民主化對教派的衝擊，以及同類教派卻有不同政治展現的原因。

綜合上述，透過內容分析、問卷調查、深度訪談以及參與觀察等研究方法，的確使本書的研究突破以往的深度且較為完整，但這樣的研究模式仍然有其限制。本書的不足及限制主要有下列三點：

（一）**關於內容分析的編碼架構：**本書雖以六大領域、38 個類目做為分析的架構，但根據的理論分類是否是最適合仍可再進一步討論。例如領域一的神論解釋分類為 7 個類目，但對神性的預設是否就是這些性質？而對領域二的倫理原則是否就是這四個原則，亦有待學術界更進一步研究。另外，在對於長老教會與一貫道宣言的編碼亦產生一個理解上的問題，因為二個完全不同的神論立場，可能相似的文本卻有不同意思，或者不同的時間發表可能代表不同的內涵，而這都需同時具備各種神學知識方能克服的。但對一個政治學研究者而言，同時通曉多神論的一貫道及一神論的長老教會，則是相當困難的一件事。

因此，本書雖以單一編碼人員兩次編碼的方式控制信度，但基於學界首度嘗試此種編碼架構、且在神學理論上的限制，此種嘗試的研究效益仍可能有所折扣。

（二）**關於問卷調查的設計及運用：**本研究設計問卷調查最主要的目的是希望能獲得較為客觀的資料，此也是量化研究中的一種常用方法。雖然本書以20道題目測量、且不做母體的推論，但在非機率抽樣且樣本數少的情況下，本研究僅能呈現這四個教派受訪者的歸納結果，而無法進行更多探索式的推論統計分析。而設若增加題組或樣本數，在考量研究對象的敏感性及實際施測的場所，不管受訪者的心理也好或教派場域的政治氛圍也好，這些都會限制施測的進行及效果。另外，雖然本書對四個教派進行同樣的問卷測量，最主要的目的是如此方式才能進行比較；但在施測過後才發現此份問卷對慈濟與靈糧堂可能有所不足，而造成某些題目的無反應比例過高。比如在對慈濟詢問下屆總統的投票意向時，在回收有效的31份問卷中，具體有效回答的僅有14份，而此可能與慈濟不涉及政治活動的戒律有關，所以慈濟一般信眾不太輕易表露自己的政治傾向。然而此種比例過高，不管如何都會限制問卷調查的效果。

因此，雖然本書在分析時會盡量佐證內容分析、深度訪談或者參與觀察所獲得的資訊，但不管如何上述這些先天限制仍會影響問卷調查的效度。

（三）**關於深度訪談的內容：**本書雖以半結構式的訪談進行，最主要目的是希望導引出信仰對受訪者政治態度與價值的實際影響；但此種方式必須研究者嫻熟各種教派的教義及情況，方能與受訪者侃侃而談。然而受限於一貫道與長老教會差異極大，慈濟與靈糧堂又迥然不同，如何在這些不同的教派中導引出自己有用的研究資料，成為一種極大的挑戰跟先天限制。

因此，儘管本研究以長時間的參與觀察彌補上述的限制，但在研究者有限的時間及信仰條件的限制下，其能突破的點仍然有限，為此深度訪談運用的研究效益仍可能有所折扣。

除了上述的限制之外，本書的研究還面臨一些技術性的問題，包括如何接近研究對象、安排研究施測的時間、打開受訪者的心防……等，這對研究其他議題而言可能都不是一個難題，但對政教議題來說卻都是一個挑戰，因為它兼具雙重敏感性與禁忌性，例如在接近一貫道的異營支持者方面時間就與長老教會的異營支持者訪談差距到三年多（如果政治可以和宗教分離，訪談差距就不需要到歷時三年多），這些諸多技術性的問題當然也就會限制到研究的成果。

最後，面對這些方法的運用，本書同時使用了質、量方式，而這意味著在本體論與方法論上的立場有所游移，或者嚴重的話可以說是治學鬆散。雖然本書以「當問題的發展走到哪裡、適合的方法就解釋到哪裡」回答，但這意味著模糊或挑戰了從實證理論政治科學對知識取得方式的堅持。對此，我們或許可以回到 17、18 世紀理性主義與經驗主義對知識取得的辯論，或者說西方哲學二千多年以來對知識的理解方式。當然，本書於此不可能有過多的著墨，但有一點可以肯定的是理性主義與經驗主義對知識的理解未必如實證理論政治科學家理解的那樣地二元對立，此在德國哲學家 Immanuel Kant（1724-1804）對先驗知識的討論即可顯現，因為他認為將經驗轉化為知識的理性是人類與生俱來的。因此，對政治學界而言，尤其是實證學派，所謂堅持這種二元對立的知識取得方式當真對政治科學有益？或者，該是我們重新審視學界長久以來賴以習慣的知識分立／類方式。因為在這質、量二元對立之外，還有一種知識的產生方式是我們政治學界一直所忽略的，更不用說它的方法論。如何讓這種政治學知識顯現、如何讓這種研究方式浮出、如何讓這種政治學方法論更有益於及貼近於政治學的研究，或許該是我們政治學重新回到哲學的領域中去得到新的啟迪的時候。

第四節　展望未來

藍綠教派的形成，說明宗教因素在台灣的政治發展過程中仍扮演一個重要角色，而慈濟和靈糧堂的對照分析，說明後天因素對一貫道和長老教會的歷史脈絡影響非常大。因此，對於這些政教議題的討論，政治學界不應該、也不可以忽視其存在。然而受限於國內政治學界長期對政教議題的忽視，導致在有關的研究方法、理論建立、甚至在最初步的資料收集上都出現問題。根據本書的研究過程，主要有下列三點可以做為未來學界參考和改進的：

（一）建立一個完整且嚴謹的實證資料庫（亦即宗教調查）：宗教如何影響台灣政治的發展，從一貫道和長老教會的研究已可明瞭其重要性，但要如何設計及調查則是一個學界必須深思的問題。有關國內對各種政治態度及價值的調查研究，學界並不缺乏，並且有其理論上的依據，然而涉及有關宗教與政治連結的研究資料庫卻很少。以 TEDS 為例，雖然整組問卷從政治知識、政黨偏好、甚至到統獨立場等設計周延，有助於釐清受訪者各種的政治態度與價值，但宗教因素卻只是聊備一格的受訪者背景。以基督教說明，儘管基督教包含數十個教派，其中本書研究的長老教會與靈糧堂政治展現卻迴然不同。以基督教含括所有派別的選項，又如何呈現宗教與政治的真實關係？其次，對一般選民的政治態度與價值的測量，此種調查設計或許足夠，但對從宗教信仰而來的政治行為表徵測量，卻是遠遠不足。因為如何說明從形上根源而來的政治行為調查，必須涉及許多宗教知識，而這又必須有賴於宗教學界的幫助。因此，面對

21 世紀宗教文明的衝突及國內教派的蓬勃發展，如何去重新設計及建立實證資料庫，以因應新的、複雜的政教關係，當是國內政治學界所應深思的。

（二）**有關政教研究新的、客觀的研究方法：**本研究以內容分析做為測量之一的依據，最主要的目的就是在尋求一個客觀且能真實反映政教關係的研究方法。但這樣的一個研究方法首要的困難就是在建立一個完整、周延且具有理論依據的編碼架構，雖然本書嘗試做此種編碼分析，然而也面臨分析的困難抉擇，同樣的困難也發生在問卷調查及深度訪談的理論進行上。因此，本書認為學界對這些研究方法能建立一個理論依據，或者更適合的研究方式，當是有助於政教關係的研究。

（三）**期待學界對政教關係的態度應更客觀與深入：**在本書的研究過程中，許多學界的先進面對政教議題的研究總是嗤之以鼻，直覺地認為宗教因素是一個無用且不夠客觀的研究，而這也確實反映在學界的期刊與教學上。儘管宗教因素慢慢受到國外同行的注意，但對國內學界的態度而言卻不動如山，甚少先進會注意政教關係研究的重要性及時代性。因此，面對當代政教問題的衝突及發展，政教議題實值得學術先進更多的青睞。

總之，面對愈趨複雜的國際與國內的政教關係，期待未來學界能對政教議題的研究保持更客觀與開放的態度，進而建立豐富而多樣的研究內涵。

參考文獻

一、中文期刊

尤惠貞、翟本瑞（2011）。基督教與佛教生命觀之比較研究。**新世紀宗教研究**，10(2)，109-138。

方天賜（2002）。印度教民族主義自一九九〇年代以來的發展及其意涵。**問題與研究季刊**，41(4)，47-63。

巨克毅（2001）。宗教信仰與意識型態思維。**宗教哲學季刊**，7，1-11。

———（2002）。全球化下的宗教衝突與基要主義。**全球政治評論**，1，59-86。

———（2004）。全球化時代中的宗教責任與使命。**宗教哲學季刊**，31，1-12。

林遠澤（2005）。生命的終極關懷能否超越正義的觀點？試論宗教與形上學思考在生命倫理學爭議中的實踐意義。**政治與社會哲學評論**，15，131-174。

林榮澤（2009）。戰後大陸來台宗教的在地化與全球化—以一貫道為例。**新世紀宗教研究**，7(3)，1-47。

———（2010）。一貫道對儒家思想的推廣。**新世紀宗教研究**，9(1)，37-76。

周國黎（2007）。宗教定義的理論研究。**世界宗教研究**，4，1-10。

徐火炎（2005）。認知動員、文化動員與台灣2004年總統大選的選民投票行為—選舉動員類型的初步探討。**臺灣民主季刊**，2(4)，31-66。

徐以驊（2009）。宗教在當前美國政治與外交中的影響。**國際問題研究**，2，33-39。

郭承天（2001）。民主的宗教基礎：新制度論的分析。**政治學報**，32，171-208。

———（2002）。基督教與美國民主政治的建立：新制度論的重新詮釋。**人文及社會科學集刊**，14(2)，175-209。

———（2005）。宗教容忍：政治哲學與神學的對話。**人文及社會科學集刊**，17(1)，125-157。

———（2009）。兩岸宗教與政治態度之比較。**中國大陸研究**，52，67-95。

———（2010）。臺灣宗教與政治保守主義。**臺灣宗教研究**，9(2)，5-26。

陳思賢（2002）。「君王似神祇，庶民如撒旦」：馬丁路德宗教改革運動中之政治觀。**政治科學論叢**，17，175-198。

陳敦源、郭承天（2001）。基督教倫理與民主制度發展——從美國經驗看台灣。**公共行政學報**，**5**，67-99。

莊慶信（1995）。宗教與政治——從宗教哲學觀點看今日兩岸的政教關係。**哲學與文化月刊**，**22**(3)，228-240。

梁麗萍（2010）。民主社會運行中的宗教價值闡釋。**浙江學刊**，**3**，110-116。

張世澤、張世強（2005）。斯里蘭卡政治佛僧與世俗主義之關係。**問題與研究季刊**，**44**(3)，161-196。

———（2006）。僧伽羅佛教民族主義與民粹民主對於斯里蘭卡族群衝突激化的影響。**問題與研究季刊**，**45**(2)，61-109。

———（2007）。論濕婆信仰復興運動與種姓制度對於當代斯里蘭卡泰米爾民族運動發展之影響。**問題與研究季刊**，**46**(3)，31-84。

張家麟（2002）。政教關係與兩岸宗教交流：以兩岸媽祖廟團體為焦點。**新世紀宗教研究**，**1**，34-71。

張逯婧（2010）。試論美國民主制度建立過程中的宗教因素。**長治學院學報**，**27**(3)，9-11。

曾慶豹（2008）。論哈伯瑪斯的"後世俗社會"與世俗化中的宗教問題。**政治與社會哲學評論**，**24**，69-100。

黃旻華（2002）。伊斯蘭教真的被「妖魔化」了嗎？——一個整合既有經驗發現的論點。**問題與研究季刊**，**41**(4)，21-46。

———（2004）。為什麼人們要支持政治伊斯蘭的主張？八個穆斯林國家的經驗檢證。**台灣政治學刊**，**8**(2)，245-320。

———（2006）。如何看待穆斯林社會中政治伊斯蘭的民意支持？複層次迴歸模型的實證分析。**人文及社會科學集刊**，**18**(1)，119-169。

黃博仁（2005）。一貫道初探。**區域人文社會學報**，**8**，127-158。

趙沛鐸（1995）。當代開發中國家的宗教與政治。**東吳政治學報**，**4**，1-22。

楊鈞池（2003）。日本「政教分離」的思想、演變過程及影響。**新世紀宗教研究**，**2**(2)，176-230。

翟立明、姜天明（2006）。試析宗教因素對 2004 年美國總統大選的影響。**遼寧大學學報**，**34**(6)，63-68。

蔡佳泓（2007）。民主深化或政黨競爭？初探台灣 2004 年公民投票參與。**台灣政治學刊**，**11**(1)，109-145。

鄭夙芬、陳陸輝、劉嘉薇（2008）。選舉事件與政治信任：以 2004 年總統選舉為例。**問題與研究，**47(3)，29-50。

鄭弘岳（2004）。托克維爾論宗教與政治。**玄奘人文學報，2，**1-23。

劉育成（2011）。宗教、社會運動與民主化—左翼社會主義、自由派還是伊斯蘭主義？**臺灣民主季刊，**8(3)，1-44。

劉義（2010）。宗教與全球治理—一個跨宗教的比較視角。**世界宗教研究，3，**12-24。

鄧和剛、金明（2007）。上帝主權與人民主權。**美中法律評論，**4(2)，43-59。

謝振東（2010）。美國宗教政治的基本經驗。**四川理工學院學報，25**(4)，28-32。

魏澤民、林志昶（2005）。全球治理：公民社會與宗教發展圖像。**遠景基金會季刊，**6(1)，175-202。

羅彥傑（2005）。伊斯蘭教與民主—一個新制度論的分析。**台灣政治學刊，44**(4)，45-73。

釋了意、魏澤民（2002）。全球治理：國際非政府組織與宗教發展圖像。**新世紀宗教研究，**1(2)，1-28。

釋昭慧（2002）。宗教倫理學的基本原理與中層原則—以基督宗教與佛教為主軸的一個探索。**法光學壇，6，**1-36。

釋慧開（2005）。「宗教」一詞的文化脈絡比較詮釋—兼論現代宗教教育的定位與取向。**普門學報，29，**137-161。

二、中文專書

于曉等（譯）（2005）。**新教倫理與資本主義精神**（原作者：Max Weber）。台北：左岸。（原著出版年：1905）

中華民國一貫道總會（編著）（1988）。**一貫道簡介**。2012 年 7 月 12 日，取自 http://www.ikuantao.org.tw/modules/tadbook2/open_book.php?book_sn=1

王見川、李世偉（2000）。**臺灣的民間宗教與信仰**。台北：博揚。

王曉朝（2007）。**宗教學基礎的十五堂課**。台北：五南。

李明峻（譯）（1995）。**神道與國家（1868-1988）：日本政府與神道的關係**（原作者：Helen Hardacre）。台北：金禾。（原著出版年：1989）

呂大吉（1998）。**宗教學通論新編**。北京：中國社會科學出版社。

宋立道（2001）。**南傳佛教國家的宗教與政治**。高雄：佛光山文教基金會出版。

宋光宇（1983）。**天道鉤沉：一貫道調查報告**。台北：元祐。

林本炫（1990）。**台灣的政教衝突**。台北：稻香。

林煌洲（2004）。**亞洲政教關係**。台北：韋伯文化。

邱明忠、龔書森（譯）（1989）。**東方諸宗教**（原作者：Joseph M. Kitagawa）。台南：東南亞神學院協會。（原著出版年：1965）

苟嘉陵（1995）。**我們要和平：緣起的政治觀**。台北：圓明。

高洪（2001）。**日本當代佛教與政治**。高雄：佛光山文教基金會出版。

高淑清（2008a）。**質性研究的 18 堂課—首航初探之旅**。高雄：麗文文化。

———（2008b）。**質性研究的 18 堂課—揚帆再訪之旅**。高雄：麗文文化。

許育典（2009）。**宗教自由與宗教法**。台北：元照。

郭承天（2014）。**國族神學的民主化：台灣與中國大陸**。台北：政大出版社。

陳南州（1991）。**臺灣基督長老教會的社會、政治倫理：從臺灣基督長老教會三個聲明、宣言之研究來建構台灣教會的社會、政治倫理**。台北：永望文化。

黃慶生等（編）（2005）。**宗教簡介**。台北：內政部民政司。

葉仁昌（1987）。**近代中國的宗教批判—非基運動的再思**。台北：雅歌。

慈濟人文志業發展處文史資料組（2013）。**2012 慈濟年鑑**。2014 年 4 月 6 日，取自 http://tw.tzuchi.org/images/stories/videos/almanac/2012/index.html

鄭連明（編）（2000）。**臺灣基督長老教會百年史**。台北：台灣基督長老教會。

釋聖嚴（1989）。**原始佛教**。台北：東初。

瞿海源（1990）。台灣新興宗教現象。載於徐正光、宋文里（編），**台灣新興社會運動**。台北：巨流。

———（1997）。**台灣宗教變遷的社會政治分析**。台北：桂冠。

———（2001）。解嚴、宗教自由、與宗教發展。載於中央研究院台灣研究推動委員會（編），**威權體制的變遷—解嚴後的台灣**（249-276 頁）。台北：中央研究院台灣史研究所籌備處。

三、中文論文

郭文般（2002 年 3 月）。**臺灣宗教場域的組成：一個新制度論的觀點**。2002 年新興宗教現象研討會，台北市。

張榮彰（2008）。**台灣政治文化與民主化程度之研究**（未出版之碩士論文）。國立中正大學政治學研究所，嘉義縣。

楊惠南（1999 年 6 月）。**台灣民間宗教的中國意識**。1999 年海內外台灣人國是會議。2010 年 7 月 21 日，取自 http://buddhistinformatics.ddbc.edu.tw/taiwanbuddhism/tb/md/md03-05.htm

劉述先（1997 年 12 月）。**論宗教的超越與內在**。1997 年天人之際與人禽之辨 — 比較哲學研討會，香港。

四、英文期刊

Badie, Bertrand (1991). Democracy and Religion: Logics of Culture and Logics of Action. *International Social Science Journal, 129*, 511-521.

Bellah, Robert N. (1967). Civil Religion in America. *Journal of the American Academy of Arts and Science, 96*(1), 1-21.

Bourg, Carroll J. (1981). Politics and Religion. *Sodologicd Analysis, 41*(4), 297-316.

Boyle, Kevin (2004). Human Rights, Religion and Democracy: The Refah Party Case. *Essex Human Rights Review, 1*(1), 1-16.

Cochran, Clarke E., Jerry D. Perkins, & Murray Clark Havens Source (1987). Public Policy & the Emergence of Religious Politics. *Polity, 19*(4), 595-612.

Coreno, Thaddeus (2002). Fundamentalism as a Class Culture. *Sociology of Religon, 63*(3), 335-360.

Donovan, Claire, & Phil Larkin (2006). The Problem of Political Science and Practical Politics. *Politics, 26*(1), 11-17.

Elshtain, Jean Bethke (2009). Religion and Democracy. *Journal of Democracy, 20*, 5-17.

Fradkin, Hillel (1988). The “Separation” of Religion and Politics: The Paradoxes of Spinoza. *Review of Politics, 50*(4), 603-627.

——— (2000). Does Democracy Need Religion? *Journal of Democracy, 11*, 87-94.

Hall, Peter & Rosemary C. R. Taylor (1996). Political Science & the Three New Institutionalism. *Political Studies, 44*, 936-957.

Hancock, Ralph C. (1988). Religion and the Limits of Limited Government. *Review of Politics, 50*(4), 682-703.

Haynes, Jeff (1997). Religion, Secularisation and Politics: A Postmodern Conspectus. *Third World Quarterly, 18*(4), 709-728.

Holland, Paul (1986). Statistical and Causal Inference. *Journal of the American Statistical Association, 81*(396), 945-960.

Jelen, Ted G. (1995). Religion and the American Political Culture: Alternative Models of Citizenship and Discipleship. *Sociology of Religion, 56*(3), 271-284.

Katz, Paul R. (2003). Religion and the State in Post-War Taiwan. *The China uarterly, 174*, 395-412.

Kessler, Sanford (1977). Tocqueville on Civil Religion and Liberal Democracy. *The Journal of Politics, 39*(1), 119-146.

Kettell, Steven (2012). Has Political Science Ignored Religion? *Political Science & Politics, 45*(1), 93-100.

Kimmerling, Baruch (1999). Religion, Nationalism and Democracy in Israel. *Constellations: An International Journal of Critical & Democratic Theory, 6*, 339-363.

Laliberté, André (2001). Buddhist Organizations and Democracy in Taiwan. *American Asian Review, 19*, 97-129.

Leege, David C. (1988). Catholics and the Civic Order: Parish Participation, Politics, and Civic Participation. *Review of Politics, 50*(4), 704-736.

Lehmann , David (1988). Fundamentalism and Globalsim. *The Third World Quarterly, 19*, 607-634.

Levine, Daniel H. (1979). Religion and Politics, Politics and Religion: An Introduction. *Journal of Interamerican Studies and World Affairs, 21*(1), 5-29.

Lindsay, Thomas (1991). James Madison on Religion and Politics: Rhetoric and Reality. *The American Political Science Review, 85*(4), 1321-1337.

Marsh, David & Heather Savigny (2004). Political Science as a Broad Church: The Search for a Pluralist Discipline. *Politics, 24*(3), 155-168.

McConnell, Michael W. (1992). Religious Freedom at a Crossroads. *The University of Chicago Law Review, 59*(1), 115-194.

Miles, William F. S. (1996). Political Para-Theology: Rethinking Religion, Politics and Democracy. *Third World Quarterly, 17*(3), 525-535.

Minkenberg, Michael (2007). Democracy and Religion: Theoretical and Empirical Observations on the Relationship between Christianity, Islam and Liberal Democracy. *Journal of Ethnic and Migration Studies, 33*, 887-909.

Mitchell, Joshua (1992). Protestant Thought and Republican Spirit: How Luther Enchanted the World. *The American Political Science Review, 86*(3), 688-695.

Patrikios, Stratos (2008). American Republican Religion? Disentangling the Causal Link between Religion and Politics in the US. *Polit Behav, 30*, 367-389.

Roelofs, H Mark (1988). Church and State in America: Toward a Biblically Derived Reformation of Their Relationship. *Review of Politics, 50*(4), 561-581.

Rubinstein, Murray A. (2001). The Presbyterian Church in the Formation of Taiwan' s Democratic Society, 1945-2001. *American Asian Review, 19*, 63-96.

Shiner, Larry (1967). The Concept of Secularization in Empirical Research. *Journal for the Scientific Study of Religion, 2*, 207-220.

Stepan, Alfred C. (2000). Religion, Democracy, and the "Twin Tolerations" . *Journal of Democracy, 11*, 37-57.

Sullivan, Kathleen M. (1992). Religion and Liberal Democracy. *The University of Chicago Law Review, 59*, 195-223.

Thompson, Kenneth W. (1988). The Religious Transformation of Politics and the Political Transformation of Religion. *Review of Politics, 50*(4), 545-560.

Tushnet, Mark (1988). The Constitution of Religion. *Review of Politics, 50*(4), 628-658.

Ungureanu, Camil (2008). The Contested Relation between Democracy and Religion: Towards a Dialogical Perspective? *European Journal of Political Theory, 7*, 405-429.

Ward, Graham (2006). The Future of Religion. *Journal of the American Academy of Religion, 74*(1), 179-186.

Wilcox, Clyde (1988). The Christian Right in Twentieth Century America: Continuity and Change. *Review of Politics, 50*(4), 659-681.

Wuthnow, Robert (1991). Understanding Religion and Politics. *Daedalus, 120*(3), 1-20.

五、英文專書

Richardson, Alan & Thomas Uebel (2007). *The Cambridge Companion to Logical Empiricism*. Cambridge: Cambridge University Press. Ch.12.

Almond, Gabriel A. & Jr. G. Bingham Powell (1988). Political Socialization and Poliaica Culture. In Gabriel A. Almond & Jr. G. Bingham Powell (Eds.), *Comparative Politics Today: A World View* (4th ed.) (pp. 34-48). IL: Scott, Foresman & Company.

Almond, Gabriel A. & Sidney Verba (1989). *The Civic Culture: Political Attitudes and Democracy in Five Nations*. Newbury Park: Sage Publications.

Anceschi, Luca et al. (Eds.)(2011). *Religion and Ethics in a Globalizing World: Conflict, Dialogue, and Transformation*. New York: Palgrave Macmillan.

Anderson, John (2003). *Religious Liberty in Transitional Societies. The Politics of Religion*. Cambridge: Cambridge University Press.

Babbie, Earl R. (2013). *The Practice of Social Research*. (12th ed.) . Belmont, CA: Thomson Wadsworth.

Bader, Veit-Michael (2007). *Secularism or Democracy? Associational Governance of Religious*

Diversity. Amsterdam: Amsterdam University Press.

Banchoff, Thomas (Ed.)(2007). *Democracy and the New Religious Pluralism*. New York: Oxford University Press.

Baumann, Gerd (1999). *The Multicultural Riddle: Rethinking National, Ethnic, and Religious Identities*. New York: Routledge.

Beauchamp, Tom L. & James F. Childress (1994). *Principles of Biomedical Ethics*. New York: Oxford University.

Berg, Bruce L. (2007). *Qualitative Research Methods for the Social Sciences*. Boston: Pearson.

Berger, Peter (1967). *The Sacred Canopy: Elements of a Sociological Theory of Religion*. New York: Anchor Books.

—— (1999). The Desecularization of the World: A Global Overview. In Peter L. Berger (Ed.), *The Desecularization of the World: Resurgent Religion and World Politics* (pp. 6-7).Washington, D.C.: The Ethics and Public Policy Center.

Berry, Donald Lee (2007). *Pictures of Islam*. Macon Georgia: Mercer University Press.

Benton,Ted & Ian Craib (Eds.)(2011). *Philosophy of Social Science: The Hilosophical Foundations of Social tought*. Basingstoke : Palgrave Macmillan.

Brady, Henry (2008). Causation and Explanation in Social Science. In Janet Box Steffensmeier, Henry Brady, & David Collier (Eds.), *The Oxford Handbook of Political Methodology* (pp. 217-270). Oxford: Oxford University Press.

Brightman, Edgar S. (1932). Religion Truth. In Vergilius Ferm (Ed.), *Contemporary American Theology*. New York: The Round Table Press.

Brubaker, R. (1992). *Citizenship and Nationhood in France and Germany*. Cambridge: Cambridge University Press.

Bruce, Steve (2012). *Politics and Religion in the United Kingdom*. New York: Routledge.

Buruma, Ian (2010). *Taming the Gods: Religion and Democracy on Three Continents*. New Jersey: Princeton University Press.

Cabezón, José Ignacio & Sheila Greeve Davaney (Eds.)(2004). *Identity and the Politics of Scholarship in the Study of Religion*. New York: Routledge.

Campbell, David E. (Ed.) (2007). *A Matter of Faith? : Religion in the 2004 Presidential Election*. Washington, D.C.: Bookings Institution Press.

Clanton, J. Caleb (2008). *Religion and Democratic Citizenship: Inquiry and Conviction in the American Public Square*. Lanham: Lexington Books.

Clart, Philip & Charles B. Jones (2003). *Religion in Modern Taiwan: Tradition and Innovation in a Changing Society*. Honolulu: University of Hawaii.

Clayton, Philip (2012). *Religion and Science: The Basics*. New York: Routledge.

Cox, Oliver Cromwell (1970). *Caste, Class & Race: A Study in Social Dynamics*. New York: Modern Reader Paperbacks.

Cristi, Marcela (2001). *From Civil to Political Religion: The Intersection of Culture, Religion and Politics*. Ontario: Wilfrid Laurier University Press.

Dahl, Robert A. (2006). *A Preface to Democratic Theory*. Chicago: University of Chicago Press.

Dalton, Russell J. (2004). *Democratic Challenges, Democratic Choices: The Erosion of Political Support in Advanced Democracies*. New York: Oxford University Press.

Dawson, Lorne L. (1996). *Cults in Context: Readings in the Study of New Religious Movements*. Toronto: Canadian Scholars' Press.

Demerath, Nicholas Jay (2001). *Crossing the Gods: World Religions and Worldly Politics*. New Brunswick: Rutgers University Press.

Denzin, Norman K. & Yvonna S. Lincoln (2008). *Strategies of Qualitative Inquiry* (3rd ed.). London: Sage.

Diamond, Larry & Leonardo Morlino (Eds.)(2005). *Assessing the Quality of Democracy*. MD: The Johns Hopkins University Press.

Djupe, Paul A. & Brain R. Calfano (2014). *God Talk: Experimenting with the Religious Causes of Public Opinion*. Philadephia: Temple University Press.

Donnell, Guillermo O' , Jorge Vargas Cullell, & Osvaldo M. Iazzetta (Eds.)(2004). *The Quality of Democracy: Theory and Applications*. Notre Dame, Ind.: University of Notre Dame Press.

Durkheim, David Émile (1915). *The Elementary Forms of the Religious Life*. London: George Allen & Unwin.

Ebaugh, Helen Rose (Ed.)(2006). *Handbook of Religion and Social Institutions*. NY: Springer Science+Business Media, Inc..

Eidsmoe, John (1987). *Christianity and the Constitution: The Faith of Our Founding Fathers*. Ada, MI: Baker Academic.

Esposito, John L. (2002). *What Everyone Needs to Know about Islam*. U.S.: Oxford University Press .

Ferris, Timothy (1988). *Coming of Age in the Milky Way*. New York: William Morrow & Co.

Fetzer, James H. (Ed.). (2001). *The Philosophy of Carl G. Hempel: Studies in Science, Explanation, and Rationality*. New York: Oxford University Press.

Flood, Gavin D. (2012). *The Importance of Religion: Meaning and Action in Our Strange World*. Malden, MA: Wiley-Blackwell.

Fox, Jonathan (2008). *A World Survey of Religion and the State*. New York: Cambridge University Press.

Gattei, Stefano (2009). *Karl Popper' s Philosophy of Science: Rationality Without Foundations*. London: Routledge.

Gentile, Emilio (2008). *God's democracy: American religion after September 11*. By Jennifer Pudney & Suzanne D. Jaus (Trans.). Westport, Conn.: Praeger.

George, Alexander L. & Andrew Bennett (2005). *Case Studies and Theory Development in the Social Sciences*. Cambridge: MIT Press.

Gerlach, Luther P. & Virginia H. Hine (1979). *People, Power, Change: Movements of Social Transformation*. Indianapolis: Bobbs-Mervill.

Geertz, Clifford (1966). Religion as a Cultural System. In M. Banton (Ed.), *Anthropological Approaches to the Study of Religion* (pp. 1-46). New York: Praeger.

Gill, Anthony (2008). *The Political Origins of Religious Liberty*. Cambridge: Cambridge University Press.

Glock, Charles Y. (1964). The Role of Deprivation in the Origion and Evolution of Religious Groups. In Robert Lee & Martin E. Marty (Eds.), *Religion and Social Conflict* (pp. 24-36). New York：Oxford University Press.

Goodin, Robert E. & Hans-Dieter Klingemann (Eds.) (1996). *A New Handbook of Political Science*. New York: Oxford University Press.

Gustafson, Lowell S. & Mathew C. Moen (1992). Challenge and Accommudation in Religion and Politics. In Mattew C. Moen & Lowell S. Gustafson (Eds.), *The Religious Challenge to the State* (pp. 3-18). Philadelphia: Temple University Press.

Habermas, Jürgen (1973). *Legitimation Crisis*. By Thomas McCarthy (Trans.). Boston : Beacon Press.

Hadden, Jeffrey K. & Anson D. Shupe (Eds.) (1986). *Prophetic Religions and Politics: Religion and the Political Order.* New York: Paragon.

Hammar, Tomas (1990). *Democracy and the Nation State. Aliens, Denizens, and Citizensin a World of International Migration*. Aldershot: Avebury.

Harris, James Franklin (2002). *Analytic Philosophy of Religion*. MA: Kluwer Academic Publishers.

Harris, Sam (2005). *The End of Faith: Religion, Terror, and the Future of Reason*. New York: Norton & Company.

Haynes, Jeffrey (1993). *Religion in Third World Politics*. Buckingham: Open University Press.

—— (Ed.) (2010). *Routledge Handbook of Religion and Politics*. New York: Routledge.

Hick, John (1973). *Philosophy of Religion*. New Jersey: Prentice-Hall.

Hollis, Martin (1994). *The Philosophy of Social Science: An Introduction*. Cambridge: Cambridge U. Press.

Holtom, Daniel Clarence (1963). *Modern Japan and Shinto Nationalism: A Study of Present-Day Trends in Japanese Religions*. New York: Paragon Book Reprint Corp.

Hume, David (2005/1739). *A Treatise of Human Nature*. New York: Barnes and Noble.

Huntington, Samuel P. (1991). *The Third Wave: Democratization in the Late Century*. Norman: University of Oklahoma Press.

—— (1996). *The Clash of Civilizations and the Remaking of World Order.* New York: Simon & Schuster.

Ichilov, Orit (Ed.) (1990). *Political Socialization, Citizenship Education, and Democracy*. New York: Teachers College Press.

Inglehart, Ronald (1990). *Cultural Shift in Advanced Industrial Society*. New Jersey: Princeton University Press.

—— (1997). *Modernization and Postmodernization: Cultural, Economic, and Political Change in 43 Societies*. New Jersey: Princeton University Press.

Katz, Paul R. & Murray A. Rubinstein (2003). *Religion and the Formation of Taiwan Identities*. New York: Palgrave.

Kelsen, Hans (Eds.) (2012). *Secular Religion: A Polemic Against the Misinterpretation of Modern Social Philosophy, Science and Politics As "New Religions"*. New York: Springer.

Koch, Christof (2004). *The Quest for Consciousness: A Neurobiological Approach*. Englewood, Colorado: Roberts and Company Publishers.

Kuo, Chengtian (2008). *Religion and Democracy in Taiwan*. New York: State University of New York Press.

Lakatos, Imre (1970). Falsification and the Methodology of Scientific Research Programmes. In Imre Lakatos & Alan Musgrave (Eds.), *Criticism and the Growth of Knowledge* (pp. 91-196). New York: Cambridge University Press.

Laliberté André (2004). *The Politics of Buddhist Organizations in Taiwan: 1989-2003*. Oxon: Routledge Curzon.

Lecours, Andre (2005). *New Institutionalism: Theory and Analysis*. Toronto: University of Toronto Press.

Lewy, Guenter (1974). *Religion and Revolution*. New York: Oxford University Press.

Linz, Juan J. & Alfred Stepan (1996). *Problems of Democratic Transition and Consolidation: Southern Europe, South America, and Post-Communist Europe*. Baltimore: Johns Hopkins University Press.

Lustick, Ian (1988). *For the Land and the Lord: Jewish Fundamentalism in Israel*. New York: Council on Foreign Relations.

Madsen, Richard, William M. Sullivan, Ann Swidler, & Steven M. Tipton (Eds.) (2001). *Meaning and Modernity: Religion, Polity, and Self*. Berkeley: University of California Press.

Madsen, Richard & Tracy B. Strong (2003). *The Many and The One: Religious and Secular Perspectives on Ethical Pluralism in the Modern World*. N.J.: Princeton University Press.

Madsen, Richard (2007). *Democracy' s Dharma: Religious Renaissance and Political Development in Taiwan*. Berkeley: University of California Press.

Mann, M. (1986). *The Sources of Social Power. Vol. 1*. Cambridge: Cambridge University Press.

Manor, James (1991). *Rethinking Third World Politics*. Harlow: Longman.

Maritain, Jacques (1951). *Man and the State*. Illinois: The University of Chicago.

Marsh, David & Gerry Stoker (Eds.) (2010). *Theory and Methods in Political Science* (3rd ed.). New York: Palgrave.

McLellan, David (1987). *Marxism and Religion: A Description and Assessment of the Marxist Critique of Christianity*. London: Macmillan Press.

Miller, W. L. & B. F. Crabtree (1992). Primary Care Research: A Multimethod Typology and Qualitative Roadmap. In B. Crabtree & W. Miller (Eds.), *Doing qualitative research in primary care: Multiple strategies* (pp. 3-28). Newbury Park, CA: Sage Publications.

Mills, C. Wright (1959). *The Causes of World War Three*. London: Secker & Warburg.

Minichiello, V., R. Aroni, E. Timewell, & L. Alexander (1995). *In-depth Interviewing* (2rd ed.). South Melbourne: Longman.

Mookherjee, Monica (Ed.) (2011). *Democracy, Religious Pluralism and the Liberal Dilemma of Accommodation*. New York: Springer.

Morgan, Matthew J. (2009). *The Impact of 9/11 on Religion and Philosophy: The Day That Changed Everything?* New York: Palgrave Macmillan.

Moyser, George (1991a). Politics and Religion in the Modern World: An Overview. In George Moyser. (Ed.), *Politics and Religion in the Modern World* (pp. 1-27). London: Routledge.

Moyser, George (1991b). Politics and Religion in Western Europe. In George Moyser (Ed.), *Politics and Religion in the Modern World* (pp. 28-66). London: Routledge.

Müller, Max (1892). *Natural Religion*. London: Longmans.

Noll, Mark A. & Luke E. Harlow (Eds.) (2007). *Religion and American Politics: From the Colonial Period to the Present* (2rd ed.). New York: Oxford University Press.

Norris, Pippa & Ronald Inglehart (2011). *Sacred and Secular: Religion and Politics Worldwide* (2rd ed.). Cambridge : Cambridge University Press.

O`Donnell, Guillermo, Jorge Vargas Cullell, & Osvaldo M. Iazzetta (Eds.) (2004). *The Quality of Democracy: Theory and Applications*. IN: University of Notre Dame Press.

Olson, Carl (2011). *Religious Studies: The Key Concepts*. New York: Routledge.

Perry, Michael J. (1997). *Religion in Politics: Constitutional and Moral Perspectives*. New York: Oxford University Press.

Pettman, Ralph (2004). *Reason, Culture, Religion: The Metaphysics of World Politics*. New York: Palgrave Macmillan.

Pew Research Center (2015). *The Future of World Religions: Population Growth Projections, 2010-2050*. Retrieved from http://www.pewforum.org/files/2015 /03 /PF_15.04.02_ProjectionsFullReport.pdf

Pickover, Clifford A. (2011). *The Physics Book: From the Big Bang to Quantum Resurrection, 250 Milestones in the History of Physics*. New York: Sterling.

Plant, Raymond (2004). *Politics, Theology and History*. New York: Cambridge University Press.

Poggi, Giafranco (2001). *Forms of Power*. New York: Wiley.

Pojman, Louis P. & Michael Rea (Eds.) (2008). *Philosophy of Religion: An Anthology*. Belmont, CA: Thomson/Wadsworth.

Pollack, Detlef & Daniel Olson (Eds.) (2008). *The Role of Religion in Modern Societies. New York: Routledge*.

Porta, Donatella della & Michael Keating (Eds.) (2008). *Approaches and Methodologies in the Social Sciences*. Cambridge: Cambridge University Press.

Prentiss, Craig R. (2003). *Religion and the Creation of Race and Ethnicity*. New York: New York University.

Rozell, Mark J. & Gleaves Whitney (Eds.) (2012). *Religion and the American Presidency*. NY: Palgrave Macmillan.

Saler, Benson (2009). *Understanding Religion: Selected Essays*. New York: Walter de Gruyter.

Scanlon, T. M. (2003). *The Difficulty of Tolerance: Essays in Political Philosophy*. Cambridge: Cambridge University Press.

Schluchter, Wolfgang (1981). *The Rise of Western Rationalism: Max Weber's Developmental History*. Berkely: University of California Press.

Schmitt, Carl (1934/2005). *Political Theology: Four Chapters on the Concept of Sovereignty*. (Trans.). Chicago: University of .Chicago Press.

Shiner,Larry (1967). *Religion's Influence in Contemporary Sociey: Readings in the Sociology of Religion*. Columbus: Charles E. Merrill Publishing Company.

Shouler, Kenneth (2010). *World's Religions Book: Explore the Beliefs, Traditions and Cultures of Ancient and Modern Religions*. Holbrook, MA: Adams Media Corp..

Smith, Anthony D. (2003). *Chosen Peoples: Sacred Sources of National Identity*. London: Oxford University Press.

Smith, Bardwell L. (Ed.) (1976). *Religion and Social Conflict in South Asia*. Leiden: Brill.

Smith, Donald E. (1970). *Religion and Political Development*. Boston: Little Brown.

——(1974). *Religion and Political Modernization*. New Haven: Yale University Press.

Stark, Rodney (2007). *Discovering God: The Origins of the Great Religions and the Evolution of Belief*. New York: Harper One.

Steven, Martin H. M. (2011). *Christianity and Party Politics: Keeping the Faith*. New York: Routledge.

Stott, John (1990). *Decisive Issues Facing Christians Today*. NJ: Fleming H. Revell.

Sutton, Donald S. (2003). *Steps of Perfection: Exorcistic Performers and Chinese Religion in Twentieth-Century Taiwan*. Cambridge: Harvard University Press.

Tillich, Paul (1957). *Dynamics of Faith*. New York: Harper Perennial.

Tocqueville, Alexis de (1969). *Democracy in America*. By George Lawrence (Trans.). N.Y.: Ancor Books.

Turner, Bryan S. (2013). *The Religious and the Political: A Comparative Sociology of Religion*. Cambridge: Cambridge University Press.

Tylor, Edward Burnett (1871). *Primitive Culture: Researches Into the Development of Mythology, Philosophy, Religion, Art, and Custom. Vol. 1*. London: John Murray.

Vaus, David de (2002). *Surveys in Social Research* (5th ed.). London: Routledge.

Vergote, Antoine (1996). *Religion, Belief and Unbelief: A Psychological Study.* Belgium：Leuven University Press.

Wallace, Anthony F. C. (1966). *Religion: An Anthropological View*. New York: Random House.

Wallis, Roy (1979). *Salvation and Protest*. London: Francis Pinter.

Webb, Keith (1995). *An Introduction to Problems in the Philosophy of Social Sciences*. London: Wellington House.

Weber, Max (1964). *The Sociology of Religion*. By Ephraim Fischoff (Trans.). Boston: Beacon Press.

Weithman, Paul J. (2002). *Religion and the Obligations of Citizenship*. New York: Cambridge University Press.

Wessinger, Catherine (2000a). *Millennialism, Persecution, & Violence*. Syracuse: Syracuse University Press.

Wessinger, Catherine (2000b). *How the Millennium Comes Violently: From Jonestown to Heaven's Gate*. New York: Seven Bridges Press.

Wilson, Bryan R. (1982). *Religion in Sociological Perspective*. New York: Oxford University Press.

Wimmer, R. D. & J. R. Dominick (1994). *Mass Media Research: A Introduction* (4th ed.). Belmont, California: Wadsworth.

Yinger, J. Milton (1970). *The Scientific Study of Religion*. New York: Macmillan.

六、英文論文

Kuo, Chengtian (2002, Augest). *Democracy and Religion in Taiwan*. The annual meeting of the American Political Science Association 2002 on Boston, USA.

Kuo, Chengtian (2004, September). *Democracy and Religion in Taiwan: A Statistical Analysis*. The American Political Science Association 2004 on Chicago, USA.

Lu, Yunfeng (2005). *Chinese Traditional Sects in Modern Society: A Case Study of Yiguan Dao*. Ph. D. Dissertation City University of Hong Kong.

七、網站資料

中央研究院調查研究專題中心 http://www.sinica.edu.tw/as/survey

中央選舉委員會選舉資料庫 http://db.cec.gov.tw/

中華民國一貫道總會 http://www.ikuantao.org.tw/modules/articles/

內政部統計資訊服務網 http://www.moi.gov.tw/stat

內政部民政司網站：http://www.moi.gov.tw/

正和佛堂 http://home.cd.org.tw/

台北靈糧堂全球資訊網 http://www.llc.org.tw/

台灣基督長老教會 http://www.pct.org.tw/

台灣《聖經》公會 http://cb.fhl.net/

台灣《聖經》網 http://www.taiwanbible.com/web/first.jsp

台灣選舉與民主化調查 http://www.tedsnet.org/cubekm1/front/bin/home.phtml

東亞民主研究計畫 http://eacsurvey.law.ntu.edu.tw/chinese/news.html

科技部人文社會科學研究中心 http://www.hss.ntu.edu.tw/

美國自由之家 http://www.freedomhouse.org/template.cfm?page=1

美國宗教認同調查網站 http://commons.trincoll.edu/aris/

美國宗教數據資料庫（The Association of Religion Data Archives）http://www.thearda.com/

慈濟全球資訊網 http://www.tw.tzuchi.org/index.php

慈濟傳播人文志業基金會 http://web.tzuchiculture.org.tw/

彰化主恩靈糧堂 http://chcllc500.blogspot.tw/

蓋洛普國際公司（WIN/Gallup International）http://www.wingia.com/

蔡彥仁（2014）。台灣地區宗教經驗之比較研究（E97056）【原始數據】。取自中央研究院人文社會科學研究中心調查研究專題中心學術調查研究資料庫。doi:10.6141/TW-SRDA-E97056-1。

聯合國 http://www.un.org/

The Internet Encyclopedia of Philosophy http://www.iep.utm.edu/home/about/

Pew Research Centerhttp://www.pewforum.org/

八、其他資料

任繼愈（編）（1998）。**宗教大辭典**。上海：上海辭書出版社。

任繼愈（編）（2002）。**宗教辭典**。台北：博遠出版。

吳妍蓉（譯）（2006）。**宗教百科全書**（原作者：Philip Wilkinson & Douglas Charing）。台北：貓頭鷹出版。（原著出版年：2004）

韋政通（編）（1983）。**中國哲學辭典大全**。台北：水牛出版社。

陳士強等著（1999）。**中國佛教百科叢書**。台北：佛光。

項退結（譯）（1976）。**西洋哲學辭典**（原作者：Verlog Herder K. G.）。台北：國立編譯館。（原著出版年：1967）

趙中輝（編）（1998）。**英漢神學名詞辭典**。台北：基督教改革宗翻譯社。

輔仁神學著作編譯會（編）(1996)。**神學辭典**。台北：光啟。

Djupe, Paul A. & Laura R. Olson (2003). *Encyclopedia of American Religion and Politics*. New York: Facts On File, Inc..

Eliade, Mircea (Ed. in chief) (1993). *The Encyclopedia of Religion*. New York: Macmillan Pub.

Mathews, Shailer & Gerald Birney Smith (Eds.) (1921). *A Dictionary of Religion and Ethics*. New York: The Macmillan Co..

Wuthnow, Robert (Eds.) (2007). *Encyclopedia of Politics and Religion*. Washington, D.C.: CQ Press.

Schultz, Jeffrey D., John G. West, Jr., & Iain Maclean (Eds.) (1999). *Encyclopedia of Religion in American Politics*. Arizona: The Oryx Press.

附錄一：編碼單位、原則及標準說明

就二教派分析的文本而言，因涉及兩個截然不同的宗教，且在不同的時間點所說的意義也可能完全不一樣，所以本研究以下列方式做為編碼依據：

一、編碼單元及原則

一般以一個句號或者標點符號做為斷句的標準，但這樣的方式在本研究而言，前者可能造成涵蓋二個或二個以上的意義子句，形成歸類困難；後者可能沒有意義，而造成無法編製（000）的子句過多。所以，本書編碼的單位是以準句子（quasi-sentences）做為編碼單元，以呈現單一的陳述或資訊。例如，在「一貫道的發展，也隨順如是因緣，走過人間層層的歷練考驗，從遭受長期的禁制，到守得雲開月自現的明朗肯定；從華人社會，走向世界各國，與各國文化互尊互榮。」此一文本中，如果以句號做為斷句的標準，則內容涉及「103 神論與人世社會的對應關係：緊密性」、「307 積極傳教的行為」、「506 教派與政府的互動關係：正面」與「507 教派與政府的互動關係：負面」等四個類目，因而會造成歸類的困難；但如果以任何一個標點符號做為斷句的標準，則「一貫道的發展」、「也隨順如是因緣」、「從華人社會」及「走向世界各國」等四個子句缺乏意義。因此，本書以準句子做為斷句的標準，則上述文本可分為「一貫道的發展，也隨順如是因緣，」、「走過人間層層的歷煉考驗，」、「從遭受長期的禁制，」、「到守得雲開月自現的明朗肯定；」、「從華人社會，走向世界各國，」及「與各國文化互尊互榮。」等六個編碼單元。所以，本書依據準句子所呈現的單一陳述或資訊，其原則有三：

（一）以「，。」為依據

考量意義子句的完整性，第一個原則以「，。」為依據。例如「斯人也，而有斯疾也。」、「然而，湧至眼前的是四十年分裂所產生的問題。」、「既是德行科的代表，當是德行深厚。」、「有待我教會青年作光作鹽，投入社會改造之行列。」、「我們願以基督的心為心，改革教會與社會惡質的選舉文化。」等等句子，如果將上述句子兩兩分開，則各子句都缺乏意義，合則形成一個具有完整意義的句子。另外，有的則以兩個逗號以上所形成的陳述句，如「以古鑑今，現今還有多少戰爭，就是因為對立不對話，衝突不合作，才造成人類自成的危機。」以「，，。」的方式呈現，亦視為此類的應用。

（二）以「、、，」為依據

第二個原則以有兩個頓號或兩個頓號以上的子句為依據，如果將其中一斷句單獨列出則又無法形成意義，故此以「、、，」為依據。例如「台灣人應不分族群、宗教、性別、職業，一律平等，」、「我們願在神學、信仰、音樂努力學習，使我們的音樂服事更蒙神悅納。」、「從美國、日本、東南亞、歐洲、大洋洲、美洲、非洲，席不暇暖，完成使命，」。不過在文本當中有的句子以逗號區隔，但又不能形成一個完整的意義，因此視同此類原則。如「因此在生活營當中，我們實際參訪了天帝教臺北市掌院、道教指南宮、天主教聖家堂、佛教大雄精舍、伊斯蘭教臺北清真寺、一貫道崇德文教紀念館，」、「當然，生而知之者、安而行之者，畢竟是少數，」兩句中的第一個逗號因為無法形成一個有意義的句子，因此亦視為此類的應用。

（三）以「主詞＋動詞」為依據

此為本書主要的分析單元，亦是佔比例最大的編碼單位。例如「各國政府均表關懷與祝福之意，」、「它會展現出生命的深度與廣度，」、「地得一以寧，」、「我們也呼籲身為青年的我們應該對自身信仰的追求更加努力，」等句子皆能完整表達一個陳述或資訊，故視為一個編碼單元。另外，有些句子雖然主詞不顯明，但因為受限於前句主詞的涵蓋以及獨立的資訊表達，因此亦可視為此類的應用，如「共同提出影響台灣這塊土地的議題。」、「推動族群的認同與和解，」等句子即是。

二、編碼標準

關於編碼的標準主要有下列三個原則：

（一）以編碼單元直接呈現的意義或資訊做為編碼標準

例如在「因此，建立新而獨立的國家確是台灣全民共同的希望。」因為表達台灣獨立的主張，故編碼為「607 教派對台灣獨立的主張」。在「但是因為有交流不斷的激盪智慧，人類才有今日的發展成果。」因為表達了對人世社會發展的正面肯定，所以編碼為「101 神論對人世社會的評價：正面」。在「甚至聯合國《人權宣言》也都明文註記「人人生而平等」，」因為表達了人人平等的觀念，所以直接編碼為「401 人人平等的觀念」。

（二）以編碼單元的第一個意義或資訊做為編碼標準

在若干「、、，」等第二個原則的編碼單元，因為涉及多重意義或資訊，所以其編碼標準以第一個意義或資訊呈現的內容為依據。例如，在「新使我們的社會能更加向公義、民主、法治、自由、及和諧之途邁進。」中雖然涵蓋了公義、民主、法治、自由等觀念，但因為第一個觀念為公義概念，所以本書於此以「204 公義原則」做為編碼標準。在「台灣基督長老教會一百四十多年來，通過宣揚福音、醫療照顧、教育啟蒙、社會福利服務，來落實「守望者」的角色；」中雖然涉及了宣揚福音、醫療照顧、教育啟蒙、社會福利服務等概念，但以宣揚福音為第一個概念，故於此以「307 積極傳教的行為」做為編碼標準。

（三）與本研究內容無關或呈現空白資訊的文本以無法編制（000）為標準

本研究以政教關係做為研究指涉，故於此無關的文本皆以無法編制為標準。例如，在「清明節當天，壇主的兄弟嫂媳依往例準備豐富的素食供品祭拜祖先，」因其與本書無關，故以「000」編制。再者，如「總會會館也只是辦公大樓中的一層樓裡的部分空間而已，」因其呈現無意義的資訊，故以「000」編制。

附錄二：教派成員宗教與政黨政治經驗認知問卷表

第一部分：宗教經驗與自我價值

1. 請問您大約何時加入本宗教？　　年　　月

2. 請問您覺得宗教對我的影響：

□ (1) 影響很大　□ (2) 有些影響

□ (3) 沒什麼影響□ (4) 完全沒有影響

3. 請問您覺得教派應不應當對政治的事務積極涉入？

□ (1) 非常應當　□ (2) 有點應當

□ (3) 不太應當　□ (4) 非常不應當

4. 請問您覺得本教團是否偏好某個政黨？

□ (1) 偏好很強　□ (2) 有一點偏好

□ (3) 沒什麼偏好□ (4) 完全沒有偏好

5. 繼上題，您贊不贊成本教團對這個政黨的偏好？

□ (1) 非常贊成　□ (2) 有點贊成

□ (3) 不太贊成　□ (4) 非常不贊成

第二部分：政黨政治的經驗

6. 下列二個政黨，各有各的理念與精神，因此也各有各的支持者，有些人會堅定不移的站在某一政黨的這一邊，成為這個黨的忠誠支持者，請問您的情況怎麼樣？

□ (1) 國民黨　□ (2) 民進黨

□ (3) 其他政黨 ______　□ (4) 沒有政黨傾向

7. 對於國民黨過去一年來的整體表現，請問您覺得滿意還是不滿意？

□ (1) 非常滿意　□ (2) 有點滿意

□ (3) 不太滿意　□ (4) 非常不滿意

8. 對於民進黨過去一年來的整體表現，請問您覺得滿意還是不滿意？

□ (1) 非常滿意　□ (2) 有點滿意

□ (3) 不太滿意　□ (4) 非常不滿意

9. 請問您在 2008（2012）年總統選舉時，將票投給哪個政黨的候選人？

□ (1) 國民黨　□ (2) 民進黨

□ (3) 其他政黨 ______　□ (4) 無黨籍　□ (5) 沒有去投票

10. 在下一次總統選舉中，您比較可能會支持哪一個政黨的候選人？

□ (1) 國民黨　□ (2) 民進黨

□ (3) 其他政黨 ______　□ (4) 無黨籍

第三部分：以下有些說法，想請問您同意還是不同意

11. 「我會根據政黨表現的好壞做為投票的依據，而不是教會團體大部分人的意見。」

□ (1) 非常同意　□ (2) 有點同意

□ (3) 不太同意　□ (4) 非常不同意

12. 「有許多支持不同政黨的人，在教團一起共修是可以接受的。」

□ (1) 非常同意　□ (2) 有點同意

□ (3) 不太同意　□ (4) 非常不同意

13. 「即使支持不同的政黨，在團體成員彼此的互動上仍可以保持密切的關係。」

□ (1) 非常同意　□ (2) 有點同意

□ (3) 不太同意　□ (4) 非常不同意

14. 「既使我支持的政黨跟大部分的成員不一樣，仍不妨礙我在本教團的活動。」

□ (1) 非常同意　□ (2) 有點同意

□ (3) 不太同意　□ (4) 非常不同意

15. 「我會根據信仰所得到的真理，來影響別人的政治態度。」

□ (1) 非常同意　□ (2) 有點同意

□ (3) 不太同意　□ (4) 非常不同意

第四部分：基本資料

16. 請問您的性別是：□ (1) 男　□ (2) 女

17. 請問您的年齡是：□ (1) 20 以下　□ (2) 21~30　□ (3) 31~40
□ (4) 41~50　□ (5) 51~60　□ (6) 61 以上

18. 請問您的教育程度是：□ (1) 小學及以下　□ (2) 國（初）、高中
□ (3) 大學（專）　□ (4) 研究所以上

19. 請問您的父親是：□ (1) 本省客家人　□ (2) 本省閩南人
□ (3) 大陸各省市人　□ (4) 原住民　□ (5) 其他 ______

20. 請問您所信仰的宗教是：

附錄三：訪談大綱

一、宗教經驗與自我價值

（一）您覺得宗教應該是什麼？

（二）請談談當初您加入此教派的原因。

（三）請說明您對本身教義（設立宗旨、經典……）的看法及理解程度。

（四）請說明您對本身宗教組織運作的看法及理解程度。

（五）請談談您投入此教派活動的狀況及程度。

（六）加入此教派之後，對自我價值及態度有何改變？

（七）請談談您現在的人生態度及以後自我的發展期許。

二、政治轉變與因素

（一）身為一個信眾，您覺得一個理想的教會與政治的關係應該怎樣？

（二）請談談您現在對教會（佛堂）政治態度與主張的看法。

（三）請談談您政治轉變的原因及過程。

（四）請談談您現在宗教信仰與政治態度之間的抉擇問題。

（五）請談談您對其他教派及領袖人物的看法：例如佛光山的星雲法師。

三、政治互動與影響

（一）請談談您現在與教會（佛堂）的關係及看法。

（二）請談談您現在與教友（道親）的關係及看法。

（三）您感覺您對教會（佛堂）與教友（道親）的影響力如何？

附錄四、訪談內文各種符號意義說明

1. 新細明體：國語

2. 標楷體：台語

3. 較長停頓：——

4. 較短停頓：－

5. 語氣延長：~~

6. 語氣較短：~

7. 語調上揚：↗

8. 語調下降：↘

9. 語句未完：⦚

10. **語氣加重：粗體**

11. 【】：內表受訪者簡短的語句、表情、動作、音調、情境動作等

12. （）：內表研究者簡短的語句、回應、動作等

13. ＜＞：內表特別註明